突破《基业长青》
发掘大变局下企业坚韧增长八大法则

GRITTY SURVIVAL
STRATEGIC GROWTH

生存有质
增长有道

刘洁 著

上海三联书店

推荐序1
在变革中寻找增长的力量

在当今这个快速变化的时代,企业面临的挑战和竞争压力与日俱增。如何在 AI 技术的浪潮中把握机遇,实现企业的稳健增长和持续发展,已成为每一位企业家和管理者必须面对的课题。《生存有质、增长有道》一书正是在这样的背景下应运而生,为我们提供了一份宝贵的指南,帮助我们在动荡不定的商业环境中寻找到一条通往持续增长和成功的道路。

本书作者刘洁(James Liu)早期做过记者和《福布斯中国》的自由撰稿人,在获得知名商学院 MBA 学位后,在国际知名咨询公司工作多年,又在多家大型产业集团从事实际管理工作多年。近年,他还多次赴美国学习,在哈佛大学进修领导力,在麻省理工学习人工智能。作者具备深厚的理论素养、研究能力,同时具有丰富的实战经验,这在财经作者中,非常难得。

作者花费五年时间,以其敏锐的洞察力和扎实的研究,深入分析了 2000 年至 2024 年间全球领先企业的兴衰成败,从中提炼出了企业在大变局下实现有质量生存和高质量增长的八大法则。这些法则不仅是对经典管理理论的突破,更是对新时代企业增长逻辑的深刻洞察。

吉姆·柯林斯在《基业长青》中提到的 18 个翘楚企业中,在过去 20 年里 80% 的企业未能跑赢大盘,无疑说明柯林斯模式中存在一些遗漏或者过时的地方。基于对新旧翘楚企业 20 多年的发展研究分析,在回顾柯林斯"组织流分析模式"时,作者发现该分析模式有一些重大遗漏之处,主要在以下四个方面:1)风险控制;2)公司长期护城河建设;3)公司治理;4)高管薪酬激励和业绩评价。

在阅读本书的过程中,我被作者对于企业增长的深刻见解所打动。书中不仅回顾了中国经济从高速增长到高质量增长的转型,也指出了全球经济环境下企业所面临的共同挑战。作者通过对比新旧企业翘楚的发展轨迹,揭示了在不断变化的市场中,唯有具备韧性和创新能力的企业才能持续领先。

本书的核心价值是作者提出的八大增长法则。这些法则不仅是对传统管理理论的挑战,更是对新时代企业增长逻辑的深刻洞察。从敬畏风险到追求长期价值,从坚守原则到以顾客为中心,每一条法则都是作者基于对全球领先企业长期研究的成果。

八大增长法则,涵盖了从敬畏风险、坚守原则到追求长期价值增长、打造懂行创新的公司治理等各个方面。这些法则相互关联、相互支持,为企业提供了一套全面的增长策略。特别是对于如何在 AI 时代加速到来的背景下,企业如何加速创新,实现有质量的生存和增长,作者给出了切实可行的建议。

我特别认同书中关于“敬畏风险”的观点。在当前复杂多变的商业环境中,企业必须具备高度的风险意识和忧患意识,严守纪律,不盲目扩张。只有敬畏风险、备好“压舱石”,企业才能在危机中保持韧性,确保有质量的生存。作者通过深入剖析大量案例,揭示了很多长期增长企业背后的秘密。比如特斯拉,大家看到的都是快速增长的业绩,其实从 2010 年上市伊始,特斯拉始终将风险控制放在优先位置上,公司对产品、市场、资金等各方面风险都有严谨分析、预判和预案。

书中对于领导者的特质也有独到的见解。作者认为,在《基业长青》中提到的第五级经理,已经不能领导当今企业的长期发展,企业呼唤第六级领导者。第六级领导者需要具备远见和创新精神,能够在思考未来的同时,对行业发展大势和技术走向有深刻的洞察和判断。同时,领导者还需要具备团结力量,严控风险、守住底线,选择未来领导人时,关键在于标准而非来源。

持续巩固护城河,是中国企业非常缺乏的。作者详细分析了苹果和英伟达的快速崛起,护城河战略非常显著。苹果的护城河之深,巴菲特也推崇备至,英伟达发展很快,短短几年内就从名不见经传发展成为 GPU 的市场主导者,近几年更是光彩夺目,成为人工智能领域的先行者,这背后是英伟达独特的加速创新策略,构建出"遥遥领先"的技术优势。

在公司治理方面,作者强调了持续创建专业公司治理的重要性。亚马逊、网飞、摩根大通和华为等企业在董事会的专业治理上持续优化,并根据公司战略增长要求迭代更新。尤其是华为作为非公众公司,每年坚持主动披露财报,并持续优化公司治理结构,为全球领先企业提供了宝贵的参考。

书中的案例内容详实,分析尤为精彩,作者通过对通用电气、花旗集团、迪士尼、特斯拉、苹果、英伟达、微软等知名企业的深入剖析,展示了它们在面对市场和经济变化时的应对策略,以及这些策略对企业长远发展的影响。这些案例不仅让我们看到了企业在不同阶段的挑战和机遇,也为我们提供了学习和借鉴的宝贵经验。

总之,《生存有质、增长有道》一书是一部深入浅出、富有洞见的企业增长指南。它不仅适合企业家和管理者阅读,也适合所有对企业如何在变革中寻求生存和发展感兴趣的读者。我相信,通过阅读本书,每一位读者都能够获得宝贵的启示和思考,为自己的企业和职业发展注入新的活力和方向。

在这个充满不确定性的时代,让我们以《生存有质、增长有道》为指南,共同探索企业增长的新路径,实现有质量的生存和可持续的发展。

吴胜涛

宽带资本 董事总经理

前德勤管理咨询公司全球合伙人

前京东集团人力资源副总裁、高级顾问

推荐序 2

加速创新,构建有韧性的动态比较优势

当前,新一轮科技革命和产业变革加速演进,一大批新兴技术涌现并在不断加速变化,特别是移动互联、云计算、大数据、人工智能等技术,正对传统产业结构发生冲击。同时,大国博弈、大国冲突、大国竞争进入关键时期,逆全球化趋势愈发明显,地缘政治有持续恶化的迹象,中国经济发展从面临新形势到面临百年未有之大变局,需要主动应变局、育新机、开新局、拓新路。

过去 30 多年,中国经济取得了跨越式的高速增长,经济平均增速超过8%,增长速度不仅快于主要发达国家,即使与经济增长速度比较快的其他金砖国家相比,也十分突出。在此过程中,中国涌现出了一大批优秀的企业,在短时间内崛起并成为行业的领军企业,走向国际舞台中央。

改革开放以来,中国经济的高速增长在很大程度上得益于充分利用了廉价的劳动力、土地、资源等传统要素的比较优势,并参与国际分工与国际竞争,这在一定程度上推动了我国经济规模不断扩大。2013 年以来,中国经济增速不再是以往的两位数增长状态,而是降为个位数增长的"新常态"。这实质反映了经济内在结构的变动和增长动力的转换。为了促使中国经济的持续健康增长,新的增长动力必须向结构转型和产业升级、创新驱动经济发展为主转换,这也是"新质生产力"提出的大背景。

在当今技术变革迅速、人口红利减少、全球经济减速的新形势下,过度依赖传统比较优势使得我国在研发、设计、品牌、营销、供应链管理等很多关键环节,在国际产业分工上还被固化在价值链的低端。同时,我国企业大量集中在加工制造环节,也造成企业之间的过度竞争与产能过剩,管理粗放、科技创新含量低,导致在低层次的竞争中"越来越卷",叠加内外部的复杂环境和不确定因素,生存和发展空间受到严重挑战。

未来几十年中国哪些产业具有全球竞争力和比较优势? 哪些企业能够成为占据价值链中高端位置的世界一流企业? 如何推动创新转型破局和长期高质量发展?

我认为中国产业和企业必须要围绕"新质生产力"的发展,加快科技创新、管理创新、模式创新,不断提升自身的比较优势内涵,追求动态的比较优势,才能实现持续有质量的生存和增长。

但与此同时,一个重大挑战在于,传统工业时代的管理理念很难为新时代的企业发展提供有效指引,必须从结合中国国情、放眼世界,从最新企业发展实践中发现新问题、总结新经验、找到新借鉴、提出新观点,才能为未来高质量发展的探索开创一条新路。

"以史为鉴、可知兴替"。本书从过往 20 多年全球领先企业的兴衰史入手,大胆地对经典著作《基业长青》中的经典结论进行了突破,创造性提出了高质量发展的坚韧增长"八大法则"和相应系列打法,其中有三点让人印象深刻。

第一,将"敬畏风险、备好压舱石"作为坚韧增长的首要法则。

对于一个国家来说,发展是安全的基础,安全是发展的前提。2022 年中央经济工作会议提出,"产业政策要发展和安全并举"。这是有效应对复杂多变的国内国际环境、实现产业良性发展的现实要求。大道相通,对于一个企业来说,在当下加速变化、不确定性越来越高的时代,敬畏风险、确保安全是高质量发展的前提,同时高质量发展也将提升企业的抗风险能力、确保企业安全。本书详细列出了企业生存增长的 10 类风险,打造"五种武器",给不同阶段的企业有效预判风险、应对风险、提升生存韧性提供了很好的参考价值。

第二，强调追求长期价值增长、持续巩固"护城河"。

对于国家产业发展来说，要实现产业升级，必须要构建起动态的比较优势。而构建动态比较优势重点在于打破低附加值固化的原有路径，推动创新。技术创新不仅是产业结构升级和经济发展的根本推动力，而且也是决定国际竞争能力的关键因素。模仿领先、干中学是一种短期作用机制。而创新机制则是一种长期作用价值。与旧产业技术相比，新产业技术往往在效率、性能、成本、适用范围等方面具有显著优势，可以为生产、生活和社会发展带来更多的福利，替代跨越性是产业技术发展的必然趋势。

对于志在成为国际一流、具有核心竞争力的企业来说，必须要构建自己独特的动态比较优势，也就是经常说的"长期护城河"，并不断迭代进化和扩大。要建立企业的动态比较优势，正如本书中所揭示的，"长期护城河"背后两个最重要的驱动，一个是创新进化，另一个是卓越运营、提升效率。在加速变化的AI时代，如果仅仅是常规创新速度还不够，全球新质生产力的领先代表企业——英伟达的"加速创新"策略是一个非常好的借鉴。只有从长期主义出发，加速创新，才能创造出更大的动态竞争优势，在全球国际化竞争中赢得领先地位。

第三，专业性和系统性的统一。

本书作者刘洁管理和咨询经验丰富，长期对国内外领先企业发展有深入的观察和思考。书中不仅有大量鲜活的案例故事，将不同领先企业的增长法则娓娓道来，深入浅出。同时收集整理大量详实的数据作为基础，深刻把握历史逻辑、实践逻辑和理论逻辑三大逻辑，立论新颖，整体系统扎实，对企业高质量的生存发展规律有新的表述，给人启发。

面对复杂的国际国内环境、AI时代加速到来、产业兴衰速率加快的新形势下，未来中国充满挑战，更充满机遇。对于每个追求高质量发展的企业家和领导者，都值得细读这本书，敢于从思维、行动上突破原有路径和惯性，有效预判和应对风险，加速自主创新，向产业链中高端攀升，构建起更有韧性、更有质量的持续生存增长模式，成为中国产业转型升级的创新先锋和中坚力量！

千春晖

上海社会科学院副院长、应用经济研究所所长，

中国工业经济学会副理事长，上海市经济学会副会长、教授、博导

推荐序3
打造坚韧　逆风增长

在这个信息爆炸、知识更新迭代速度惊人的时代，能够静下心来，用多年的时间打磨一部作品，无疑是对作者耐心和毅力的巨大考验。我的好友刘洁，就是这样一位令人敬佩的作者。

他不仅以他的专业素养和实践经验在商业和管理领域赢得了同行的尊重，更以他对知识的执着追求和对智慧的深刻洞察，完成了这部名为《生存有质、增长有道》的力作。

在人生的旅途中，能有一位志同道合、携手共进的朋友，是一种莫大的幸运。我与刘洁相识相知已逾二十载，我们曾一同并肩奋斗，结下了深厚的友谊。如今，他的新作《生存有质、增长有道》即将面世，我深感荣幸能为这本书作序。

在商业和管理的世界里，刘洁无疑是一位多面手。他有20多年的企业管理和管理咨询经验，无论是在战略规划、组织架构设计，还是人力资源管理方面，他都展现出了非凡的才能和深厚的理论功底。

他的经验，如同一座宝藏，每一次挖掘，都能发现新的珍珠。他在2018年9月对中国房地产行业走势的判断，今日看来，是如此地精准而有效，这体现了他对事物本质的分析以及对于趋势的清晰把握。

《生存有质、增长有道》这本书，是刘洁多年智慧的结晶。全书宏大叙事、结构清晰、数据详实，仿佛让我读到了当代升级版的经典《基业长青》。可以说，我是亲眼见证整个书籍的撰写过程，一本书经历数千个日夜的精心锤炼，反复打磨，足见作者对读者的诚意和对知识的敬畏。这本书不仅仅是一本系统知识的沉淀，更是刘洁对商业实践深刻洞察的体现。

在这本书中，他以独特的视角，分析了全球企业如何在动荡不安的经济环境中保持增长的韧性，如何在竞争激烈的市场中找到生存和发展的策略。书中数据详实，信息充分，令人称赞。

《生存有质、增长有道》通过深入剖析新旧翘楚企业的兴衰成败，总结出了企业实现坚韧增长模式——即有质量生存和高质量战略增长的八条法则：敬畏风险、备好"压舱石"，确保第六级领导者"在位"，坚守正确的根本原则，痴迷顾客需求、创造顾客价值，导向长期成功、持续巩固"长期护城河"，小心并购增长的陷阱，打造懂行创新的公司治理，以及正确地激励等。这些法则涵盖了企业发展的各个方面，为企业提供了全面、系统的指导。

《生存有质、增长有道》是一部理论与实践相结合的杰作，是对当前经济形势下企业发展困境的深刻回应。在当前经济下行压力加大，企业发展面临诸多挑战的背景下，《生存有质、增长有道》的出版恰逢其时。

书中的案例、知识和方法，对于企业家和管理者来说，无疑是一盏指路明灯。它不仅提供了解决问题的工具，更激发了读者对于商业本质的思考，对于如何在变革中寻找机遇，如何在挑战中实现突破，提供了深刻的启示。

这本书是刘洁多年心血的结晶，也是他对商业世界的深刻洞察。我相信，每一位读者都能从中获得宝贵的知识和灵感，无论是对于企业的管理者，还是对于对商业世界感兴趣的普通读者，这都是一本不可多得的好书。

倪云华

香港大学、清华大学、复旦大学客座导师
黑马会、创业邦、混沌学院创业导师、财经作家

自序

有质量的生存、高质量的增长

今天的繁荣，孕育着明天衰落的种子。今天的危机，也可能激发起明日腾飞的力量。

"加速计算已达到临界点。通用计算已经失去动力……"，英伟达创始人、CEO黄仁勋在2024年3月19日的GTC主题演讲上断言，世界已进入加速计算的时代。

在这个加速计算、加速变化、加速创新的AI新时代，竞争越来越激烈，不确定性越来越高。各行各业都面临被重塑的命运，企业生命周期正在加速缩短，持续增长的挑战越来越大。

昨日明星，今日黄花，比比皆是。

很多过去的经典管理规则已经失效。先确保有质量的生存，再追求高质量的增长，成为企业发展最重要的主题。

2018年起，中国经济从高速增长阶段进入高质量增长的阶段。GDP增速放缓，处于转换发展方式的关键阶段。2000—2017年，中国GDP平均增速为9.3%。2018—2023年，中国GDP平均增速则变为5.2%。考量到中国经济总量已经很大，未来如能持续保持5%，已经非常优秀。

过往利用外部红利环境，加杠杆、做扩张、快模仿的粗放增长模式，在全球经济增速放缓、全球化局部"脱钩"、消费能力和意愿下降、"去杠杆"的大背景下，受到了严峻挑战，增长不可持续甚至陷入绝境。不少明星企业光环黯淡下来，有些企业艰难活下来，有些企业则被时代无情地淘汰。面对全球经济下行和消费减弱，有些企业面临经营艰难、现金流紧张的困境，呈现迷茫焦虑、"无奈躺平"状态，但时代不会停下来等待任何人。

从长远发展考虑，中国企业需要降低对增速的过高期望，将有质量的生存和高质量的增长放在首位，学习借鉴国际一流企业在低 GDP 增速下，穿越周期、持续价值创造和价值增长的底层逻辑，敬畏风险、加速创新，追求更有韧性、更高质量、更可持续的战略增长。

20 多年前，管理大师吉姆·柯林斯在《基业长青》提出了高瞻远瞩企业的共同特征和成功经验，被很多企业家奉为圭臬。**但遗憾的是，曾被柯林斯奉为行业翘楚的不少企业，现在已经失去往日光辉。**培养出众多精英人才的通用电气被剔除出了道琼斯工业指数，市值相比杰克·韦尔奇的高峰时期下跌了73％左右，面临分拆；惠普在 2023 年的市值平均值相比 2000 年下跌了 58％，史上几次大并购不幸以失败告终；花旗集团在 2008 年金融危机中股价曾狂跌95％，需要政府解救才能活下来；摩托罗拉黯然失色，在竞争舞台上变得籍籍无名，福特也陷入了增长乏力的状态。

2000—2023 年期间，在往昔的 18 家翘楚企业中，营收、利润和市值均能持续增长的只有 10 家。在不考虑分红等因素的情况下，仅有万豪 1 家公司的市值增长跑过了同期标准普尔 500 指数的增长。如果考虑分红因素，也只有 4 家公司的市值增长超过同期标准普尔 500 指数增长。同时令人惊奇的是，对照公司中有 2 家公司的增长不仅超越了当初翘楚公司，并超越了市场表现，分别为摩根大通银行和 CVS 健康（前身是梅维尔公司）。

这一切说明，在外部环境急剧变化、行业面临颠覆与被颠覆挑战时，柯林斯当初提出的成功经验中，其中一些观点在今天乃至未来很可能已经失效。

在一些"基业长青"企业被时代无情抛弃的同时，在过往的 20 多年里，苹果、亚马逊、谷歌、网飞、丹纳赫、星巴克、吉利德科学、特斯拉、英伟达，中国的华

为、阿里巴巴、腾讯等,日本的优衣库,腾飞而起,不断创造惊人的增长。

这些企业至少有 15 年的发展历史,经历经济或金融危机而屹立不倒。2000 年到 2023 年间,苹果营收增长 47 倍,净利润增长 122 倍;亚马逊营收增长 185 倍,谷歌营收增长 1.6 万倍,网飞营收增长 962 倍。特别值得关注的是,优衣库在日本 GDP 平均增速只有 0.7% 的大背景下,营收增长了 7.8 倍。2010 年到 2023 年,特斯拉营收增长 828 倍,这些都成为新一代翘楚企业代表。

一些传统领先企业,迪士尼、微软、索尼,曾一度陷入增长的危机和迷惘,但最近又成功实现了自我进化和复兴。失去创意的迪士尼,在艾格的创新推动下,重新恢复生机。面临生死危机的索尼,在平井一夫的引领下,走出"索尼震撼"。坠入平庸的微软,则在纳德拉的带领下再创辉煌,2023 年借助 Chat-GPT 威力,微软市值再次突破 2 万亿美元。

华尔街宠儿花旗为何曾经一落千丈、面临生死关头?摩根大通银行又为何能在金融危机中经受住了狂风暴雨,逆势反超?传统翘楚摩托罗拉、通用电气、惠普为何辉煌不再?索尼为何能"咸鱼翻身"?微软为何再创辉煌?万豪、强生为何能保持长青?亚马逊、谷歌、网飞、特斯拉、华为、英伟达、优衣库、丹纳赫、开市客等新锐企业为何能穿越各种风险和生存危机、创造高质量增长奇迹?

这些新兴翘楚和长青翘楚背后生存增长的底层逻辑是什么?对应的核心法则是什么?哪些法则已经过时?哪些是新的法则?

笔者用前后 5 年时间,深入洞察 2000—2024 年全球领先企业兴衰成败背后的秘密,在 25 年长周期内,重点选择五类行业的 30 家世界领先企业深入研究:互联网/高科技、金融、消费、医疗健康、零售。这些行业在人类历史上将长期存在,既包括新兴翘楚,也包括已没落的传统企业,更重要的是它们都经历过周期风险和各种危机考验。

通过深入阅读分析这些企业在 2000—2024 年期间的公司年报、CEO 致股东信、公司治理报告、公司和企业家传记等书籍,深入探究有质量生存和增长背后的底层逻辑和 DNA；将《基业长青》"组织流分析"研究模式延展到公司治理、"长期护城河"建设、高管薪酬激励和业绩评价、风险管控等维度，实现自上而下、更全面的解构分析。

在探索过程中，笔者发现《基业长青》《从优秀到卓越》中柯林斯提出的很多结论虽然仍有生命力，包括胆大包天的目标，宗教般的文化，保留核心、刺激进步等；但也有一些观点有待商榷，如第五级经理人、造钟而非报时、经理人是自家长成的好。

更令人遗憾的是，在《基业长青》《从优秀到卓越》中也有明显遗漏之处：既未对重大风险有所提及，也忽视法人治理、"长期护城河"、高管薪酬激励模式对企业生存增长的价值。

阅读翘楚企业 CEO/创始人在过往 20 多年中的信，是了解他们管理哲学和增长法则的最佳方式。有 5 位领导者的真知灼见让笔者感受最深：亚马逊创始人兼 CEO 杰佛瑞·贝佐斯先生，华为的任正非先生，网飞创始人兼 CEO 里德·哈斯廷斯先生，摩根大通董事长兼 CEO 杰米·戴蒙先生，以及迅销（优衣库）的柳井正先生。

尽管所处行业不同、角度背景不同，但他们有 8 点可谓大道相通：

第 1 点是具备远见和创新精神。他们总是在思考未来，对行业发展大势和技术走向有深刻的洞察和判断，高度关注创新和持续进化，不仅看到机遇，也看到危机。

第 2 点是高度的风险和忧患意识，敬畏风险、严守纪律。即使处于极佳位置，仍不断强化组织内部的危机意识，不骄傲自大、不盲目扩张。

第 3 点是坚守自己的基本原则。无论是在什么情况下，他们都会坚守自己的价值观和基本原则。例如华为坚守"以奋斗者为本"，贝佐斯坚持"第一天"的原则，以此作为业务生存和发展的指引。越是在危机时刻，越强调对原则的坚守。

第4点是以顾客价值和体验为中心，甚至是痴迷顾客需求。以提升顾客价值为导向，不断树立高标准，提升顾客体验、创造消费者惊喜和感动。巴菲特即使作为投资人，强调说："如果我们为顾客带来愉悦，消除不必要的成本并改进我们的产品和服务，我们就会获得力量。但如果我们对顾客漠不关心或容忍组织的臃肿，我们的业务就会枯萎。"

第5点是关注长期增长、打造"长期护城河"。聚焦长期不变的核心竞争要素，通过创新进化和运营效率提升，做难而正确的事，追求极致，持续增强"长期护城河"，从而提升抗风险能力和战略增长能力。

第6点是持续创建专业的公司治理。亚马逊、网飞、摩根大通和迅销在董事会的专业治理上持续优化，并根据公司战略增长要求迭代更新。华为即使没有上市，也参照上市公司要求建立起自己的董事会和轮值董事长机制，承担带领公司前进的使命。

第7点是对并购增长总是小心谨慎，不简单追求规模增长，而是追求有质量的增长。正如杰米·戴蒙所说，"我们需要的是 quality growth（有质量的增长），不是 quarterly growth（每个季度的增长）。"

第8点是正确地为业绩付薪，强调激励要与个人业绩贡献、公司价值创造和长期价值增长高度一致。

企业生老病死是常态，真正的基业长青非常艰难，能够保持有质量的生存并在30年内持续高质量增长已经很不容易。

新时代需要新思考、新探索、新路径，依靠"原有思维和成功路径"在未来难以成为国际一流企业，甚至难以确保生存。没有生存，哪来增长？没有持续高质量的增长，哪能基业长青？

面对各种风险和不确定性冲击，组织首先要保持韧性，确保有质量的坚韧生存，再追求高质量的战略增长，笔者将之称为坚韧增长模式。

基于以上的反复思考和探索，笔者总结出未来企业发展不得不读的坚韧增长八条法则,帮助中国企业跳出惯性,提高未来长期成功的概率。各个法则之间并非相互隔离,而是相互关联、相互支持,在外部环境变化和企业发展的不同阶段有不同侧重。

有质量的生存和高质量增长是一个长期系统工程,不能单纯追求规模最大化、利润最大化或市值最大化,而需要尊重生存和增长的底层逻辑。同时,企业需要基于自身发展阶段现状和面临最大挑战,确定当前优先重点——是解决生存问题,还是解决持续增长的问题?突破口在哪里?遵循哪些法则?哪些是正确的事?风险在哪里?哪些"坑"要避免?该怎么做?

我们身处百年未有之大变局,每一天都在发生新的变化和不确定性。我们追求的高质量增长,必须是极富远见、战略导向、可持续的战略增长,而非短期冲动、机会主义、不可持续的粗放增长。借鉴国际一流企业穿越周期、持续生存增长历程中的经验教训,对中国企业来说显得非常重要,并以此增强持续生存能力、加速创新进化、扩大"长期护城河",促进高质量发展。这是本书的初心所在,也是对《基业长青》《从优秀到卓越》的一次突破!

总结过往,就不可避免会发生后视镜效应和光环效应。如果我们能在前人的成败经验教训中做些探索,进步一点点,也是有益的进步。如有不当或遗漏之处,敬请不吝赐教。是为序。

刘 洁

2024 年 12 月 28 日于上海

目　录

第一章　新旧翘楚 001

长青企业两极分化　/ 004

新一代翘楚企业腾飞而起　/ 009

兴衰成败背后的浪潮和深思　/ 016

思考与启示　/ 024

第二章　敬畏风险、备好"压舱石" 027

坠落:脆弱的增长　/ 028

风暴中的压舱石:堡垒式资产负债表　/ 033

企业生存和增长躲不过的 10 类风险　/ 041

认知你实现增长的重大风险,排序很重要　/ 045

敬畏风险、先内后外、打造"五种武器"　/ 066

思考与启示　/ 069

第三章　坚韧增长需要第六级领导者 071

仅有谦逊和意志,还远远不够　/ 072

惊人远见塑造伟大企业 / 079

勇于冒险，持续创新 / 084

团结的力量 / 087

严控风险、守住底线 / 090

选择未来领导者，关键在于标准而非来源 / 093

如何更精准判断领导者和接班人？ / 104

思考与启示 / 107

第四章 坚守正确的根本原则 110

正确的根本原则比单纯"造钟"更重要 / 115

曾经的断层和迷失 / 119

贯穿近百年万豪发展史的 2 个精神 / 123

比 14% 还要极致 / 127

坚持基本企业方针 / 132

保持第一天 / 136

思考与启示 / 140

第五章 痴迷顾客需求，创造顾客价值 144

特斯拉的胜利：不断提高顾客体验 / 147

走下神坛的工程师文化 / 149

对待顾客需求的四个层次 / 153

聚焦顾客需求，重新提升星巴克体验的承诺 / 156

将客户需求放在首位，持续创造价值 / 158

拒绝广告，专注提升顾客体验 / 163

真正的"顾客痴迷"，代表顾客发明创新　/ 166

思考与启示　/ 170

第六章　追求长期价值增长，持续巩固"长期护城河"　174

行业洞见带来的大逆袭　/ 176

聚焦核心业务和优先事项　/ 181

加强创新引擎，创造伟大的产品和商业模式　/ 187

卓越运营，创造极致　/ 196

看重公司长期价值增长，再造绩效评价体系　/ 199

自我反省进化，在"冬天"里保持韧性　/ 203

思考与启示　/ 206

第七章　小心并购增长的陷阱　211

10 个"陷阱"　/ 212

曾迷失在收购陷阱中的惠普　/ 214

工业通用电气梦的破灭　/ 219

避开并购增长"陷阱"的 4 个规则　/ 224

严格标准、精益管理，内生增长和并购增长双轮驱动　/ 226

3 次改变命运的并购：从 1 亿到 10 亿，再到 100 亿美元　/ 230

思考与启示　/ 239

第八章　打造懂行创新的公司治理　242

重组苹果董事会，实现底部大逆转　/ 243

什么样的董事才能对高质量增长贡献价值？　/ 248

基于战略发展，主动选择专业、创新的董事 / 252

新锐翘楚董事会：企业家精神与风险资本相互成就 / 257

失败的董事会：缺少行业专家和创新精神，内部人控制 / 270

未来需向战略增长型董事会转变 / 280

思考与启示 / 282

第九章 正确地激励 286

质变：乔布斯重返苹果后的高管薪酬变革 / 288

什么是正确的高管付薪？ / 296

结构简单，低固定工资＋高股权激励：与公司长期价值增长紧密捆绑

/ 299

项目越繁杂、现金越多，可能对长期成功破坏力越大 / 322

常青树的秘密：超越利润之上，注重长期增长和创新贡献 / 331

思考与启示 / 335

主要参考文献 / 340

后记 坚持的力量 / 342

第一章　新旧翘楚

我发现,真正不同凡响的企业寥寥无几,它们和数以千计的普通企业之间隔着一条宽阔的鸿沟,这些普通企业如果在历史上的脚注中占据一个星号就算幸运的了,想到这一点,每每让我感触良多。

——迈克尔·莫里茨,

红杉资本合伙人,谷歌、亚马逊的投资人

眼见他起朱楼,眼见他宴宾客,眼见他楼塌了。

——孔尚任《桃花扇》

没有永久成功的企业,只有时代的企业。

"今年这封信件将是我们通用电气作为目前形式的最后一封信,去年我们剥离了通用电气医疗保健,现在准备在 4 月初将通用电气能源和通用电气航空航天公司作为独立公司推出。"通用电气(GE)董事长兼 CEO 拉里·卡尔普在 2024 年2 月 4 日致股东信中说道。这是一个伟大企业多元化时代结束的注脚。

就在之前过去的 1 周,通用电气的收盘股价上涨 4.8%,达到 136.5 美元,加上通用医疗的市值共计 1800 亿美金。而彼时苹果公司的市值超过 2.8 万亿美金,特斯拉市值超过 5000 亿美金,英伟达市值则达到 1.6 万亿美金。

就在一年多前,2023 年 1 月 3 日,通用电气医疗保健完成了与通用电气的分拆。2023 年 1 月 4 日,通用电器医疗保健的普通股正式在纳斯达克股票市场上进行常规交易,当天收盘价定在了 60.49 美元,上涨 8.02%。这是通用电气分拆行动迈出的最实质性的一步。分拆之后,通用电气仍保留通用电气医疗保健 19.9% 的股权。

2021 年 11 月 9 日,"通用电气将分拆"——这则爆炸性新闻不仅震惊了华尔街,也让全世界唏嘘不已。

为了精简业务、削减债务和提升股价,曾带来许多领先管理理念、培养出众多世界级精英人才的全球工业巨头——通用电气宣布,将拆分为三个独立的上市公司。这意味着这家拥有 130 多年历史、由发明大王爱迪生联合创立的公司将告别多元化巨头的时代。

拆分后的三家公司分别聚焦于能源、医疗保健和航空领域业务。完成这些交易后,剩下的通用电气上市公司将转型成为一家以航空航天为核心业务的公司,仍由目前的 CEO 拉里·卡尔普掌舵,并继承通用电气的其他资产和债务。

卡尔普自 2018 年掌舵通用电气以来,大力出售资产以削减债务、精简业务、降低成本费用改善现金流、优化资产负债表。但无奈积弊之下,加之疫情冲击,虽避免了像摩托罗拉那样几乎被历史埋没的结局,但已很难恢复往日荣光。

分拆消息公布之后的当天,通用电气股价上涨 2.6%,收于每股 111.29 美元,股票市值达到 1275 亿美元,为三年以来最高点。相比 2000 年市值高点,却下跌了 79%。

卡尔普的拆分战略与当初杰克·韦尔奇领导下的大举扩张形成鲜明对比。韦尔奇将通用电气扩展为一个多元化业务巨头,实现了营收、利润与市值突飞猛进的增长,业务触角从工业领域额伸向了金融和媒体,2000 年时达到顶峰,市值达到 6000 亿美元,位列当时全球第一。

时过境迁,卡尔普的选择既是因势而变,更多也是无奈之举。

他在公司的一份声明中表示,"通过组建三家引领行业趋势的全球性上市企业,每个独立公司都将受益于更聚焦的业务领域、更定制化的资本配置和更灵活的战略,从而为客户、投资者以及员工创造长期增长潜力和价值。"

在剥离之后,通用电气能源(GE Vernova)在纽约证券交易所以 GEV 名称交易,通用电气能源将继续使用 GE 股票代码。通用电气宣布了两个董事会的成立,招募了新董事,为新征途做好准备。

在通用电气 1893 年第一封致股东的信中,接替爱迪生掌管通用电气、曾被《财富》杂志评为美国 10 位最杰出 CEO 的查尔斯·科芬一开始就提到了三家公司如何合并为一家通用电气公司。天道轮回,131 年过去了,曾经的整合演变成了今天的拆分,不禁令人感慨万千。

不得不承认,随着互联网的兴起,工业制造、能源等传统企业在追随时代转型上步履艰难,曾经的多元化企业巨头,在面对更加创新驱动、变化更加剧烈的竞争环境,生存增长挑战巨大。

长青企业两极分化

时间是好公司的朋友,是平庸公司的敌人。

"曾经卓越"从来不是"免死金牌"!无论多么优秀的公司,如果罔顾风险盲目扩张和并购,如果不能洞察大势,如果不能顺应时代大潮持续迭代进化,如果忽视顾客和消费者需求的变化,追求短期利润而放弃长远投资创新,原有宽阔的"长期护城河"必将越来越窄,最终被时代无情淘汰,不要奢谈增长,可能连生存都成为问题。

20多年前,柯林斯在所著的《基业长青》列举了18家"基业长青"企业。在2000—2023年的24年间,只有10家同时保持了营收、利润、市值的持续增长。

表1.1　2000—2023年保持营收、利润、市值持续增长的"基业长青"公司

序号	公司名称	行业	2023年相比2000年业绩与平均市值*表现
1	沃尔玛	零售	营收增长270%,净利润增长109%,平均市值增长65%
2	迪士尼	娱乐媒体	营收增长250%,净利润增长167%,平均市值增长144%
3	强生	医药保健	营收增长186%,净利润增长169%,平均市值增长205%
4	美国运通	金融服务	营收增长155%,净利润增长199%,平均市值增长72%
5	万豪酒店	酒店	营收增长135%,净利润增长546%,平均市值增长568%
6	宝洁	消费品	营收增长105%,净利润增长320%,平均市值增长165%
7	索尼	多元化	营收增长63%,净利润增长628%,平均市值增长32%

（续表）

序号	公司名称	行业	2023 年相比 2000 年业绩与平均市值*表现
8	默克	医药	营收增长 49%,净利润增长约 53%*,平均市值增长 55%
9	菲利普・莫尔斯	消费品	2008 年*(在纽交所上市)—2023 年期间,营收增长 37%,净利润增长 43%,平均市值增长 60%
10	福特汽车	汽车	营收增长 4%,利润增长 25%,平均市值增长 41%

* 注(1)平均市值是指当年度市值的最高值与最低值的平均值。

　(2)菲利普・莫尔斯在 2008 年上市。

　(3)根据美国通用会计准则(GAAP),默克集团在 2022 年归母净利润为 145.2 亿美元。2023 年归母净利润为 3.65 亿美元,其中研发费用高达 305 亿美元(占当年营收比为 50.8%),相比 2022 年的 135 亿美元研发费用(占营收比为 22.85%)大幅增加,处于非常规水平,主要原因在于 2023 年默克集团分别花 102 亿美元和 12 亿美元收购专注于免疫领域的普罗米修斯生物科学公司和生物制药公司 Imago,以及其他合作项目支出。如果将 2023 年两项收购费用扣除,并适当考虑所得税影响,默克集团 2023 年调整后的净利润约为 104 亿美元,可能更为合理反映实际盈利水平,相比 2000 年 68.22 亿美元,增长 53%。

在这 10 家公司中,索尼和迪士尼在过去的 20 多年里并非一帆风顺,在增长过程中遇到挫折。特别是索尼,曾面临过巨额亏损和"索尼震撼"等重大负面事件,遭遇生死存亡的困境。

另外 8 家公司,则在 2000 年至 2023 年期间营收、利润或市值增长方面出现一些问题,未能实现基业长青。

表 1.2　2000—2023 年未能同时保持营收、利润、市值长期增长的基业长青公司

序号	公司名称	行业	2023 年相比 2000 年业绩与市值表现
1	摩托罗拉	通讯	核心业务被分拆,目前保持上市的公司营收下降 73%,净利润略增 30%,平均市值下跌 43%
2	通用电气	多元化	2023 年拆分成通用电气和通用电气医疗两家上市公司,合并一起计算,营收下降 33%,净利润下跌 15%,平均市值下跌 73%
3	花旗集团	金融服务	营收下降 30%,利润下降 32%,平均市值下跌 65%
4	IBM	信息技术	营收下跌 30%,利润下降 7%,平均市值下跌 31%

(续表)

序号	公司名称	行业	2023 年相比 2000 年业绩与市值表现
5	惠普	信息技术	2015 年惠普拆分成惠普公司和惠与(HP Enterprise)公司两家上市公司。合并一起计算,营收增长 70%,利润增长 43%,平均市值下跌 58%
6	波音	航空及国防	营收增长 52%,净利润下跌 206%转为亏损 22.2 亿美元,平均市值增长 202%
7	3M	制造	营收增长 96%,净利润增长 −489%,平均市值增长 41%
8	诺士全	零售	营收增长 166%,净利润增长 34%,平均市值增长 0%

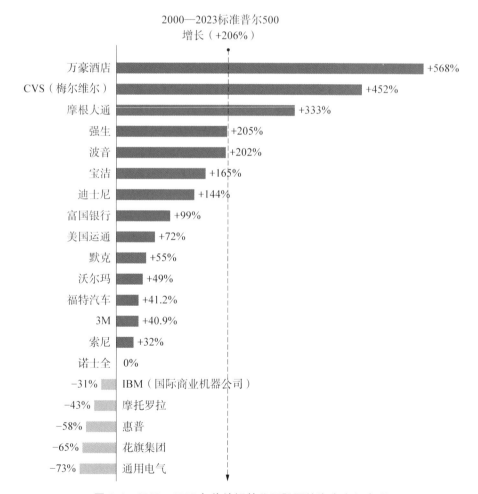

图 1.1　2000—2023 年传统翘楚公司股票的资本市场表现

从资本市场表现来看,道琼斯指数在 2000 年的平均值为 10702 点,2023 年平均值为 34604 点,增长 223%。纳斯达克指数平均值从 2000 年到 2023 年增长 243%。标准普尔 500 指数的平均值从 2000 年到 2023 年增长 206%。

在 2000—2023 年期间同时保持营收、利润、市值增长的 10 家传统翘楚公司,如果不考虑股息回报的情况下,公司资本市场市值能够超越标准普尔 500 指数增长的公司仅有 1 家公司:

- 万豪酒店:平均市值增长 568%。

而通用电气、花旗银行、惠普、摩托罗拉、IBM 等 5 家公司的平均市值下跌幅度更是分别为:−73%,−65%,−58%,−43%,−31%。

如果从整体股东回报角度测算,将 2000—2023 年累计发放分红计算在内,则公司股东总回报增长率【(平均市值增加值+累计分红)/2000 年平均市值】超越标准普尔 500 指数增长的公司增加到 4 家公司,占到 18 家翘楚公司的 22%:

- 万豪酒店:股东总回报增长 627%;
- 强生:股东总回报增长 324%;
- 波音:股东总回报增长 278%;
- 宝洁:股东总回报增长 267%。

其中波音公司虽然市值超越市场表现,但最近一直受到安全丑闻的负面影响,难说真正的基业长青。

还有 14 家公司的整体股东回报跑输了标准普尔 500 公司的增长。其中,迪士尼、3M、福特、沃尔玛、诺士全、默克制药、福特汽车、索尼、IBM 等 9 家公司保持股东总回报正增长。4 家公司股东总回报由于累计分红略有好转,但仍处于亏损状态,分别是以下 4 家:

- 花旗银行:股东总回报为 −22%;
- 摩托罗拉:股东总回报为 −34%;

- 惠普（包括惠普与拆分出的惠与）：股东总回报为 -35%；

- 通用电气：股东总回报为 -43%。

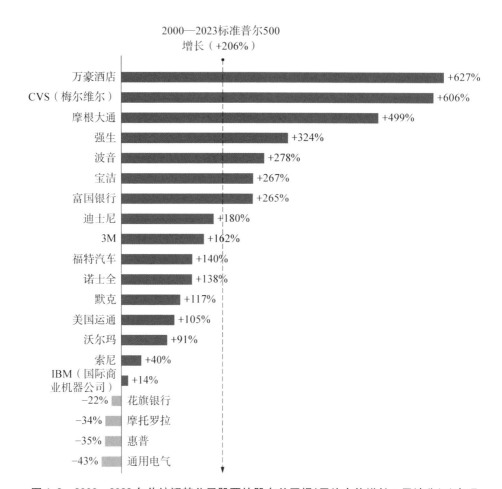

图 1.2 2000—2023 年传统翘楚公司股票的股东总回报（平均市值增长＋累计分红）表现

令人惊奇的是，在对照公司中，有 2 家公司 2000—2023 年期间的平均市值增长不仅超越了资本市场表现，也战胜了对应的翘楚公司，分别为 CVS 健康（前身是梅尔维尔公司），增长了 452%，战胜了诺士全（增长 0%）；摩根大通银行（前身是大通曼哈顿银行，后与摩根银行合并），增长了 333%，战胜了花旗银行（下跌 65%）。而富国银行增长 99%，虽然没能超越资本市场表现，但战胜了其对比公司美国运通公司。

在股东总回报这一评价指标上，两家对照公司的表现也非常亮眼，CVS健康增长了606％，大大超越了诺士全。摩根大通股东总回报增长则达到499％，将花旗银行甩在身后。

尽管每家公司业绩每年都会有上下波动，公司市值受到短期业绩、情绪和市场估值变化的影响，但正如价值投资大师本杰明·格雷厄姆所说，"市场长期来看是一台称重机"，长周期的市值表现和股东总回报能从很大程度上，看出一家企业价值是否在持续增长以及增长的质量。

保持基业长青非常困难，能匹配时代变化、实现有质量的生存、不断成功增长和进化已经非常弥足珍贵。我们不仅看能持续长青的公司，还需看超越翘楚公司的对照公司，探究逆势反超背后的基因。

对基业长青企业进行回顾分析时，主要基于2000年到2023年的各项核心数据进行分析，这是因为在足够长的时间跨度里，数据更能真实地反映企业生存和增长背后的真相。

新一代翘楚企业腾飞而起

与此同时，一些企业抓住时代赋予的巨大机遇，腾飞而起，成为新一代翘楚。经过精挑细选，笔者选出以下12家有代表性的新兴翘楚企业。

1. 星巴克（Starbucks）：1971年，星巴克在西雅图成立第一家店。1982年，霍华德·舒尔茨加入星巴克，担任市场和零售营运总监。1987年，舒尔茨收购星巴克。1992年在美国纳斯达克成功上市，总部位于美国华盛顿。

2. 苹果(Apple)：1976 年，由史蒂夫·乔布斯与人共同创立，命名为美国苹果电脑公司，1980 年在美国纽交所上市。2007 年 1 月更名为苹果公司，总部位于美国加利福尼亚。

3. 开市客(Costco)：起源于 1976 年美国加州圣地亚哥创立的价格俱乐部(PRICE CLUB)和 1983 年在华盛顿州西雅图市创立的开市客。1985 年在美国纳斯达克上市，总部位于美国华盛顿。

4. 丹纳赫(Danaher)：前身是 1969 年在美国马萨诸塞州成立的房地产投资信托基金 DMG，1983 年，两兄弟史蒂文·罗尔斯和米切尔·罗尔斯入主DMG，在 1984 年改名为丹纳赫。1984 年在美国纽交所上市。总部位于美国华盛顿。

5. 吉利德科学(Gilead Science)：1987 年，由迈克尔·奥丹发起设立。1992 年在美国纳斯达克上市，总部位于美国加利福尼亚。

6. 华为(Huawei)：1987 年，由任正非等人创立。未上市，总部位于中国深圳。

7. 亚马逊(Amazon)：1995 年，由杰夫瑞·贝佐斯创立，1999 年，在美国纳斯达克上市，总部位于美国华盛顿州西雅图。

8. 英伟达(Nvidia)：1993 年，由美籍华人 Jensen Huang(黄仁勋)等人创立，1999 年在美国纳斯达克上市，总部位于美国加利福尼亚。

9. 网飞(Netflix)：1997 年，由里德·哈斯廷斯和马克·伦道夫等人共同创立。2002 年在美国纳斯达克上市，总部位于美国加利福尼亚。

10. 谷歌(Google)：1998 年，由拉里·佩奇和谢尔盖·布林共同创建。2004 年在美国纳斯达克上市，总部位于美国加利福尼亚。

11. 特斯拉(Tesla)：2003 年，由马丁·艾伯哈德和马克·塔彭宁共同创立，2004 年埃隆·马斯克进入公司并领导了 A 轮融资。2010 年在美国纳斯达克上市，总部位于美国加利福尼亚。

12. 迅销(Fast Retailing):前身是 1949 年柳井等(柳井正的父亲)个人创业的"小郡商事",1994 年 7 月在日本广岛证券交易所股票上市,总部位于日本山口县。迅销集团旗下最著名品牌是"优衣库"。

> 江山代有才人出。每一个大时代都有自己的时代翘楚企业。在回顾传统翘楚公司的同时,探究新兴翘楚成功增长背后的基因,找出新时代下哪些新的生存增长法则更有效。

笔者先后研究了 30 家左右的新兴翘楚公司,精选出以上有代表性的这 12 家公司。选择标准有 4 个:

一是至少有 15 年的运营历史,包括科技/互联网、医疗健康、消费、金融服务、零售等行业,这些行业将长期存在。选择 15 年历史,是为了排除一时的运气因素和暂时成果的影响。

二是这些企业的长期增长表现大多超过市场平均增长水平,基本在 3 倍以上(主要是市值)。

三是这些公司都经历过大的经济下行周期和金融危机,成功活下来并实现了持续增长。公司的韧性在经历了重重考验后得到了验证。

四是有充分的行业领先典型代表性。

我们看看这些企业在 2000—2023 年期间的长期业绩和市场表现。

表 1.3　新一代翘楚公司在 2000—2023 年间营收、利润的长期增长表现

新一代翘楚公司	
公司名称	2000—2023 年变化
苹果	2000 年营收 79.8 亿美元,2023 年营收 3833 亿美元,增长 47 倍; 2000 年净利润 7.86 亿美元,2023 年净利润 970 亿美元,增长 122 倍。

（续表）

公司名称	2000—2023 年变化
亚马逊	2000 年营收 28 亿美元，2023 年营收 5140 亿美元，增长超过 185 倍； 2000 年亏损 14 亿美元，2023 年净利润 340.3 亿美元。
谷歌	2000 年营收 1900 万美元，2023 年营收 3074 亿美元，增长 16178 倍； 2000 年亏损 1400 万美元，2023 年净利润 738 亿美元。
开市客	2000 年营收 322 亿美元，2023 年营收 2423 亿美元，增长 6.7 倍； 2000 年净利润 6 亿美元，2023 年净利润 62.9 亿美元，增长 8.98 倍。
网飞	2000 年营收 3500 万美元。2023 年营收 337 亿美元，增长 962 倍； 2000 年亏损 5700 万美元，2023 年净利润 54.1 亿美元。
丹纳赫	2000 年营收 37.8 亿美元，2023 年营收 239 亿美元，增长 5.3 倍； 2000 年净利润 3.24 亿美元，2023 年净利润 47.4 亿美元，增长 13.6 倍。
星巴克	2000 年营收 22 亿美元，2023 年营收 360 亿美元，增长 15.4 倍； 2000 年净利润 0.9 亿美元，2023 年净利润 41 亿美元，增长 42.4 倍。
吉利德科学	2000 年营收 1.96 亿美元，2023 年营收 271 亿美元，增长 137 倍； 2000 年亏损 5700 万美元，2023 年净利润 56.7 亿美元。
英伟达	2000 年营收为 7 亿美元，2023 年营收 609 亿美元，增长 86 倍； 2000 年净利润 1 亿美元，2023 年净利润 298 亿美元，增长 297 倍。
迅销	2000 年营收 22 亿美元，2023 年营收为 189 亿美元，增长 7.8 倍； 2000 年净利润 3.2 亿美元，2023 年净利润约为 20.3 亿美元，增长 5.3 倍。
华为	2005 年营收 483 亿元人民币，2023 年营收 7042 亿元人民币，增长 13.6 倍； 2005 年净利润 55 亿元人民币，2023 年净利润 869.5 亿元人民币，增长 14.8 倍。
特斯拉	2010 年营收 1.167 亿美元，2023 年营收为 968 亿美元，增长 828 倍； 2010 年亏损 1.5 亿美元，2023 年净利润约 150 亿美元。

资料来源：新兴翘楚公司 2000—2023 年年报

我们试看一下，如果在 2000 年、2010 年对这些新兴翘楚企业投资 1 万元，将累计分红和平均市值的增长考虑在内，给股东带来的整体投资回报分别是多少？

先假设在 2000 年投资 1 万元，2023 年的整体投资回报表现如下：

从 2000 年到 2023 年的 23 年间，亚马逊的整体投资回报率达到惊人的

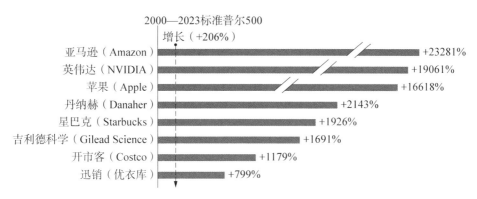

图 1.3 2000—2023 年新兴翘楚公司股票的股东总回报增长表现
（平均市值增长＋累计分红）

232.81 倍,投入 1 万元,赚到 232.81 万元。

英伟达公司的整体投资回报率达 190.61 倍,苹果公司的整体投资回报率达 166.18 倍,丹纳赫的整体投资回报率有 21.43 倍。

星巴克有 19.26 倍,吉利德科学有 16.91 倍,开市客是 11.79 倍(相当于同期沃尔玛投资回报率 91% 的 12.95 倍,难怪老芒格舍不得卖掉开市客)。迅销也有 7.99 倍。

这一投资回报率大大高于传统翘楚企业的整体投资回报(投资回报最高的万豪酒店为 6.27 倍),也大大超越了标准普尔 500 指数的增长。

如果在 2010 年投资 1 万元,那 14 年后的投资回报结果又是如何呢?

从 2010 年到 2023 年的 14 年期间,特斯拉成为投资回报最高的公司,达到了惊人的 489.54 倍,投入 1 万元,能赚 489.54 万元。

投资英伟达 1 万元,赚 80.15 万元左右。投资网飞,赚 24.37 万元。投资亚马逊,赚 17.72 万元。苹果、开市客、谷歌、星巴克、迅销、丹纳赫的投资回报相比之前稍有下降,但也大大超过同期的标准普尔 500 指数增长(＋27%)。

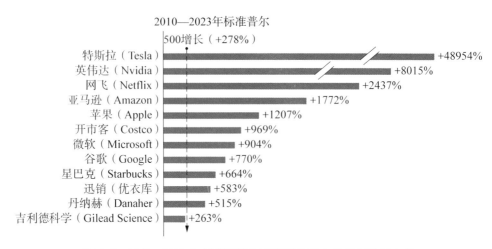

图 1.4　2010—2023 年新兴翘楚公司股票的股东总回报增长表现
(平均市值增长＋累计分红)

从最近二十多年新旧翘楚企业在《财富》全球 500 强排名的变化,也可看出趋势变化。

2000 年到 2024 年,通用汽车和福特汽车跌到 500 强排名的 30 名之外,通用电气从第 9 名跌到 191 名。IBM 从第 16 名跌到了 219 名。花旗集团从 18 名跌到了 45 名,惠普从 44 名跌到 200 名以外,菲利普·摩尔斯跌幅很大,从 29 名跌到了 440 名,摩托罗拉更惨,从第 109 名掉出 500 强名单。

非常难得的是,一些传统的翘楚企业仍然保持了活力,如沃尔玛等。沃尔玛从第 2 名上升到第 1 名,强生从第 112 名调整到 115 名,基本稳定。而原来翘楚公司的对照公司有 3 家实现反超,摩根大通上升到第 21 名(超过花旗集团的第 45 名),富国银行上升到第 80 名(超过美国运通的第 195 名),CVS 健康上升到第 10 名(诺士全未能进入财富全球 500 强)。

与此同时,一些新的翘楚企业在《财富》全球 500 强排名上迅猛上升。

表 1.4　新一代翘楚公司在《财富》全球 500 强排名变化

公司名称	2000 年财富全球 500 强排名(营收)	2024 年财富全球 500 强排名(营收)	变化趋势
亚马逊	不在全球 500 强名单里	第 2 名	↑上升
苹果公司	不在全球 500 强名单里	第 7 名	↑上升
字母公司(谷歌)	不在全球 500 强名单里	第 17 名	↑上升
开市客	第 127 名	第 20 名	↑上升 107 名
华为	不在全球 500 强名单里	第 103 名	↑上升
特斯拉	不在全球 500 强名单里	第 110 名	↑上升
英伟达	不在全球 500 强名单里	第 222 名	↑上升
星巴克	不在全球 500 强名单里	第 424 名	↑上升
网飞	不在全球 500 强名单里	第 468 名	↑上升

资料来源:《财富》杂志官方网站

2024 年财富全球 500 强中,亚马逊从无名小卒上升到第 2 名,苹果攀升到第 7 名,谷歌上升到第 17 名。

华为从中国走向了世界,排名上升到第 103 名。开市客从之前的第 127 名上升 107 位,达到了第 20 名。特斯拉、英伟达、网飞、丹纳赫的排名分别上升到了第 110、222、424、468 名。

在上述的 18 家传统翘楚和 12 家新兴翘楚企业之外,在研究探究过程中,还有一家世界领先企业引起了我们的特别关注,那就是微软。

创立于 1975 年、1986 年上市的微软并没有被柯林斯纳入"基业长青"企业中。它凭着 Windows 占领了 PC 时代用户的第一界面,获得巨大的经营增长和影响力。

但在移动互联时代,PC 时代里过于强大的优势反而阻碍了微软的创新发展,在与谷歌和苹果的竞争中落下阵来,谷歌的搜索取代微软夺得了用户的第一界面。从 2000 年到 2013 年，微软的平均市值从 4900 多亿美元跌到 2627 亿美元，下跌 46.5％，钱赚的不少，但看不到创新增长的希望。2014 年，纳德拉担任 CEO 之后，推动微软创新，取得了一系列惊人的变化，使得这个软件巨人又恢复了勃勃生机，在 AI 时代再次站到了"竞争舞台"的前沿，令人称奇。2018 年微软突破了互联网泡沫期间的市值天花板（2000 年超过 6600 亿美元），2019 年突破 1 万亿美元市值，2021 年突破 2 万亿美元市值。

从 2010 年到 2023 年，微软的投资回报（平均市值增长＋期间累计分红）达到了 9.04 倍，甚至超过了同期谷歌的 7.7 倍投资回报率。2024 年在《财富》全球排名 500 强中，微软的排名上升到第 26 名（2000 年，微软尚未进入全球 500 强）。

因此，本书特别增加了对微软兴衰背后的增长逻辑探究，期望对读者更有参考价值。

兴衰成败背后的浪潮和深思

企业的生存和增长离不开外部大势的影响。

我们先看看 21 世纪最近 20 多年来，外部环境究竟发生了什么变化？

第一个关键变化是科技进步普及加速。

2000 年之后，科技创新和扩展的速度达到了新的高度。移动电话和电脑的普及用了 12～14 年，互联网用了 7 年，iPod、iPhone、微信、抖音之类的科技创新产品只要几个月，就能成为新的"大众情人"。ChatGPT 的推广度则是超乎想象，2022 年 12 月以创纪录的速度突破百万用户（5 天），在推出仅两个月后，2023 年 1 月末月活用户已经突破 1 亿，成为史上用户增长速度最快的消费级应用程序。2024 年 2 月 15 日，人工智能文生视频模型——Sora 再次横空出世,正式发布,打破世人想象,也打开了更大的空间,这意味着人类不断加速从互联网时代进入人工智能时代。

人们对科技创新越来越适应,科技普及所需时间越来越短,对商业的颠覆性冲击越来越大。企业如果不能让顾客体验创新的速度与科技变化保持一致,失去顾客的风险将会大大增加。安于现状或者对未来投入过慢的人,就将是在下一波浪潮中倒下的牺牲者。

从 2000 年到 2024 年,《财富》全球 500 强中只有 183 家公司停留在榜单中,317 家公司(超过 62%)从全球 500 强名单出局。

在 2000 年之前,企业地位保持非常稳定的状态。1996 年到 2000 年的 5 年期间,财富 500 强前 50 名中,仅有 3 名掉出前 50;而到了 2020—2024 年最近这 5 年,财富 500 强前 50 名中,则有 12 名掉出前 50,变化速度急剧加快。

未来如果一直保持先观望后跟上的态度,一个企业由盛转衰可能不超过 5 年。5 年足够让一个行业新秀抢走大部分顾客,特别是变化剧烈的高科技行业。一旦顾客流失,销售大量减少,利润将不复存在,就极大可能被时代无情地淘汰。

第二个变化关键点在于顾客有更大的选择权和消费习惯变化。

在互联网时代乃至人工智能时代,顾客有了更大的选择权、更广的渠道、更快的物流和更贴心的服务方式。

随着信息渠道的大幅拓宽,顾客获得的信息比以前多得多,有了非常大的话语权,不再依靠有限的几个供应方,或者轻信大公司和大品牌的承诺。很大权力已从企业转移到顾客手中,企业话语权则不断变弱,想要持续赢得顾客的心要比以前难得多。同时,消费习惯和人口趋势的变化也影响着市场需求的演进变化。

新冠疫情影响加速了消费者购买模式和消费偏好的深刻变化。越来越多的人选择在线购物,对未来不确定性的预期导致消费需求下降,追求更高性价比、更有创意、更方便的产品和服务，对于品牌忠诚度不再像之前那么坚固。

第三个变化关键点在于美国经济发展变缓，新兴国家高速增长，日本逐渐从低谷恢复。

传统翘楚大多数在美国，与美国经济处于全球领先地位并具有强大的全球扩散效应有强关联。近 20 多年来，美国经济增速有所下降，中间经历过 2 次股票市场大崩盘，中产阶级收入增长基本停滞。与此同时，新兴国家享受到全球化发展和后发优势红利，人均 GDP 持续增长，有力促成了金砖四国企业发展，如中国的华为、阿里巴巴、腾讯等企业。2000—2022 年中国的 GDP 平均增速为 8.3%，为中国企业的增长提供了巨大机遇。

日本经济逐步从泡沫破灭中恢复增长。在这样的大背景下，索尼在经历了一场灾难深重的危机后，实现了强力反弹，迅销则实现了快速增长。

这些外部大环境因素叠加在一起，带来了一个技术创新变化更加猛烈、顾客权力更大、不确定性更高的大环境。

企业的生存和增长无法脱离外部环境大势的背景板。20 年前正确的选择，20 年后未必继续有效。固守旧时代的管理思维和操作惯例，忽视或者错判大势，轻视顾客和消费者需求变化，无视国家不同发展阶段和经济周期变化，逆势而行最终将难以生存、更不用说高质量的增长。未来发展只有关注和洞察长期大势和消费者变化趋势，敬畏风险，主动适应加速进化，抓住时代机遇浪潮，才能生存下来乃至活得更好。

面对同样的环境巨变和市场机遇，有些企业沉沦，有些企业崛起，有些企业保持长青。尽管外部环境变化是企业增长的重要影响因素，但最根本的因素还是企业内因。

即使面临 2008 年金融风暴冲击、一些金融巨头倒下,但摩根大通实现了有质量的生存,甚至化危为机。即使过去 20 多年里美国 GDP 增速放缓、但仍有众多新兴企业突围而出,创造增长辉煌。即使日本在 1989 年后进入"失去的30 年",但仍有迅销(优衣库)成功实现走出日本,迈向世界。而在快速增长的新兴经济体中,既有快速崛起、持续发展、创造国际领先的伟大企业,也有一度抓住时代风口冲上顶峰、很快盛极而衰的企业,更有无数倒下去的企业。在这背后,起到决定作用的是企业内因。

新兴崛起和保持长青的翘楚企业,都具备了远见和持续创新精神,抓住市场大势的"浪潮"趁势增长,更是在每个关键阶段都能明确自己的重大风险来自何方,提前思考应对,实现有质量的生存。例如苹果复兴在于顺应了个人电脑公司转向消费品的潮流和"云计算"的大势。亚马逊、谷歌、网飞、阿里巴巴、腾讯等洞察并捕捉到互联网经济、移动互联和云计算的大机会。华为把握住了数字化、2B 业务向 2C 业务扩展转型和云计算的趋势,以及中国经济起飞的时代大机遇。而摩根大通时刻对风险保持高度警惕,确保财务稳健,从而度过金融危机,不仅活下来,而且活得有质量,增长得有质量。

柯林斯在《基业长青》中提到用"组织流分析"技术系统,收集和分析企业内部 9 大方面的信息,包括:组织安排、经营策略、技术、领导人、产品与服务、愿景、文化、价值观、市场/环境。

《基业长青》中提到的 18 个翘楚企业中只有 22% 的企业能最终跑赢大盘,一些传统翘楚跌落神坛,说明这个模式中存在一些遗漏或者过时的地方。

基于对新旧翘楚企业 20 多年的发展研究分析,在回顾柯林斯"组织流分析模式"时,发现这个组织分析模式有一些关键遗漏之处,特别是在以下四个方面的关键内因:

一、风险控制;

二、公司长期护城河建设;

三、公司治理；

四、高管薪酬激励和业绩评价。

分析过往 20 多年来新旧翘楚生存增长历程可以发现，这些关键遗漏之处，其实是导致企业分化的一些深层原因。在当下快速变化的市场环境中，严谨的风险管控、"长期护城河"的持续强化、专业懂行的公司治理，与股东利益一致的高管薪酬激励与评价体系，对企业有质量的生存和高质量增长起到非常关键的作用。

另外，不可否认的是，《基业长青》《从优秀到卓越》中的有些结论现在来看仍有强大的生命力，包括利润之上的追求；保存核心、刺激进步；胆大包天的目标；宗教般的文化；永远不够好；构建愿景等等。

与此同时，一些观点也值得商榷，包括"魅力型领袖带来的伟大构想和建立高瞻远瞩公司之间可能是负相关"；"支付给谁很重要，如何支付不重要"；"经理人是自家养成的好"；"好的决策靠时运而成"等等，在过往 20 年中已经不幸出现了很多反例。

> 比外部大势更重要的是企业的内因。即使在互联网大潮的行业红利中，也有无数的企业倒了下去，真正能留下来的翘楚企业屈指可数。
>
> 保持持续长青的传统翘楚和新兴翘楚虽然行业不同，发展历史不同，但有着一些共性特征。虽然过往《基业长青》《从优秀到卓越》中的一些关键结论具有强大生命力，但有些结论和成功经验在历史的考验中已被验证为过时或者偏颇。

时代已变。新时代需要新思考、新探索、新路径，依靠"原有思维和路径"难以实现真正的突破和飞跃，甚至也难以有质量地生存。

克莱顿·克里斯坦森在《创新者的解答》中提到，"在每十家企业中，大约只有一家能够维持良好的增长势头,从而能在之后的很多年里一直回馈高于平均增长水平的股东回报率。但更常见的情况是,太多的企业为未来发展而付出诸多努力反而拖垮了整个企业。"

未来要实现有质量的生存和持续增长,我们需要突破《基业长青》《从优秀到卓越》的传统结论,重新思考企业生存增长的底层逻辑和法则。如果只知道"追风口",就会迷失方向;只有敬畏风险、关注本质、长期思考、发现规律,才能更好地指引组织发展的方向。

我们发现不仅光盯着增长,也要看生存。没有生存,谈何增长。面对各种风险和不确定性冲击,组织首先要保持韧性和健康,确保有质量的生存。在有质量生存的基础上,追求高质量的战略增长,可将之称为坚韧增长模式。基于对数十年新旧翘楚企业兴衰成败的长期研究,笔者总结出 8 条坚韧增长法则,帮助管理者跳出惯性,提升长期成功的胜率。以下是 8 个法则的关键要点:

法则 1,敬畏风险,备好"压舱石",先确保活下来。企业经营增长是非常脆弱的,毁灭比缔造容易得多。"身体健康"是第一位的,面对重大风险稍有不慎,就会走向衰落。强大如曾经的花旗集团,过度追求增长,罔顾风险放大杠杆,在金融危机中急剧坠落。能否精准预判重大风险、有效经营和控制风险,成为企业能否生存乃至有质量增长的"安全带"。风险和危机无法避免,但如果我们能保持敬畏,先内后外,提高抗风险能力,保持严格的财务纪律,备好"压舱石",鼓励内部自我批判,消除自满,确保组织健康,先求有质量生存,再求增长。

法则 2,确保第六级领导者"在位"。一家公司的领导者决定了企业持续增长的命运。选错了领导者,再优秀的发展战略、公司制度、文化价值观都无用武之地。企业的生存和创新增长,光靠"谦逊和意志"无法实现。企业需要找到自己的第六级领导者,并确保其在位,同时识别出具备第六级领导者潜力的接班人,不局限于"自己养成的经理人",做长久之计。

法则3，坚守正确的根本原则。单纯"造钟"（建立组织和制度规则）并不能确保企业生存和健康增长。随着规模扩大和业务多元化，企业的组织结构和制度流程变得越来越多，越来越复杂。在瞬息万变的市场环境下，企业的制度流程容易过时和僵化。大家对流程和制度负责，着眼于短期利益，反而偏离甚至放弃原有正确的根本原则。要有质量地生存和持续增长，领导者需要坚守公司正确的根本原则，不断进化。有所为、有所不为。

法则4，痴迷顾客需求，创造顾客价值。在公司起步之初，对顾客价值和体验的关注，决定了企业能否获得生存的机会。当公司规模变大之后，对自身能力和品牌过度自信，对顾客需求变化就很可能反应迟钝，距离顾客越来越远，必将发生一连串的决策与行动错误。在顾客选择权越来越大的现在乃至未来，顾客价值和体验的重要性远远大于员工、股东、技术、老板。明确了正确的根本原则后，甚至在根本原则中，需要旗帜鲜明地强调创造顾客价值和体验，甚至痴迷顾客需求，为顾客发明创新，让顾客惊喜和感动，真正赢得顾客的长期偏爱。

法则5，导向长期成功，持续巩固"长期护城河"。要想有质量地生存和持续增长，就需要打破短期思维，通过"六步走"，构建起自身的长期竞争优势，不断创新甚至加速创新，追求极致效率，不断扩大"长期护城河"，提升生存能力，推动高质量的内生增长。

法则6，小心并购增长的"陷阱"。并购增长是企业快速增长的方式。但并购增长看起来"好看好吃"，但实际"陷阱"众多，惠普和通用电气都曾中招"爆雷"，甚至威胁到生存境地。要想成功实现并购增长，必须像长期投资者那样去思考，以"详尽的分析、本金的安全和满意的回报"为基准，更要在并购之后善于有效整合，推动持续改善和创新，创造更大的公司价值增长。

法则7，构建懂行创新的公司治理。在现代企业的公司治理中，董事会处于战略管理和重大经营决策的顶端位置。一个行业专精、富有创业创新精神的董事会、高效的公司治理能够确保公司以股东长期利益为导向，指引方向、把控风险,应对运营中不断变化的竞争环境,更好地把握时代的机遇,推动持续战略增长。"花瓶式"或内部人控制的董事会则很难提出行业洞见,也难以行使董事会的监督和风控功能,对公司的持续高质量增长产生负面影响。

法则8,正确地激励。找到正确的人非常重要,采取正确的激励模式同样重要。高管既要交付短期经营成果,更要对公司高质量增长和长期成功负责。如果囿于传统高管薪酬激励模式,复杂的薪酬结构,过于强调薪酬的竞争力,忽视与公司长期价值增长和战略增长关联,现金越多,可能对长期成功破坏力越大。正确的高管薪酬激励模式保持简单的薪酬结构,将高管利益与公司长期价值紧密关联,激发出领导团队的活力和创新精神,促进高质量的战略增长。

───── 坚 韧 增 长 8 大 法 则 ─────

❼ 打造懂行创新的公司治理		❽ 正确地激励		
❷ 确保第六级领导者"在位"	❸ 坚守正确的根本原则	❹ 痴迷顾客需求,创造顾客价值	❺ 导向长期成功,持续巩固"长期护城河"	❻ 小心并购增长的陷阱
❶ 敬畏风险、备好"压舱石",先求有质量的生存				

敬畏风险、备好压舱石是坚韧增长模式的基础法则,确保面对风险和危机,先能在逆境中有质量地活下来。

但光活下来还不能保证能活得好,财务稳健并不一定能促进突破增长。法则2—6是坚韧增长模式的核心法则,决定能否在长期有质量生存的基础上实现高质量的增长。法则7—8是坚韧增长模式的保障法则,为持续高质量的生存增长提供有效机制保障。各个法则之间并非相互隔离,而是相互关联、相互支持。

企业有质量生存和高质量增长是一个长期的系统工程，是一个均衡协调的成长，不能单纯追求规模最大化、利润最大化或市值最大化，需要尊重生存和发展的底层逻辑。

企业发展不仅仅只依赖于一个法则的践行，而是需要结合企业目前发展阶段现状和面临的最大问题，系统遵照这些法则，与企业特有的文化价值观和DNA进行契合，确定当前优先重点，是解决生存问题，还是解决持续增长的问题，积极达成内部的协同和一致性。

这 8 个坚韧增长法则处理的问题，尽管不代表涵盖生存增长的全部问题，但可以帮助管理者在大方向上步调一致，达成行动共识。

思考与启示

新老交替是历史发展规律，基业长青是非常困难的。

即使是之前创造过长久辉煌历史的公司，也不意味着未来必定基业长青。

当年没有几个人能想到摩托罗拉的失落、通用电气的分拆；没有几个人能想象苹果公司能在几乎彻底衰败之后再次复兴而如今繁荣至此；也没有多少人想到索尼、微软在变得平庸之后，又会再次崛起？

科技发展、时代进步、外部环境和政治经济环境在不停变化，变化速度会比我们想象的更快。好比人体细胞，新陈代谢才能保证整体充满活力。绝大多数企业归于平庸是常态。

应时而变，穿越经济周期，实现健康的可持续经营与战略增长，更应成为企业家追求的现实目标。10 年、20 年、30 年的高质量生存和增长，能坚持下来，就已经是伟大的成功。

时来天地皆同力，运去英雄不自由。

对于企业的持续发展而言，大势赋予的外因可能占 40％，自身内因可能占 60％。再好的大势下，也有人把握不住时代赋予的优势。艰难的外部环境，往往更能看出一个企业成长的底色。

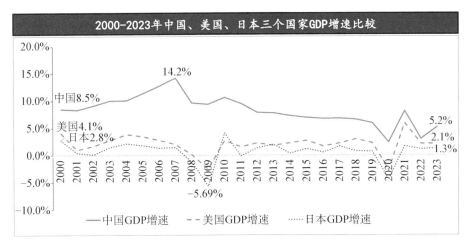

图 1.5　2000—2023 年中美日三国的 GDP 增速比较

2000—2023 年的 24 年期间，中国 GDP 平均增速为 8.3％，美国 GDP 平均增速为 2％，日本 GDP 平均增速为 0.7％。由于中国 GDP 基数已经较大，在当前中国人口红利消失、未来进入老龄化社会阶段，城镇化建设已过高潮，尽管中国经济仍有很大增长潜力，但"水大鱼大"的时代已过去，未来 10 年中国 GDP 增速将放缓。这种背景下，除了新质生产力之外，大多数行业的上升空间越来越小，有的行业空间在饱和之后出现负增长。

以往依靠大量资本投入、跑马圈地就能轻松实现爆发式增长。但在当下乃至未来，更多的中国企业生存和增长变得更加具有挑战。在新环境下，中国企业必须深入思考世界一流企业生存和持续增长的底层逻辑，学习顶尖企业在低GDP 增速环境下高质量发展的做法，在敬畏风险、保证生存的基础上，不断精进和创新进化核心竞争力，实现持续健康的高质量增长。

ChatGPT 的出现，是人工智能时代一个巨大的进步，意味着很多行业将被颠覆再造，工业创新能力将被激发释放。对于中国企业来说，未来没有 AI 科技加持，必将被时代淘汰。

越是在技术变化纷繁复杂的时代，对风险的敬畏，对底层逻辑的深刻认知，对科技变革的拥抱，对创新商业模式的开放态度越重要，这决定了企业能否善借科技力量，加速创新和不断进化，在不确定性中实现持续的坚韧增长。

过往成功不是未来成功的保证书，过去曾错失发展机遇也不意味着未来永远不能翻身。

想在前、做在前、变在前，才有可能赢得更多生存空间和增长机会。中国企业需要跳出原有思路和模式惯性，借鉴和实践新形势下的坚韧增长法则，不仅要活得更有质量，还要活得更长！

第二章　敬畏风险、备好"压舱石"

今天一切都好,这是我们的错觉。

——伏尔泰

正面"黑天鹅"事件需要时间来显现它们的影响,而负面黑天鹅事件则发生得非常迅速——毁灭比缔造要容易和迅速得多。

——纳西姆·尼古拉斯·塔勒布

我们无法预测经济瘫痪的时间,但我们总是为此做好准备。

——沃伦·巴菲特《2024 年致股东公开信》

企业的生存和增长是非常脆弱的。

即使一代"巨人",也会在巨大的风险和危机中轰然倒下。

今天我们面对的世界充满了各种风险。随着技术和社会的不断进步变化,不确定性越来越高,风险会越来越纷繁复杂,越来越难以预测。

世界的发展和变化不可能完全在你的预期范围之内,随时可能会出现经济环境剧变、业务发展逆转、地缘政治军事冲突、重大政策调整、"黑天鹅"事件、经济周期拐点等种种风险。如果骄傲自大,无视风险,早晚将遭受重大挫折。如果没有对风险的敬畏,缺乏底线,盲目扩张,一次风险"痛击",极有可能像大海上的一场风暴,将习惯顺风顺水的船撕得粉碎! 多年心血,付诸东流,"一夜回到解放前"!

在谈高质量增长之前,我们必须先学会敬畏风险、认知风险、预判风险、控制风险,确保有质量地生存,这是坚韧增长的首要法则,在当下加速变化、加速复杂的世界里至关重要。

坠落:脆弱的增长

"一旦音乐停止时,所有的事情都会变得非常复杂。但音乐没停时,舞还得接着跳!"

2008 年美国金融危机爆发之前,花旗银行 CEO 查尔斯·普林斯在接受记者采访谈到市场的流动性时,轻描淡写地留下这么一段话,或许他认为自己可以在舞会音乐之前轻松离场,但不承想一语成谶,揭示了后面花旗集团的惨烈遭遇。

那时,花旗集团还是一个光彩耀人的明星翘楚公司,名列《基业长青》"高瞻远瞩"公司之列,是华尔街的宠儿,更是众多公司学习的楷模。

1996 年到 2006 年这 11 年间,花旗实现了翻跟斗般的快速增长。营收从 213 亿美元增长到 896 亿美元,净利润从 23 亿美元增长到惊人的 215 亿美元,市值从 200 亿膨胀到近 2500 亿美元,涨了 10 倍多。

花无百日红。就在普林斯说完这段话后不久,流动性的狂欢节音乐很快就停止了,所有的事情都变得糟糕,花旗随之陷入大转折,从顶峰坠入深渊,普林斯也被赶下 CEO 的宝座。

2007 年时花旗集团的员工总人数达到了顶峰——38 万多人,但营收下跌 8.8%,净利润大跌 83%。2008 年更惨,营收继续下降 37%,亏损近 28 亿美元。

导致花旗集团坠落的原因是什么呢?

可能有很多外部原因,但坠落的最核心原因来自内部——罔顾风险、只顾利润。

2007 年之前,花旗更多的重心放在利润增长,不是控制风险上。

从 2005 年花旗 CEO 致股东的信中可以看出,普林斯一门心思都放在增长上。他强调 2006 年及以后有 5 个战略重点。

第一是扩大分销。加快零售和消费金融部门的开放步伐;扩大资本市场业务,增加私人银行家的数量,加强市场地位、渗透新市场。

第二是整合产品和服务。

第三是投资人力和技术。吸引和培养最优秀的人才,强调员工的长期培训和发展。

第四是分配资本追求最大化回报,获得更高的回报和增长机会。

最后是承担共同责任。努力发展三个共同责任：对客户负责任，对彼此负责任，对特许经营权负责任，以此作为花旗集团特许经营增长的重要基础。

在普林斯确定的战略重点里，看不到风险，只有增长。风险被放在无关紧要的位置上。

普林斯还在信中夸耀，"2005年，我们再次成为全球最赚钱的金融服务公司，在所有金融服务公司中，我们将最多的资金返还给股东，同时继续投资我们的业务。"

但非常遗憾的是，这种无视风险的"蒙眼狂奔"是一种脆弱的增长，给花旗未来的生存带来了巨大的危机。

2005年，花旗集团持续放杠杆，继续"买买买"的动作，其中花旗房地产集团收购了德国最大的房地产公司——德国安宁顿房地产集团（Deutsche Annington Immobilien Gruppe）。

转眼到了2007年，普林斯对即将到来的金融风暴毫无警觉，继续扩大规模、拼命增长。大力发展美国消费者业务，扩大产品范围和业务范围，在主要市场开设分支机构，其中70%的新分支机构设立在新兴市场。

普林斯继续表达乐观，"当我们展望2007年时，我们认为，除了一些例外情况，全球的信贷环境都很好，但我们非常注重管理我们的风险敞口。我们预计2007年信贷将出现温和恶化，并相应地管理我们的投资组合。"

但一个数据，可以清晰看出花旗集团的巨大风险已不断累积：2000年到2007年，花旗集团的资产负债率从本已很高的92.7%进一步上升到94.8%，杠杆从12.9上升到惊人的15.7。普林斯追求的粗放增长模式将花旗过度暴露于巨大风险之中。

天道好还。2007—2008年美国次贷市场突然严重恶化。不幸的是，花旗没有系好足够的"安全带"，遇到了前所未有的巨大损失。

与大多主要银行一样，由于客户难以偿还贷款，花旗集团信贷损失急剧增加。随着信贷质量的恶化,花旗无奈大幅增加贷款损失准备金,进一步挤压了利润,股价从高峰期直线坠落。

2006 年花旗曾创下最高 2700 多亿美元的市值。就在短短三年之后的 2009 年,花旗最低跌到 123 亿美元的最低市值,不到高峰期的 5%,股东价值遭受了巨大损失。

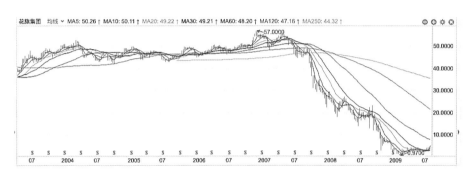

图 2.1 花旗集团的股价表现(2004—2009)

资料来源:东方财富网

2007 年 11 月 5 日,普林斯辞去了花旗 CEO 职位。

随着投资者对金融机构的信心受到动摇,花旗集团不得不参与美国政府的问题资产救助计划(TARP)。2008 年 11 月,花旗获得美国政府额外投资,同时 5 万多名员工被迫离职。

但这远远不能解决问题,花旗从原先的"买买买"模式转变为"卖卖卖"模式,大甩卖资产,完成了 19 项战略性剥离,包括将花旗资本出售给通用电气资本。

为了从泥潭中尽早抽身,2009 年初,花旗宣布调整为两个业务板块:一个是花旗集团,主要由公司的全球机构银行和公司的区域消费者银行组成;另一个是花旗控股,主要包括公司的经纪和资产管理业务,本地消费金融业务和特殊资产池。

经历了重大挫折之后，花旗集团在年报中的风险因素中特别增加了一条内容：

"由于风险管理流程和策略无效，花旗集团可能会遭受重大损失，风险集中将增加此类损失的可能性。"

花旗反思说，虽然采用了多样化的风险监控和风险缓解技术，但这些技术无法预测所有市场环境或具体情况下的所有经济和财务结果。2007 年和 2008 年下半年的市场极端状况和前所未有的混乱，超出了使用历史数据管理风险的局限性。同时，风险集中增加了花旗集团某些业务的重大损失，如房地产领域。

> 缺乏有效的风险控制，增长越快，灾难越大。罔顾风险，只顾利润增长，也许会有一时的辉煌，但最终只会导致公司的坠落。

痛定思痛。2009 年，接任普林斯担任花旗 CEO 的维克拉姆·潘迪特对公司风险管理组织进行了调整和重建：每个主要业务集团都设立一位业务首席风险官。同时设立区域首席风险官负责其地理区域的风险。产品首席风险官的职位则是为重要产品领域创建，如房地产、结构性信贷产品和基本信贷。同时确保风险组织具有适当的基础架构、流程和管理报告。

在金融危机发生 8 年之后的 2015 年，时任花旗 CEO 的迈克尔·卡波特对于增长有了明显不同于普林斯的观点：

"我希望花旗能够产生一致性、高质量的收益……我们特许经营的未来取决于从核心业务活动中获得高质量的收益。具体而言，我希望看到产生高于资本成本的风险调整回报。"

卡波特说，"花旗是一个比以前更强大、更安全、更简单和更小的机构。"

花旗变得更小更简单。2015 年花旗集团的员工人数变为 24 万，仅有高峰期员工人数的 60% 多。大量非核心业务被裁减，资产负债表被压缩。花旗控股拥有资产价值曾一度超过 7000 亿美元,2014 年时已低于 1000 亿美元;同时缩减法律实体数量,简化花旗集团的结构和治理。花旗集团资产负债率已从顶峰期的 94.8％下降为 87.2％,处于比较安全的水平。

花旗集团在风险管理上也加大投入。2008 年时,风险管理人员只有 1.4 万人,占员工总数的 4.3％。8 年之后的 2016 年,花旗雇用了大约 2.9 万名风险合规人员,占员工总数的 13.2％,上升了 3 倍。

花旗的业绩逐步从低谷反弹,2010 年开始扭亏为盈,净利润达到 106 亿美元,2022 年利润为 148.5 亿美元。但营业收入再也很难达到或超过金融危机前的高度,2022 年营收为 753 亿美元,相当于 2007 年营收的 92％。而花旗在行业的影响力和市值也很难恢复往日的荣光。

在 2023 年花旗集团董事会在致股东的信中,将风险管理和内控建设放到了非常高的位置,相比 18 年前有了巨大的转变,"关于花旗风险和内控环境的转型,2022 年底标志着公司转型的第一个基础阶段结束……关键的有形成果包括:新的压力测试能力,能够实现更快、更信息充分的风险决策,事实证明,这在应对乌克兰战争的潜在后果方面非常有用;这显著改进了我们报告分类账的标准化;大大简化了新产品的审批流程;以及建立了全面的新治理和优先顺序流程,以提高花旗的数据质量"。

花旗董事会深知,只有敬畏风险、不断优化风险管控措施,才能避免过去的悲剧。没有建立生存的坚实基础,再快的规模增长都将是不牢靠的。

风暴中的压舱石：堡垒式资产负债表

不同 CEO 对风险的态度和应对策略,决定了风暴后不同的公司命运。

与花旗集团 CEO 普林斯当初的高度乐观不同,其对照公司——摩根大通的 CEO 杰米·戴蒙高度强调风险。在 2005 年致股东的信中，刚刚接任摩根大通 CEO 的他强调"做正确的事，而非简单或权宜之计"。

其实，戴蒙与花旗之间曾有一段渊源。1982 年，戴蒙获得哈佛大学 MBA 学位后，给时任美国运通总裁、后来的花旗集团董事长 & CEO 的桑迪·威尔当助手。1998 年，戴蒙与威尔长达十余年的合作达到顶峰——旅行者集团与花旗银行合并，诞生了庞大的新花旗帝国，戴蒙担任董事、总裁兼 COO，被视为威尔的理想接班人。

好景不长。不久后戴蒙和威尔失和，离开花旗。据说双方失和的主要原因是戴蒙不愿意为威尔的女儿开后门给一个工作晋升的机会。长期担任花旗总法律顾问的普林斯在 2003 年成为威尔接班人，出任花旗 CEO。

在戴蒙看来，公司的最终目标是创造有机增长，这种增长是一种有利可图、可持续发展、适当承担风险的增长。它不是一种愿景，而是卓越的管理纪律、对执行的不懈追求、风险的管理一致性、有竞争力的产品组合和出色的客户服务共同作用的结果。

在致股东的信中，与普林斯自我标榜"花旗盈利最多"不同，戴蒙拿出一个特别部分讨论风险——"我们是否妥善管理好风险？"因为戴蒙深知，管理不好风险，就意味着"灾难"。

戴蒙说，摩根大通几乎所有的业务都是承担风险的业务——摩根大通管理团队花了很多时间思考业务中固有的所有方面风险和类型，包括消费者和批发信贷风险、市场和交易风险、利率和流动性风险、声誉和法律风险、运营和灾难性风险。

戴蒙认为，关于前三个风险领域，显然它们是周期性的，并且所有这些风险都不可预测。这要求公司为不可避免的周期循环做好准备。

在经济不景气时妥善管理自己的公司往往是赢家。如果摩根大通在艰难时期变得强大——当其他人处于弱势时——那么机会就是无限的。**保护公司**

的健康生存无比重要。

"无论何类风险类型,关键在于我们试图采用全面方法来管理风险。这要求合适的人员在正确的工作岗位上,除了严格的公司监督外,每个业务都要有明确责任来管理风险。"戴蒙说。

应对不可预测的经济周期循环和不期而至的各类风险,戴蒙强调要打造堡垒式资产负债表。戴蒙对财务的安全性极其重视。他认为,**财务纪律是伟大公司建立和生存发展的基石**。伟大的公司在经济好的和坏的时候都占上风,并始终如一地在竞争中提供稳固的业绩。

强有力的财务纪律要求包括三个方面:

1. 卓越的财务报告和管理信息系统。

戴蒙刚刚担任摩根大通 COO 时,领导创建了一个新的内外部财务报告架构,包含高质量、透明的会计政策,涵盖资本分配、收益分享、费用分配和资金转移定价各方面,在公司内外使用同一组数字,确保衡量绩效的一致性和清晰度。

2. 建立堡垒资产负债表。

堡垒资产负债表是财务安全性的关键,包括保守且适当的会计处理、严格的财务控制、强大的贷款损失准备金和稳定的信用评级。凭借堡垒资产负债表,公司可以渡过困难时期,甚至可能从困难时期中受益。

3. 对绩效负责。

财务报告是一种工具,仅靠财务报告是不够的。业务负责人必须深入了解业务及推动盈利和收入增长的关键因素。每月,公司高管与各个业务部门管理团队会面,讨论财务绩效、收入增长、风险管理、竞争威胁、生产力、创新、关键举措和人才管理。

戴蒙说,由于金融服务的特性,所有业务必须因承担风险而得到适当的回报。所有形式的风险,包括利率、信贷、市场、流动性、运营、技术和业务风险,必须在不断变化的经济和商业环境中进行分类、估价、衡量和动态管理。

与花旗集团的一个重大不同在于，摩根大通在 2004 年与美一银行（Bank One）合并时就有了单独的业务风险委员会，期望创建明智的风险文化，更快响应业务和经济变化，预判可能发生的重大风险并提前应对。反观那时的花旗集团，只是将风险管理职能和审计职能合在一起，设立审计与风险管理委员会，风险管理仅是其中一个并不显眼的职责。

早在金融风暴之前，戴蒙就预见性地把消费者和批发信贷风险放在关注风险的首位，采用严格流程来减少批发信贷风险。同时，市场和交易风险、利率和流动性风险被放在了重点关注的第二位。戴蒙说，健康的流动性对于公司的财务或持续性至关重要，使用各种工具来保证强大流动性。

对于为了增长而增长，戴蒙不感兴趣。他说，摩根大通的目标是实现真正的可持续增长，而不是不惜任何代价实现增长。在金融服务领域，通过降低承保标准或承担更高的风险水平，很容易实现短期增长，但这种做法从长远来看是愚蠢的。

作为经营金融行业的老手，戴蒙对于各种危机有天生的敏感和深刻的认知。在他看来，美国和世界每 5 到 7 年会发生各种金融危机，包括 1982 年经济衰退，1987 年的股市崩盘，1997—1998 年市场恐慌，2001 年的互联网泡沫破灭等。危机各有各的不同，但许多属性是相同的。

戴蒙如此思考风险控制，也是这么做的。摩根大通遵守严格的承保标准，在金融风暴到来之前，出售了几乎所有 2006 年的次级抵押贷款，提前"排雷"。同时，花费大量时间改进风险模型，深入研究还款问题和其他因素，对每个州、每个产品逐个审视。这一严谨的决定为后期摩根大通成功渡过金融风暴，打下了良好基础。

戴蒙表示，摩根大通不会随意"买买买"，不会过度扩张投资。在规划预算期间，戴蒙要求管理团队在各个层面为困难的运营环境做好准备。在他看来，最大的风险仍然是信贷周期，必须对正常信贷周期的回归做好准备。

"财务纪律是伟大公司建立的基石。伟大的公司在经济好时光和坏的时候都占上风,并且始终如一地在竞争中提供稳定的业绩。

要成为一家伟大的公司,我们必须在所有业务——消费者、商业和批发业务的风险管理方面表现出色。"

——摩根大通 CEO 杰米·戴蒙

后面在 2007—2009 年发生的一切,证明了戴蒙对重大风险的精准预判和应对的有效性。

2007 年,摩根大通创造了创纪录的 714 亿美元营收,154 亿美元的利润。收入增长了 15%,每股收益增长了 15%。

在对 2007 年业绩回顾时,戴蒙特别提到摩根大通在评价业绩时,不仅会审查财务业绩,还会查看多个健康指标,通过维护堡垒资产负债表和高效运营来确保健康增长。

戴蒙认为,拥有堡垒资产负债表是一项战略要务,同时,摩根大通保持着极高的流动性,避免从外部来源寻求昂贵的资金,这一点与巴菲特投资思维非常接近。强大的流动性不仅让戴蒙在晚上睡得好,而且还使摩根大通在形势恶化的情况下,从容把握机会。

在花旗拼命加杠杆的 2000—2007 年,摩根大通努力降杠杆,资产负债率从 94.1% 下降到 92.1%。杠杆率从 16.9 下降到较安全的 12.7,2004 年甚至达到过 11,形成了鲜明对比。

正如巴菲特所说:"当潮水退去时,你可以看到谁在裸泳。"

金融风暴以复仇的方式到来。2008 年贝尔斯登垮台,雷曼兄弟宣布破产;房利美和房地美被置于政府监管之下;花旗集团和美国银行接连宣布巨额亏损……美国的抵押贷款业务几乎崩溃;在全球范围内,法国、英国、瑞士和德国的银行都被政府挽救。

"我们不能让自己被推到风险太大的位置。我们根本无法像旅鼠一样关注市场，或者让自己屈服于损害我们信用标准并导致错误决策的要求或压力。"戴蒙说。

摩根大通信奉"高质量"资本，资产负债表非常强大，保持高水平的流动性，总是为意外情况做好准备。在花旗忙于救火之际，戴蒙利用堡垒式资产负债表和强大流动性的优势，抓住市场中出现的机会：2008 年 5 月 30 日，摩根大通完成了对贝尔斯登的收购。2008 年 9 月 25 日，摩根大通花费 19 亿美元，收购华盛顿互惠银行的存款、资产和某些债务，获得了 2200 家分行、5000 台 ATM 和 1260 万个账户。

在金融机构哀鸿遍野的 2008 年，摩根大通创造了 56 亿美元的净利润。

尽管危机中表现上佳，但戴蒙仍不满足现状，他认真反思自己的错误：在他眼里，摩根大通最大的两个错误是制造了太多杠杆贷款、同时降低了抵押承保标准。管理层对所做或可能犯的任何和所有错误应承担全部责任。戴蒙说，金融危机教会摩根大通：不能仅仅成为一个天气好时的朋友。当环境艰难时，摩根大通应更专注于帮助客户生存而不是创造自己的利润。

即使是老法师，也有不小心失手的一天，但事后不同的态度也决定了不同的结果。明智的人善于从自己和别人的过失中学习。

2012 年 3 月 20 日的伦敦，摩根大通首席投资办公室的交易员布鲁诺·伊克希尔造成了"伦敦鲸"事件，导致公司史上最大规模的衍生品 65 亿美元亏损。

戴蒙没有选择掩饰，而是直接面对。他坦承"伦敦鲸"是他曾经参与过的最愚蠢和最令人尴尬的情况。但是，从失败中学习是至关重要的。否则，它真的只是一种损失。他列出了摩根大通从伦敦鲸问题中学到的一些终身教训。

第一，要打击自满。当人们假设明天会像今天一样，停止以诚实和批判的眼光看待自己和同事时,自满就会出现。避免自满,意味需要邀请他人以有纪律的方式质疑自身逻辑和决策。

第二,克服避免冲突的心理。必要时提出难题并不是一种侮辱。事实上,提出难题是彼此之间的责任,以保护我们免受错误和自我伤害。

第三,控制必须与风险相匹配。摩根大通应有更多信贷组合的非常具体的规则和要求,但很遗憾没有。如果有更严格和更合适的特定限制,可能会更早地解决问题并减少其影响。

事发之后的 2012 年 7 月,摩根大通宣布首席投资办公室的伦敦管理层为事件负责,炒掉了布鲁诺·伊克希尔和他的两个上级,停止支付薪酬和奖金,通过"薪酬扣回政策"追回了他们大概 2 年的总收入。

"伦敦鲸"事件后,戴蒙对于公司生存和增长中的风险控制更加高度关注。

在戴蒙看来,需要像长期投资者一样思考,像经营者一样管理。

他经常思考,下一次危机可能会有什么不同。他认为思考练习实际上是重新拟定"市场运行"图,始终为危机做好准备。

正是高度敬畏和警惕风险、预判重大风险,坚持堡垒式资产负债表的高质量增长模式,摩根大通实现了对花旗集团的逆袭,在过往的 24 年中(2000—2023 年),无一年亏损。2023 年摩根大通的营收为 1581 亿美元,大约是花旗集团 2.01 倍;净利润高达 496 亿美元,是花旗集团 5.37 倍。

如果我们做一个复盘,将 2005—2007 年期间的摩根大通和花旗集团进行一个深入对比,从 CEO 专业背景、董事会人员构成、董事会风险委员会设置、公司增长策略到对待风险的态度维度,就会发现,摩根大通和花旗集团不同的结果其实在最初就埋下了"种子"。

从花旗和摩根大通的对比可以看出,CEO 的远见力、董事会的行业专精程度、风险组织设置对于风险的精准预判及有效应对非常关键。后续两个要素将在后续章节中介绍。

花旗集团

查尔斯·普林斯

摩根大通

杰米·戴蒙

	花旗集团（查尔斯·普林斯）	摩根大通（杰米·戴蒙）
CEO专业背景	·普林斯长期担任公司总法律顾问职位，金融业务的实际运营经验极少。1979年加入花旗集团前身公司。1983—2000年，主要担任总法律顾问角色，2000—2001年起担任花旗首席行政官，2001—2002年担任COO，2002—2003年担任花旗全球企业和投资银行业务董事长CEO，2003年起担任花旗集团CEO。	·戴蒙长期担任金融业务主管职位，实际运营经验极其丰富，对行业大势有深刻洞察，对运营每一个细节非常熟悉。1982年起进入金融行业，之后先后担任金融公司副总裁、CFO、总裁兼COO等职。2000—2004年，担任美国第一银行CEO。2004年起戴蒙担任摩根大通COO，2005年接任CEO。
董事会构成	·2006年花旗董事会人员构成中，金融投资行业背景董事占比较低，仅有18%：17个董事中只有3个是金融投资行业背景，其中一个是国外银行（墨西哥银行）。3个政府背景，6个制造行业背景，2个学术教育背景，其他3个董事各自是采掘行业、媒体行业，律师事务所背景。	·2006年摩根大通董事会人员构成中，金融投资行业背景董事占比达到43%：14个董事中，6个具有金融投资领域背景，2个房地产行业背景、2个消费行业背景、其他4个董事分别是制造行业、能源行业、媒体行业和非盈利组织背景。
风险委员会	·没有单独的风险管理委员会，风险管理与审计合在一起，设立审计与风险管理委员会，"风险评估和风险管理的政策标准和准则"作为委员会的第四个职责，描述含糊，处于无足轻重的位置。审计与风险管理委员会主席迈克尔·阿姆斯特朗的行业经验主要聚焦在电子信息化行业。	·设置了专门的风险政策委员会，负责监督CEO和高级管理层评估和管理公司信用风险、市场风险、利率风险、投资风险、流动性风险和声誉风险的职责，并负责审查公司的信托风险。风险政策委员会主席詹姆斯·克朗具有丰富的投资管理经验。
增长策略	·追求规模和利润的粗放型增长，加快零售和消费金融部门的开放步伐，放大杠杆，通过"买买买"的策略实现资产规模增长。	·创造有机增长，追求有利可图、可持续发展、适当承当风险的增长。不断降低杠杆，打造堡垒式资产负债表，坚守严格的财务纪律。
对待风险态度	·对风险缺乏必要的敬畏，认为自己可以在"舞会音乐之前"轻松离场；对风险带来的严重后果过于乐观，"……全球的信贷环境都很好……我们预计2007年信贷将出现温和恶化"	·清醒地认识到摩根大通几乎所有的业务都是承担风险的业务，花了很多时间思考其中固有的所有方面风险和风险类型，并做了大量的提前应对举措

图 2.2　花旗集团与摩根大通 CEO 专业背景、增长策略及风险态度比较
（2005—2007 年期间）

敬畏风险、采取堡垒式资产负债表、保持严格的财务纪律是公司有质量生存的重要基础。在经营上、技术上、产品创新上要积极进取，但财务上一定要稳健。冒进的财务政策往往会导致灾难性的结果。财务纪律必须保守稳健，才有在风暴之中活下来的资本。

企业生存和增长躲不过的 10 类风险

正如纳西姆·尼古拉斯·塔勒布所说,负面的"黑天鹅事件"发生得非常迅速——毁灭比缔造要容易和迅速得多。

事实上,人类对于未来的不确定性很难有精准预知。如果没有持续关注和预判风险,没有做好精心准备,一旦面临巨大风险,将危如累卵,应对不慎就会陷入深坑,乃至威胁生存。

风险具体是指什么?

企业面临的风险就是指可能影响公司未来经营目标实现的不确定性因素或事项。

简单而言,风险就是发生坏事的可能性。

风险具有客观性特征,不以企业意志为转移。在经营过程中,企业面临各种各样的风险。随着科技发展和外部不确定性增加,还会不断产生新的风险,风险事故造成的损失可能越来越大。

风险管理就是识别风险、控制风险和把握机会,避免重大损失、确保企业生存、促进价值增长。风险有各种分类,纷繁复杂。由于时间精力和成本资源的约束,企业领导者难以关注所有风险,需按照 80/20 原则,聚焦重大风险。而重大风险是指可能会对公司生存、业务发展和持续增长、市场地位和竞争格局、长期价值创造等产生重大影响的不确定性因素或事项。

管理层必须保持对重大风险的高度警觉,提前思考和预判重大风险的可能性和优先级,进行严格的风险控制。**很大程度上,有效识别、防范和应对重大风险就是在实现有质量的生存。**

金融企业和非金融企业面临的风险有所差异。金融行业特有的重大风险主要包括信用风险、市场风险、操作风险、流动性风险等。对于非金融企业,从持续生存增长角度来看,面临的重大风险可梳理归为 10 个大类。

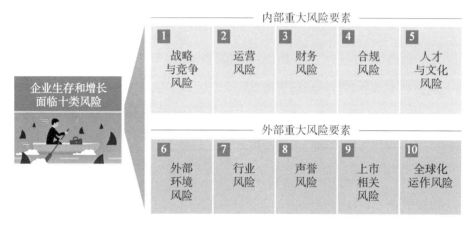

图 2.3 企业持续生存增长面临的十类重大风险

在企业生存和增长的 10 类重大风险因素中,可分为两大类——内部风险因素和外部风险因素。战略与竞争风险、运营风险、财务风险、人才与文化风险、合规性风险更多是企业内部重大风险因素;外部环境风险、行业风险、声誉风险、上市相关风险、全球化运作风险则更多是企业外部因素导致的。

在不同的外部环境、行业不同周期、组织不同发展阶段下,企业面临重大风险因素的类型和表现形式有所差异、动态变化。尽管外部环境和行业的变化对企业发展产生重大影响,决定企业生存和增长的最根本是内部风险因素,因此可以看到,即使面临外部不利因素时,仍有一部分富有战略远见、内功扎实、创新进化、未雨绸缪的企业能化危为机,实现坚韧生存和战略增长。

表 2.1 企业增长面临的重大风险定义及主要风险因素

方面	#	风险类别	主要风险因素
内部重大风险因素	1	战略和竞争风险	● 公司领导者和董事会缺乏远见,醉心于"追风口",商业模式未能有效走通或持续进化迭代,无法实现"自我造血"或高质量的创新增长;未能制定和执行有效的公司战略增长规划和经营计划,对公司持续生存增长带来不利影响; ● 领导团队骄傲自满,缺乏风险意识,错判行业大势,高估外部机会和自身资源能力,放大杠杆,追求短期规模的快速无序扩张,对公司持续生存增长产生不利影响; ● 公司无法精准预测和响应顾客的需求和偏好变化趋势,对公司持续生存增长产生不利影响; ● 公司难以有效竞争,业务需求减少,产品/服务价格降低,对公司收入、盈利和经营现金流增长产生不利影响等。
	2	运营风险	● 难以为顾客创造领先性的差异化价值,或产品和技术过时,未能及时开发创新服务和解决方案,公司产品和服务缺乏对顾客足够的吸引力,造成顾客持续严重流失;主要顾客群体的经营状况发生严重变化,对企业生存增长产生重大不利影响; ● 产品和服务发生重大质量问题和错误,对经营增长和公司声誉带来不利影响; ● 盲目多元化扩张,对无法盈利的新产品/服务进行大量投资,对经营增长、现金流、盈利能力和竞争地位产生重大不利影响; ● 无法有效应对增长带来的挑战,或严重偏离了当前业务重心,对业务发展带来不利影响; ● 业务收购整合带来的风险,涉及财务、风险、管理和运营等方面,任何一个都可能导致严重的运营效率低下并对公司经营和盈利能力产生不利影响; ● 信息技术系统或数据的安全性受到严重破坏,公司机密信息和客户数据的泄露,对公司经营、公司声誉产生不利影响; ● 知识产权被侵权或滥用带来不利影响等。
	3	财务风险	● 财务杠杆过度增加、负债率过高、整体抗风险能力低,不足以偿还债务本金和利息对公司的生存和正常经营带来重大不利影响; ● 流动性缺乏或者消失,对公司的生存和正常经营产生重大不利影响; ● 应收账款坏账过多、难以收回的重大不利影响; ● 信用评级和股票评级的下降对持续经营、融资能力和成本产生的不利影响; ● 会计准则的变化,对公司财务报告营业收入和利润的影响。而会计报表中的假设和估计错误导致财务数据错误,将对公司业绩和声誉产生不利影响等。 ● 商誉或无形资产受损,可能会被要求计入重大费用的不利影响; ● 税收优惠政策变动和税赋负担增加的不利影响等。

(续表)

方面	#	风险类别	主要风险因素
	4	合规风险	● 违反法律法规和行业监管要求,面临潜在各种各样的处罚、诉讼和索赔,会对公司生存、正常经营和财务状况造成重大不利影响等。
	5	人才与文化风险	● 在公司核心职位上选错人,或缺乏行业领先人才;关键管理人员出现"脱轨"现象,对公司持续生存增长产生不利影响,贻误战机; ● 失去一名或多名关键人才,或者无法吸引、培养和发展具有创业精神和创新能力的领先人才,对公司维持业务和实现经营增长目标带来不利影响; ● 随着组织规模的扩大,企业优秀的文化价值观发生稀释甚至偏离,对公司的持续健康发展产生不利影响; ● 员工和业务合作伙伴违反公司政策,通过不当方式销售公司产品和服务,从事内幕交易和市场操纵,对公司经营增长和声誉造成不利的影响等。
外部重大风险因素	6	外部环境风险	● 国内和国际的宏观经济形势波动、经济周期变化、人口变化情况、国家相关政策,贸易争端对整体行业需求带来不利影响; ● 区域性或全球战争冲突、灾害、流行病发生等情况对企业经营产生不利影响等。
	7	行业风险	● 行业增长驱动因素发生重大变化、出现行业衰退、市场饱和度增加、毛利率下降,对企业经营产生不利影响; ● 技术、产品和顾客需求迅速变化,行业内技术和商业模式的颠覆性变革等,对企业经营带来不利影响。
	8	声誉风险	● 负面信息(无论是否属实)或负面宣传被发布或广泛传播,对公司声誉和品牌造成不利影响,从而影响公司经营; ● 重大的劳资纠纷可能会对公司声誉和经营产生的不利影响等。
	9	上市相关风险	● 资本市场关注短期业绩而不是长期价值,可能对高质量增长产生不利影响; ● 流动性可能会受到金融市场变化的不利影响,例如股权质押的平仓风险; ● 上市后股价波动过大带来的不利影响,股价波动一些因素超出公司可控范围等。
	10	全球化运作风险	● 各个国家和地区的监管、政治和社会不确定性、法律、税收、社会要求以及经济状况约束等方面的不利因素,对国际业务经营带来不利影响; ● 距离遥远,在发展和管理国外业务、人员、确保产品质量和服务的一致性存在困难;使用不同语言/文化开发产品和服务困难,对国际业务经营带来不利影响;

（续表）

方面	#	风险类别	主要风险因素
			● 国际扩张要求在产生收入之前进行大量支出，包括投入大量资源和管理人员，雇用当地员工和建立设施等，对国际业务经营带来的不利影响； ● 公司的国外资产可能被当地国家进行国有化或被没收； ● 在某些国家/地区，付款周期更长，信用风险和更高级别的付款欺诈； ● 外币汇率的变化可能会减少对产品的国际需求，增加劳动力或供应成本，或降低公司获得收入价值；通胀率高或汇率大幅波动的国家/地区货币贬值的影响可能会对公司的经营业绩产生的不利影响等。

在追求有质量的生存和高质量增长过程中，企业面临各种风险。在不同发展阶段、不同周期，每个企业需要聚焦关注和处理不同类型的重大风险。

正如芒格所说，"我只想知道我会死在哪里，所以我永远不会去那里"。

风险管理流程主要分为风险识别、风险衡量、风险评价、风险应对和风险监控五个环节。风险无处不在，关键首先需要了解重大风险从哪里来？风险的性质是什么？可能发生的损失多大？哪些业务的重大风险最需要优先关注？应该如何规避和应对？如何保持对重大风险的动态监控？如果不清楚重大风险是什么，来自何方，最终悲惨的结局一定在前方悄悄地等候你。

风险识别是企业领导者进行风险管理最重要、但也可能是最困难的一项工作，非常考验领导者的预判精准度和敏感度。如果我们对于重大风险有充分精确的认知和排序，提前防备，就有可能在危机中从容应对。

认知你实现增长的重大风险，排序很重要

风险管理既有科学性，也有艺术性。虽然市场上有很多科学决策的量化方

法和技术手段，但最终必须结合人的经验、直觉判断和演绎来做出判断。

不同企业对于不同风险因素的态度和排序也影响了未来的走向。

毋庸置疑，每家企业由于行业不同、发展阶段不同和领导者差异，对于各类风险因素有不同的认知和判断。很耐人寻味的一个重大发现是，不同类型公司对于风险因素类别的优先顺序是不一样的。

失去光彩的传统翘楚公司更多将外部风险因素放在优先位置，这样如果业绩下滑，也许可以作为一个解释的理由。

而新兴翘楚公司有非常强的风险意识，将自己可控、与生存紧密相关的内部风险因素放在优先位置，并与公司战略增长和发展阶段紧密关联，进行深入细致的分析，确定每一发展阶段的战略突破重点。

正因为重大风险因素的优先顺序不同，企业领导者的聚焦重点也不同，从而战略决策和资源配置就有明显差异，最后结果也大相径庭。

我们可以从新旧翘楚公司过往年报中前 3 位重大风险因素的这个视角，探究背后的奥秘。

福特：看重外部环境风险

先看看福特公司。在 2003 年的年报中，福特分析到对公司业绩影响的前 3 位重大风险因素中，前 2 项都是关于外部环境的。

第 1 位风险因素：外部货币波动、行业产能过剩或其他因素，导致价格竞争加剧。

第 2 位风险因素：由于经济增长缓慢，地缘政治事件或其他因素，导致行业销售大幅下降，尤其是美国或欧洲市场的下降。

第 3 位风险因素才是关于公司自身原因或者自身可控的运营风险，就是福特新产品或现有产品的市场接受度低于预期。

7 年之后，到了 2010 年，也就是特斯拉公开上市那一年，福特汽车尚未强

烈感到新兴竞争者和行业变革可能带来的风险,在年报中仍把外部环境风险作为第 1 位的风险因素:

"由于全球金融危机、经济衰退、地缘政治事件或其他因素,行业销售下降,尤其在美国和欧洲,从 2008 年秋季开始,全球经济进入了金融危机和严重衰退,给福特和整个汽车行业带来了巨大压力。这些经济状况极大地降低了美国和欧洲的行业销量,并且全球其他市场的增长也开始放慢了。在美国,行业销售从 2007 年的 1650 万台下降到了 2008 年度的 1350 万台,到 2009 年的 1060 万台。"

后面的第 2 至 3 位风险因素才是福特自身可控的内部风险因素。

第 2 位风险因素是市场份额下降或未实现增长带来的运营风险。"在成熟市场中的市场份额下降或在新兴市场中未能实现增长,可能会对我们的财务状况和经营业绩造成重大不利因素。从 1995—2008 年,我们在美国的全年市场份额逐年下降,从 2004—2008 年,在美国的市场份额从 18% 到 14.2%。通过我们的"一个福特"* 计划,在 2009—2010 年看到了美国市场份额的上升。"

第 3 位风险因素是新产品的风险。"新产品或现有产品的市场接受度低于预期,尽管我们在推出新的或更新的车型之前,进行了广泛的市场研究,但我们控制范围之外的许多因素都会影响市场上新产品或现有产品的成功……从而导致销量、市场份额和盈利能力下降。"

＊注:"一个福特(One Ford)"计划是 2006 年艾伦·穆拉利在担任福特汽车 CEO 后,为解决福特不同地区"各自为政"的问题,提出的战略变革计划;即福特要按照"一个福特"的模式,改变重复设计和制造工作,在少数几个核心平台上制造出更多面向全球的车型,并且零配件要可以通用,从而提升规模效应,提高产品竞争力。

特斯拉：高度关注 Model 系列成功商业化的风险因素

反观福特的新锐竞争对手，特斯拉在 2010 年上市的时候，将与生存更相关的内部运营风险作为优先关键项，特别关注 MODEL S 在商业化过程中遇到的可能重大风险，先确保活下来。

第 1 位风险因素是企业在早期发展阶段固有的生存风险。

当时特斯拉成立不到 8 年，2008 年交付的第一款高性能电动车 ROADSTER，截至 2010 年 12 月 31 日，仅出售 1500 辆。2010 年营收只有区区 1.16 亿美元，亏损高达 1.5 亿美元。Model S 电动车尚在开发前期阶段，预计到 2012 年中期才投入生产，由于 Model S 没有实际的运营历史，特斯拉很难准确预测车辆成本，也无法预判 Model S 的盈利前景。

第 2 位风险因素是关于 Model S 能否被市场接受的能力。特斯拉强调说，公司未来的成功取决于特斯拉新车型（尤其是 Model S）的设计并获得市场接受的能力。特斯拉坦言，在汽车工业中，量产车造型和设计与概念车不同。如果特斯拉无法按照早期原型和预想的规格来制造 Model S，客户在一定程度上可取消预订。如果发生那样情况，Model S 的销售将受到损害。

第 3 位风险因素是特斯拉推出 Model S 出现延迟带来的风险。

由于多种原因，Model S 的推出可能会被延迟。从历史上看，任何此类延迟都可能会很严重，且持续很长时间，这将对特斯拉的增长带来很大负面影响。

基于这些增长重大风险因素的分析，特斯拉将下阶段的工作重心聚焦放在新车型 Model S 的突破上，从各方面促成 Model S 的成功，先走通盈利模式；而非大举扩张产品系列或者海外发展，先单点突破，确保生存。

2012 年 6 月，Model S 成功交付和制造。之后特斯拉迅速切换重大风险关注因素，将 Model S 的销售能否持续增长和市场需求作为优先的风险因素。

在 2012 年报中，特斯拉的前 3 位重大风险因素则是与特斯拉 Model S 相关的运营风险。

第 1 位风险因素就是能否维持 Model S 生产和交付的风险。

特斯拉坦白说，如果无法维持 Model S 生产和交付水平，将影响特斯拉的业务和前景。Model S 的大批量生产能力取决于许多因素，包括：(1)供应商及时提供优质零件的能力；(2)按计划利用制造工艺进行批量生产的能力；(3)保持质量水平；(4)有效地设计更改，确保高质量；(5)提高制造流程的效率，并继续培训员工；(6)供应商必须生产足够数量和质量水平的新产品。

其中的任何中断都可能严重损害特斯拉的品牌、业务、前景、财务状况和经营业绩。

第 2 位风险因素是关于供应商的风险。

特斯拉在全球范围内有两百多个直接供应商，绝大多数是单一来源的供应商。如果特斯拉未能成功降低和控制供应商成本，业绩可能受重大影响。

第 3 位风险因素是关于 Model S 成本结构竞争力的风险。

特斯拉认为，如果无法充分降低 Model S 的制造成本或者控制经营业务相关的成本，那么业务增长、财务状况、经营业绩和前景都将受到损害。生产初期特斯拉工厂的启动成本高，制造效率低下，供应链不成熟导致的物流成本增加，以及零部件较高的初始价格，Model S 生产成本一直很高。为了解决这个风险因素，特斯拉将努力继续降低成本，如果无法使得运营成本与收入水平一致，那么运营结果、业务前景都受到损害。

出于对重大风险因素的认知和排序调整，特斯拉着重加强特斯拉 Model S 生产的保障：优化供应商管理体系，提高 Model S 的成本结构竞争力，对电动汽车质量、安全性和性能的设计严格把关，大力发展超级充电桩，减少消费者对于电动汽车的重重顾虑，以及加快推动新车型 Model 3 的成功上市。

2020 年，在经历了全球新冠病毒大流行后，尽管疫情对业务的持续运营产生了重大影响。特斯拉仍把发展业务能力有关的风险放在优先位置。

第 1 位风险因素不可避免的是病毒大流行风险。

这个外部环境风险对特斯拉生产运营的影响是非常巨大的。特斯拉持续监控宏观经济情况，保持灵活性并适当优化和发展业务，聪明地部署生产、劳动力和其他资源。正是出于这种考量，由于当年中国抗疫策略的成功，特斯拉加大了在上海超级工厂的生产力度，大大促成了特斯拉业绩的迅猛增长。

第 2 位风险因素与生产延迟的内部运营风险相关，回到了特斯拉业务经营本身。

特斯拉可能会在发布和扩大产品、功能生产方面遇到延迟，或者特斯拉无法控制成本。另外，特斯拉将为产品引入新的、独特的制造工艺和设计功能，包括 Model 3 和 Model Y。但在这些方面，特斯拉的经验很少。为了解决这些风险，特斯拉需维护和提升具有成本效益的制造能力、流程和供应链，达到设计要求，实现高质量和产出率。

第 3 位风险因素与销售能力相关。

特斯拉认为，公司的成功取决于特斯拉继续扩大销售能力。特斯拉可能无法提高全球产品销售、交付和安装能力，以及特斯拉的维修和车辆充电网络，或可能无法准确计划和管理业务增长。特斯拉经常调整零售业务和产品供应，优化成本、产品阵容型号差异化和客户体验。

对于不同发展阶段这些重大风险因素的详细分析，特斯拉提前制定风险应对方案，特别是加强对 Model 3 的全球生产和销售布局，持续完善产品制造质量，加大超级充电桩的生产和布局，提升生产效率，改善顾客体验。

进入 2024 年，特斯拉业绩再创历史新高。特斯拉依旧把与发展业务能力

特斯拉不同阶段对前三位重大风险的认知排序

2010年	2012年	2020年

·特斯拉在2010年上市之时，把运营风险作为优先关键项，特别关注MODEL S在商业化过程中的重大风险：

① 公司早期发展阶段固有的风险。特斯拉成立不到8年时间。Model S电动车尚在开发前期阶段，特斯拉很难准确预测车辆成本，也无法预判Model S的盈利前景。

② MODEL S能否被市场接受的风险。在汽车工业中，量产车造型和设计与概念车不同。如果特斯拉无法按照早期原型和预想的规格来制造Model S，顾客在一定程度上可取消预订。

③ MODEL S推出延迟带来的风险。

2012年6月，Model S 开始成功交付和制造。之后特斯拉将Model S的销售能否持续增长和市场需求的运营风险作为优先的风险因素：

① 关于Model能否维持生产和交付的风险。如果无法维持MODEL S生产和交付水平，将影响特斯拉的业务和前景。

② 关于供应商的风险。如果未能成功降低和控制供应商成本，业绩可能受重大影响。

③ Model S成本结构竞争力的风险。如果特斯拉无法充分降低MODEL S的制造成本或者控制经营业务相关的成本，那么特斯拉的业务增长、财务状况、经营业绩和前景都将受到损害。

2020年，在经历了全球新冠病毒大流行后，特斯拉将发展业务有关的运营风险放在优先位置，但第一位风险让给了病毒：

① 病毒大流行的风险。持续监控宏观经济情况，以保持灵活性并适当优化和发展业务，相应部署生产、劳动力和其他资源。

② 与生产延迟相关的风险，回到了特斯拉业务经营本身。特斯拉可能会在发布和扩大产品、功能生产方面遇到延迟，或者特斯拉无法控制成本。

③ 与销售能力相关的风险。特斯拉可能无法提高全球产品销售、交付和安装能力，以及特斯拉的维修和车辆充电网络，或可能无法准确计划和管理业务增长。

图2.4 特斯拉在不同发展阶段的前三位风险因素排序

相关的风险因素放在前列，保持不变。第1位和第2位风险因素与2020年一致，第3位风险因素略有差异，是关于供应商及时供货能力的风险。这些重大风险因素识别促使管理团队聚焦于发展核心能力，提升运营效率，打造"长期护城河"，为特斯拉实现持续的高质量增长提供保障。

网飞：将顾客流失的内部运营风险放在首位

网飞将顾客视为生命。

2002年上市时，网飞就将与顾客（订阅会员用户）有关的内部运营风险放在第1位风险因素：

"如果我们未能成功地吸引会员，那么我们的收入将受到不利影响，我们必须继续吸引和留住订户。"

　　为了获得商业的成功，网飞必须吸引习惯使用传统视频租赁店和零售商的顾客。哈斯廷斯深刻地认识到，吸引和留住顾客的能力，将很大程度取决于网飞能否始终如一地为订户提供高质量的体验，通过精准的推荐服务，让订户选择观看、接受和归还。如果消费者认为网飞的服务质量不高，或者网飞推出的新服务无法受到消费者的欢迎，那么消费者就可能离网飞而去。而且，网飞的许多新订户都来自口碑广告和现有订户的推荐。如果网飞无法成功地满足现有订户的需求，那么网飞就可能无法吸引新订户，结果收入将受到不利影响。

　　第 2 位风险因素是关于网飞的制胜法宝——网飞专业技术运行的有效性风险。

　　"我们严重依靠我们的专有技术来处理 DVD 的交付和退货，以及管理我们运营的其他方面。如果该技术未能有效运行，可能会对我们的业务产生不利影响。"网飞的专有技术旨在使网飞在美国各地的运输中心能进行综合运营，并不断增加或修改用于发行业务的软件。一旦专业技术效率降低，就会对经营增长和顾客满意度产生致命的影响。

　　第 3 位风险因素是关于公司增长面临的风险。

　　网飞期望进一步扩大公司业务、扩大用户群，利用有利的市场机会。但业务拓展将对网飞的管理、运营、行政和财务资源提出更高的要求。如果网飞无法有效应对业务增长而产生的新需求，或者网飞在响应时，管理层严重偏离了当前的业务重心，则公司业务可能受到不利影响。

　　上市 6 年后，2008 年网飞营收达到 14 亿美元，净利润达到 8000 万美元，尽管面临着金融危机的巨大冲击，网飞仍将与顾客有关、自己可以努力掌控的内部运营风险放在首要位置。

　　第 1 条风险因素："如果我们未能成功地吸引订户，那么我们的收入将受到不利影响"。

第 2 条风险因素："如果我们的顾客流失率过高,我们的收入和业务将受到损害,我们必须在增加新订户的同时最大程度地减少现有订户的流失率"。

第 3 条风险因素才是外部环境的影响。"从本质上来说,网飞是一项娱乐服务,不是生活必需品,许多现有和潜在订阅用户都是酌情决定是否支付服务费用。在总体经济持续恶化的程度下,网飞的业务可能会受到影响,因为订户选择退出网飞的服务或降低服务水平,吸引新订户的努力可能会受到不利影响。"

2022 年,网飞已成为娱乐服务行业的领先者,营收 316 亿美元,净利润 44 亿美元。但与 2002 年上市一样,网飞持续把与顾客有关的运营风险放在首要位置。

第 1 位风险因素依旧与顾客相关。"如果我们在吸引和保留会员方面的努力未能成功,我们的业务将受到不利的影响。"

网飞认为,能否继续吸引和留住会员,在一定程度上取决于网飞能否始终如一地为全球各国的会员提供引人注目的内容选择,让会员参与网飞服务,并为会员选择和欣赏电视剧、电影和游戏提供优质体验。如果网飞无法在提供引人注目的内容、留住现有会员和吸引新会员方面,与现有竞争对手和新竞争对手成功竞争,网飞的业务将受到不利影响。

第 2 位风险因素还是与顾客相关。"如果我们不能持续为会员提供价值,包括以受到会员好评的方式改进我们的服务,我们的收入、经营成果和业务将受到不利影响。"

在网飞看来,能否继续吸引会员,更重要取决于网飞提供的用户价值。如果消费者认为网飞服务产品不具备价值,或不喜欢更改的内容组合。网飞可能很难吸引和保留会员。新会员的加入,源自网飞现有会员的口碑相传,如果网飞未能成功满足现有会员的需求,则可能无法吸引会员。

第 3 位风险因素与战略和竞争风险相关——"娱乐视频竞争产品的变化可能会对我们的业务产生不利影响。"在网飞看来，娱乐市场竞争激烈，变化迅速。通过新的和现有的分销渠道，消费者获得娱乐视频的选择越来越多。这些渠道背后的各种商业模式包括订阅、交易、广告支持和基于盗版的模式。如果网飞无法成功地与新老竞争对手竞争，业务将受到不利影响，可能无法增加或保持市场份额、收入或盈利能力。

与其业务进化相关，网飞还提到一个很特别的风险因素——与原创节目相关的运营和人才风险。"对于我们通过服务获取生产、许可或分发的内容，我们面临不可预见的成本和潜在责任等风险。"此时网飞业务不仅是 DVD 租赁，还有流媒体租赁以及原创节目。网飞的《纸牌屋》《鱿鱼的游戏》等系列原创产品已成功打响，原来的合作商如 HBO、迪士尼将网飞视为强大的竞争对手。

网飞深刻认识到，如果原创节目无法达到期望，特别是在成本、观看次数和受欢迎程度上，网飞的业务增长、品牌和经营成果可能受到不利影响。同时，网飞不得不承担与原创节目相关的风险，例如关键人才风险。与娱乐业相关的集体谈判可能会对网飞制作的时间和成本产生负面影响，这些都使网飞面临潜在的责任或重大损失。

纵观 20 多年的发展历史，网飞始终将顾客吸引和保留相关的内部运营风险放在最优先的位置，并根据业务发展相应调整，不断为顾客创造极致的消费者体验和惊喜。

竞争风险决定生存

与网飞略有差异，亚马逊、谷歌和微软更看重战略和竞争风险以及运营风险。

在过去 20 年乃至未来更长的时间里，技术进步节奏加快，促使行业竞争格局发生翻天覆地的变化。竞争已从国内扩展到全球，产品开发周期大幅缩短，除了创新之外,质量、运营、供应链、顾客体验、商业模式、企业生态圈等都已经成为竞争中的关键利器。

一个意义重大的创新科技诞生,一个新商业模式的出现,一个新竞争对手的杀入,都有可能对企业的生存和持续增长产生重大的负面影响。

新创企业在早期阶段,最重要的任务就是要活下来。面对行业巨头的巨大优势,如果新创企业无法找到差异化的竞争利器,就会被"碾压"出局。在成为行业领先者后,如果骄傲自满,对竞争风险和内部运营风险不能保持高度警惕,不能持续打造"长期护城河"、不能主动创新进化,就很容易被后来者颠覆。

在创业的生存期,亚马逊最关注的重大风险是生存相关的内部运营风险、财务风险和竞争风险。

在 1998 年上市的年报中,亚马逊最关注的前 3 个风险如下:

1. 公司有一个累积的亏损并预计会有进一步的亏损;

2. 公司的重大债务可能会影响业务增长;

3. 公司可能面临激烈的竞争风险。

到了 2024 年,亚马逊从小公司成长为互联网的巨无霸时,生存不再是主要矛盾时,原来的第 3 位竞争风险因素变成了第 1 位。但总体来看,前两位风险因素仍然是公司自身努力可控制的行业竞争和内部运营风险因素。

第 1 位风险因素是亚马逊面临激烈竞争的风险。

第 2 位风险因素是新产品/服务/技术/区域扩张的风险。由于亚马逊向新的产品、服务、技术和地理区域的扩张,使得公司面临额外风险。

第 3 位风险因素是亚马逊国际业务带来的风险。亚马逊国际业务对亚马逊的收入和利润意义重大,而且亚马逊计划进一步扩大国际业务。但在某些国际细分市场，亚马逊的运营经验相对较少，可能没有先到优势，也不会以其他方式取得成功。建立、发展和维护国际运营和门店，推广品牌，成本高昂。亚马逊的国际业务可能无法持续盈利。还有当地的监管、经济环境等带来的挑战和风险。

与亚马逊类似，在 2004 年上市时，谷歌更看重的风险是竞争风险和内部运营风险。

第 1 位风险因素是谷歌面临着来自微软和雅虎的巨大竞争风险。

第 2 位风险因素是预计增长率和营业利润率将下降的运营风险。2004 年，谷歌已度过了生存期，营收 31.9 亿美元，净利润 3.99 亿美元。由于基数很大，增长率不太可能像之前那么快。

第 3 位风险因素是经营业绩可能会波动的风险，其主要影响因素与内部运营相关，包括：

- 持续吸引用户访问谷歌网站的能力
- 谷歌网站和谷歌网络成员网站上的流量货币化（或从中产生收入）
- 有能力吸引广告客户加入 ADWORDS 计划
- 网站上产生的收入和谷歌网络上产生的组合收入
- 与维护和扩张公司业务、运营和基础架构有关的运营成本和资本支出的金额和时间
- 谷歌注重长期目标，而不是短期结果
- 谷歌对风险项目的投资结果等
- ……

谷歌对于风险因素的描述中，有一条显得非常特别，是关于谷歌的企业人才与文化风险。"我们的企业文化为我们的成功做出了贡献。在发展过程中，如果我们不能保持这种文化，那么我们可能会失去创新、创造力和团队精神。随着组织的成长，以及实施更复杂的组织管理结构，我们可能越来越难以维持我们文化

的有益方面,这可能对我们未来的成功产生负面影响。"因而谷歌特别强调保持企业文化,并且提供了谷歌员工 20％时间的灵活安排,激发内部的创新文化。

2024 年谷歌营收超过 3000 亿美元,进入成熟期。在谈到重大风险因素时,谷歌首先强调谷歌面临特有的风险类型,更聚焦影响业绩的最大方面。

广告收入的风险因素从之前的第 5 位变成了第 1 位,这个运营风险与谷歌顾客紧密相关。

虽然投入了一些大赌注,但谷歌的收入很大一部分来自广告,占比超过 80％。一旦广告客户支出减少,合作伙伴流失,新技术和现有技术(阻止谷歌广告)将会损害谷歌的业务增长。如果谷歌未能提供卓越的价值,或者无法有竞争性地投放广告,将损害声誉、业绩增长和财务状况。

第 2 位风险因素是竞争的风险。

谷歌认为,公司面临着激烈的行业竞争,如果不能继续创新,并提供对用户有价值的产品和服务,谷歌就无法保持竞争力,这也将严重损害谷歌的业务和经营业绩增长。

第 3 位风险因素是对新业务持续投资带来的风险。

为了摆脱对广告收入的过多依赖,谷歌对新业务、新产品、新服务和新技术进行了持续投资,但这些投资固有的风险,将扰乱谷歌当前的运营重心,并损害公司财务状况和经营增长。

另一个值得关注的方面是,谷歌的重大风险因素随着业务结构的变化而相应调整。

由于谷歌进入了制造业务(如生产 Pixel 智能手机等),因而在考虑重大风险中加入了供应链风险因素,"我们面临许多制造的供应链风险,如果管理不当,可能会损害我们的财务状况,经营成果和前景。"

而新冠肺炎疫情的外部环境影响风险,则被谷歌归类为一般风险。所有企业都会遇到的风险而非谷歌特有的风险，被谷歌放在最后的位置。

不管如何变化，战略和竞争风险对于谷歌总是非常关键。因此谷歌期望不断创造 10 倍价值的创新成功，从而能在市场竞争中处于领先地位，获得更多市场份额。

对于微软而言，关注的重大风险因素在每个阶段略有不同。

1995 年是微软创立 20 周年，营收达到 59 亿美元，净利润 14.5 亿美元。尽管微软管理层对微软的长期前景感到乐观，但在微软看来，首位风险因素是技术快速变革带来的行业风险。微软所在计算机软件行业的特点是技术快速变化和不确定性，对新兴领域（互联网在线服务、信息高速公司、网络协作产品和电子商务）有重大影响。如果出现颠覆性技术变革，那原有的商业模式和成功就非常容易过时。

10 年之后，即 2005 年，微软营收增长到 398 亿美元，利润高达 123 亿美元，员工人数增加到 6.1 万人。微软已在操作系统领域建立了霸主地位，但不断有小竞争对手发起挑战。此时的微软更看战略和竞争的风险。

第 1 位风险因素是商业模式挑战的风险。

微软的商业模式基于客户为商业软件付费。免费软件对微软造成越来越大的挑战，例如 LINUX 操作系统。

第 2 位风险因素是竞争的风险。

微软面临激烈的竞争，进入微软业务壁垒通常很低，互联网进一步降低了进入壁垒。竞争压力可能导致微软销量减少，价格下降和运营成本增加，从而带来营收、毛利率和利润下降的风险。

第 3 位风险因素来自知识产权的运营风险。

一旦无法保护知识产权免受盗版，或者第三方侵犯微软系统，或拒绝知识产权的法律保护，这都将对微软业务带来负面影响。

2014 年纳德拉担任 CEO 之后，微软对于风险的优先关注要素发生了细微但关键的变化。

2015 年，微软的第 1 位风险因素仍是竞争风险，但将之前的 3 个竞争风险做了整合。

微软认为，自己的产品和服务在所有市场上都面临着激烈的竞争，可能导致收入或利润率的下降。包括以下三个方面：

（1）技术领域的竞争。微软许多业务进入门槛很低，并且许多领域都伴随着技术变化和颠覆性，微软能否保持竞争力取决于能否制造出吸引企业和消费者的创新产品、设备和服务。

（2）平台、生态系统和设备之间的竞争。微软商业模式的重要组成部分是创建基于平台的生态系统，面临来自平台、应用程序和服务公司的激烈竞争。

（3）商业模式的竞争。行业内其他公司基于不断变化的商业模式与微软竞争。即使微软过渡到移动优先和云优先的策略，原有商业软件模型仍将贡献大部分软件收入。一些竞争对手利用开源服务模型与微软竞争。竞争压力可能导致销量下降，价格下降或运营成本增加。

第 2 位风险因素是微软对云端服务的日益关注带来战略执行风险，与战略转型紧密相关。

微软的战略愿景是通过智能云和 AI 的智能优势，构建一流的平台和生产力服务，实现竞争和发展。微软投入大量资源来开发和部署基于云的策略。同时进行文化和组织变革，以推动问责制并消除创新障碍，但微软可能无法获得预期的市场份额。

第 3 位风险因素是微软策略能否吸引顾客或产生收入的内部运营风险。如果微软不能有效执行组织和技术变革，从而提高效率和加速创新，或者未能充分利用新产品/服务，则收入增长可能无法与投资保持一致，这对毛利率和营业收入产生负面影响。

← 微软在不同阶段对重大风险因素的认知排序 →

1995年	2005年	2015年后
· 微软营收59亿美元，净利润14.5亿美元。 · 在微软看来，**第一位的风险因素是技术快速变革带来的行业风险**。微软所在行业的特点是技术快速变化和不确定性，**如果出现颠覆性技术变革，那原有的商业模式和成功就非常容易过时**。	· 2005年，微软在操作系统领域建立了霸主地位，但不断有小的竞争对手挑战微软地位。此时微软更看商业模式挑战和行业竞争风险。 ① **商业模式挑战的风险**。免费软件对微软造成越来越大的挑战，例如LINUX操作系统。 ② **竞争风险**。进入微软业务的壁垒通常很低，互联网进一步降低了进入壁垒。竞争压力可能导致微软的销量减少，价格下降和运营成本增加，从而带来收入、毛利率和营收下降的风险。 ③ **知识产权的风险**。一旦无法保护知识产权免受盗版，或第三方侵犯微软系统，或拒绝知识产权的法律保护，将对微软业务带来负面影响。	· 纳德拉担任CEO之后，微软对于风险因素的优先关注发生了细微但重大的变化。 ① **竞争风险**：包括（1）技术领域竞争；（2）平台、生态系统和设备之间竞争；（3）商业模式竞争。 ② **对云端服务的日益关注带来战略执行的风险**。微软投入大量资源来开发和部署基于云的策略。同时正进行文化和组织变革，以推动责任追究并消除创新障碍。但微软可能无法获得预期的市场份额。 ③ **微软策略能否吸引用户或产生收入的风险**。如果不能有效执行组织和技术变革，提高效率和加速创新，则收入增长可能无法与投资保持一致，对毛利率和营业收入产生负面影响。

图2.5 微软在不同阶段对重大风险因素的认知排序

2024年，微软对于前2位重大风险因素的排序没有变化。但第2位重大风险因素做了调整，强调了"微软对云端基础和AI服务的关注带来执行和竞争风险"，特别增加了"AI服务"，与其AI战略紧密关联。

第3位风险因素是与新产品投资相关的运营风险——"我们大量投资的新产品和服务可能无法实现预期回报"。在微软看来，如果顾客不认为微软最新产品提供了重要的新功能或价值，他们可能会减少购买新软件和硬件产品或升级，对微软收入产生不利影响。

外部环境风险因素，如具有挑战性的经济环境、灾难性事件、地缘政治冲突和大流行病等，也被微软归为一般风险，放在后面。

基于风险因素的优先度排序，纳德拉加强微软"成长心态"的价值观，大力推动微软的战略转型，持续扩大"长期护城河"。

摩托罗拉:将外部风险因素放在优先位置,忽视顾客价值

对于重大风险因素的来源和优先排序,意味着能否抓住当下企业增长面临的主要挑战,这往往决定了企业增长的命运。过于强调外部环境的风险因素,极有可能忽视顾客价值和扩大自身"长期护城河"的重要性。

2000 年,在一代翘楚企业摩托罗拉看来,前两位重大风险因素都是外部风险因素,而非自己能把控的内部风险因素。

外部经济放缓影响是摩托罗拉放在第 1 位的重大风险因素。

"整个经济处于 2000 年后期的急剧放缓之中,这种放缓的持续时间和严重程度可能对摩托罗拉的近期财务业绩产生重大影响。因为摩托罗拉客户购买的相关产品和服务减少。"摩托罗拉在年报中描述道。

第 2 位风险因素仍是外部因素——当时经济状况的不确定性。

摩托罗拉认为美国和全球经济的状况极其不确定。由于摩托罗拉的预算和预测部分取决于其服务市场的增长估计。整个国内和全球经济的未来方向将对摩托罗拉业绩产生重大影响。

第 3 位风险因素是摩托罗拉降低成本的努力是否能够取得实效,这才是摩托罗拉能控制的运营风险。2000 年下半年,摩托罗拉开始终止无利可图的产品线,退出无利可图的业务,合并制造业务,这是摩托罗拉降低成本、简化产品组合的总体战略举措的一部分。但这些降低成本的努力可能无法实现期望的成本节省水平,或者不能有效竞争并恢复盈利。

与微软不同,快速技术变革带来的风险被摩托罗拉放在第 7 位风险因素。摩托罗拉认为,摩托罗拉的成功在于很大程度上能否及时成功地推出新产品,以及对现有产品进行升级(而不在于能否为客户创造价值和良好体验)。开发技术先进的新产品是一个复杂且不确定的过程,需要高度的创新,以及对技术和市场趋势的准确预测,这很可能带来风险。

新产品和技术的开发被摩托罗拉放在更后面的位置，放在第 15 位风险因素，包括在开发和推出新产品方面的大量投资有关的风险。

由此可以看出，在风险因素排序中，摩托罗拉更关注外部环境风险因素的影响，前 3 位重大风险因素并没有提到顾客，忽视对顾客需求的洞察；同时新产品和技术的开发也没有放在重要位置上。

在盖尔文家族退出后，新上任的 CEO 爱德华·詹德仍把外部因素作为最优先的风险因素。

在 2005 年报中，摩托罗拉放在第 1 位的风险因素是行业风险。

"我们产品的需求在很大程度上取决于我们所参与行业的持续增长。这些行业中任何一个的市场下降都可能对我们的业务产生不利影响。"摩托罗拉认为，2004—2005 年所在的电信行业市场恢复了两位数的增长，但是，2001—2003 年，经济增长放缓以及电信行业相应投资减少对摩托罗拉造成了非常不利的影响。

第 2 位风险因素是全球业务运作带来的风险。摩托罗拉认为，由于公司客户遍布全球，摩托罗拉面临其他非全球化公司可能不会遇到的风险。

第 3 位风险因素是产品质量方面的内部运营风险。如果公司的产品质量不符合客户的期望，那么销售和营业收入以及最终的声誉可能受到不利影响。有时公司出售的某些产品的设计或制造或产品使用的软件导致质量问题。

对高科技公司生存和增长起到关键作用的产品和技术创新仍被放到了后面的位置，位于第 7 位风险因素。摩托罗拉依旧认为，成功很大程度取决于能否成功及时地推出新产品以及对当前产品进行升级，以符合新兴的行业标准并应对竞争对手进行的竞争性技术和产品开发。

观察摩托罗拉排名前 3 位的风险因素，顾客价值依旧没有被提到，更关心的是外部风险因素，这也导致摩托罗拉与顾客之间的距离越来越远，最终慢慢淡出了竞争舞台的中心。

曾经过度自信的索尼

索尼曾对自己有一种异乎寻常的过度自信,这背后蕴含着巨大的战略风险。

2000 年的索尼处于鼎盛时代,营收 6.69 万亿日元(约 521.6 亿美元),净利润 1218 亿日元(约 9.5 亿美元)。

在 2000 年报中,索尼写道,"在每个主要产品系列中,索尼都在全球范围内面临着激烈的竞争"。同时索尼骄傲地认为,尽管其地位的强弱因产品和市场而异,但总体上认为,索尼可以成功竞争并在所有主要产品线上占据重要地位!

在电子业务中,索尼认为,其有吸引力的产品规划、高质量的产品、创新的产品介绍和产品改进,以及广泛的营销和服务努力是维持其竞争地位的重要因素。

索尼并没有把顾客的需求放在优先位置上,而是对自己的产品过度自信。

但索尼没想到的是,1 年之后苹果公司 iPod 的横空出世,将索尼的拳头产品随身听打败。索尼的竞争优势不复存在,之后电子业务市场份额不断缩减。

4 年之后的 2004 年,索尼营收 7.5 万亿日元(约 663 亿美元),利润下跌到 885 亿日元(约 7.8 亿美元)。面对惨烈的市场现实,出井伸之不复之前的自信,他对重大风险的优先顺序发生了一些变化,但重心仍然没有放到顾客身上,而是放在表层风险上。

有些可笑的是,当时被索尼视作第 1 位的风险因素竟是非常表面的价格竞争风险。

索尼认为,必须克服日益激烈的价格竞争,尤其是在电子和游戏领域。索尼电子游戏部门生产的消费类产品,与越来越多的竞争对手产品形成竞争。索尼的销售和营业收入,取决于索尼能否继续开发和提供具有竞争力价格、能够满足消费者喜好的产品。

对这一重大风险因素的判断,促使索尼更关注控制产品成本,而非产品本身创新和对顾客的价值，背离了索尼最早的创业精神。

第 2 个风险因素是外部经济环境风险。

索尼认为，公司销售和盈利能力对主要市场的经济很敏感，消费者决定购买索尼产品在很大程度上是酌情决定的。疲软的经济状况或前景，可能会减少索尼在重要市场的消费需求，从而带来销售收入大幅下降的风险。

第 3 个风险因素是全球化运作带来的汇率波动风险可能会影响财务业绩。

因为索尼的大部分销售和资产都以日元以外的货币计价。事实上这个风险因素，对索尼长期竞争力的提高和经营增长其实是无关紧要的。

从上面排名前 3 位的风险因素来看，索尼并没有重点关注顾客，而是更看重价格竞争风险、外部环境风险和汇率波动风险。因而索尼之后的策略主要是增加规模、降低价格、降低汇率风险，但忽视顾客价值、难以创造真正伟大的产品，没有建立起真正的"长期护城河"。

2012 年，平井一夫接任 CEO 之后，索尼对重大风险因素的认知和优先排序发生了变化，变得更加理性和客观，更关注消费者和创新。在平井一夫担任 CEO 后 6 年的 2018 年，此时索尼放在第 1 位的风险因素是竞争风险。

但索尼不再像 14 年前那样仅仅关注价格本身的表面竞争风险，而是强调需要开发卓越的技术、预期消费者的口味，迅速发展出有吸引力、具有竞争力的价格和功能的产品。

第 2 位风险因素是产品和服务创新相关的内部运营风险。

为了保持竞争力并刺激顾客需求，索尼必须投资研发以实现产品和服务创新，并成功管理新产品和服务的频繁引入。如果索尼未能确定具有显著增长潜力的产品、市场和服务趋势，则可能无法成功地投资研发。

第 3 位风险因素是战略举措无法成功的战略风险。

索尼积极实现进行收购、合资、资本支出和其他战略投资，获取新技术，有效发展新业务,增强竞争力。进行收购时,索尼的财务业绩可能会因收购和整合费用导致的巨大成本,无法实现协同效应,无法产生预期的收入和成本改善,关键人员的流失等受到不利影响。

从排名前 3 位的风险因素来看,索尼在重点关注行业竞争风险因素之外,更看重与顾客需求和产品创新相关的战略风险和内部营运风险,洞察顾客需求趋势变化并想方设法"感动"顾客,提升组织竞争力,扩大竞争优势,构建新的"长期护城河"。

索尼在不同阶段对重大风险因素的认知排序

2000年	2004年	2012年之后
· 2000年索尼处于鼎盛时代,营收约522亿美元,净利润约9.5亿美元 · 尽管在每个主要产品系列中索尼都在全球范围内面临着激烈的竞争,但索尼骄傲地表示,尽管其地位强弱因产品和市场而异,但总体上认为,索尼可以成功竞争并在所有主要产品线上占据重要地位。 · 索尼并没有把顾客的需求放在优先位置上,而是对自己的产品过度自信。	· 索尼营收663亿美元,但利润下跌到7.8亿美元。**面对惨烈的现实,对于风险优先顺序观点发生了一些变化,但重心放在表层风险因素上。**①**价格竞争风险。**索尼认为,必须克服日益激烈的价格竞争,尤其是在电子和游戏领域。②**外部经济环境风险。**索尼销售和盈利能力对主要市场经济很敏感,疲软的经济状况或前景,可能会减少消费需求。③**汇率波动的风险。**这可能会影响财务业绩。 · 从上述排名前3位的风险因素来看,**索尼仍没有重点关注顾客,而是更看重价格竞争、外部环境和汇率,后面应对策略必将出现严重偏差。**	· 索尼对风险因素的认知和优先排序发生了变化,变得更加理性和客观。**到了2018年,风险因素排序发生变化:**①**竞争风险:**索尼不再像14年前那样仅仅关注价格本身的竞争风险,而是强调需要开发卓越的技术,预期消费者的口味,迅速发展出有吸引力、有竞争力的价格和功能的产品。②**产品和服务创新带来的风险:**如果索尼未能确定具有显著增长潜力的产品、市场和服务趋势,则可能无法成功地投资于研发。③**战略举措无法成功的风险。** · 从排名前3位的风险因素来看,**索尼开始更看重消费者需求和新产品创新,真正提升组织竞争力。**

图 2.6 索尼在不同阶段对重大风险因素的认知排序

从新老翘楚企业重大风险排序及不同结果来看,实现突破增长的新兴翘楚更强调影响公司生存和长期成功的内部重大风险因素,包括战略和竞争风险,与顾客、创新、增长相关的运营风险,财务风险、人才和文化风险等,这些内部风险因素大多是企业能够自身把控的,从而更看重顾客价值和体验,加强核心能力建设，即长期护城河的建设，而将影响短期业绩的外部环境风险因素放在相对次要位置。

反观持续增长受挫的传统翘楚企业，要么过度自信，无视重大风险；或者把关注重点放在自己难以掌控的外部风险因素上。

敬畏风险、先内后外、打造"五种武器"

"一盎司的预防，胜于一磅的治疗。"

一个企业面临的风险既有内因，也有外因。但企业实现生存和持续增长受到外部环境风险的很大影响，但最后起决定性作用的是内因。

一方面，即使外部环境处于"顺风"周期，但如果企业领导者目光短浅、罔顾风险、放大杠杆，追求规模快速做大，或许能创造短期辉煌，"风向"一转，就可能快速倒下，何谈高质量的战略增长？

另一方面，即使外部环境变化带来重大风险、行业发展受到巨大挑战，但如果企业领导者预判重大风险并有效应对，扩大"长期护城河"，保持健康的财务状况，可持续发展的动力就越大，抵御外来内在风险的能力就越强，经营增长就越具有稳健性和持续性。

在充满不确定性和各种风险的未来，需要先保证生存，建议准备好以下"五种武器"：

首先，敬畏风险，先内后外、预判重大风险因素并排序，持续审视修正。

基于公司所处阶段和行业特点，首先识别影响公司生存发展、自己大多能掌控的内部重大风险因素，再将无法掌控的外部环境风险因素放在相对次要位置。但值得注意的是，需要保持对外部变化的敏锐嗅觉，特别是消费趋势重大变化、经济周期拐点、颠覆性科技涌现、政治格局巨变可能带来的"黑天鹅事件"

"灰犀牛"等概率小但损失大的风险。领导团队可基于公司发展阶段和外部大势判断,列出一个内外重大风险因素清单,充分讨论确定影响生死的3—5个重大风险,提前制定应急之策,随着组织发展阶段和外部重大变化定期调整。这样,即使遇到不测风云,也能从容应对。

其次,结合行业实际,设置"安全底线",坚守严格的财务纪律,备好"压舱石"。

我们很难未卜先知突如其来的灾难,但企业经营需要持续性和稳定性。为了应对随时可能发生的风险,企业需要建立安全底线和预警机制——包括资产负债率、经营性净现金流、应收账款、自由现金流、库存周转、新产品营收占比等体现增长健康度指标体系,明确"红、黄、绿灯"的区间标准,时刻保持风险预警,留有余地,不把杠杆拉到极致,打造高质量、堡垒式的资产负债表,这是生存的根本。在危机到来时,别人都倒下来,你还能活着,手上还有子弹,你就有望成为最后的赢家。

正如巴菲特在2008年金融危机时,公司账面上躺着600亿美元的现金冗余,占公司净资产的一半,就能在市场底部低价买入优质资产。

"我们的财务战略侧重于保持财务稳健,最大化业务活动的现金流,并有效地利用这些现金,确保积极的增长投资、流动性的随时准备的和稳定的股东回报。"从日本低速增长阶段脱颖而出、穿越多次危机的迅销集团CFO冈崎武(Takeshi Okazaki)说道。2000—2023年期间,优衣库的资产负债率的均值为42.55%,经营净现金流与净利润之比的均值为144%,且期间只有2002年一年为负值,其他时间全部为正,保持了经营的稳健性。

其三,确保公司高层具备风险管理意识和风控能力。

CEO需要具备风险意识,董事会需设立风险委员会,并有真正懂行的人坐镇。这样企业方能识别不同发展阶段面临的重大风险因素,抓住主要矛盾和矛盾的主要方面;更好地预防和应对。如果顶层欠缺风险管理的意识和能力,下面的风险组织和流程制度做得再好也价值甚微。这点将在后续章节中进行详述。

其四，坚守根本原则，以顾客价值为中心，持续扩大"长期护城河"，提升核心竞争力。

正如任正非先生所说，"不冒风险才是企业最大的风险。只有不断地创新，才能持续提高企业的核心竞争力，只有提高核心竞争力，才能在技术日新月异、竞争日趋激烈的社会中生存下去。"

英伟达在最新年报谈到重大风险因素时，将"不能满足行业和市场不断变化的需求"作为首要风险。公司要应对风险，获得成功的关键在于自身能力建设和提升，主要包括以下方面：

- 及时发现行业变化、调整战略，开发新产品和技术，或增强和保持现有的产品和技术，以满足市场不断变化的需求，包括由于行业标准的意外变化或可能使公司产品与其他公司开发产品不兼容的破坏性技术创新；
- 通过对研究和开发的投资开发或获得新产品和技术；
- 推出具有新业务模式的新产品，包括软件、服务和云解决方案，以及软件、基础设施或平台即服务解决方案；
- 扩大产品和技术的生态系统……

对于如何扩大"长期护城河"，该怎么做、不该怎么做，将在后续章节中分享精彩故事。

其五，鼓励组织内部的"不同意见"和"自我批判"，甚至设立"红队"，消除认知盲点和骄傲自满。

自满自大是人性的一部分，群体思维也是人性的一部分。长期的顺风顺水，会让自己觉得无所不能。在变化太快、挑战越来越复杂的今天乃至未来，领导者需要鼓励内部的"不同声音"，推动"自我反省和批判"，消除风险认知上的盲点。

我们甚至可以按照布赖斯·霍夫曼所著的《打胜仗的策略》一书中建议的那样，设立"红队"策略——"找出主队计划和战略中的弱点""唱反调"，用批判性思维和逆向思维来进行压力测试,发现被领导者和组织所忽视的重大风险因素,或负面影响被弱化的潜在灾难事件。

在做好以上五件事的基础上,谨慎推动并购增长和全球化扩张,优化公司治理和高管薪酬模式,强化约束机制,避免为短期利益而鲁莽地让企业承担过大的风险,促进公司的持续健康生存。

思考与启示

企业面临的风险无处不在。在讨论如何实现有质量的生存和高质量增长的第一步,我们先从如何识别风险、管控风险开始。

曾有一次,一位记者采访李嘉诚,"如何在大胆扩张中,不翻船?"李嘉诚意味深长地回答说,"想想你在风和日丽的时候,假设你驾驶着以风推动的远洋船,在离开港口时,你要先想到万一悬挂 10 号风球……"

香港的 10 号风球相当于 16 级台风。10 号飓风信号为香港最高级别的热带气旋警告信号,是指风力现正或预料会达到飓风程度,持续风力达每小时 118 公里或以上,阵风更可能超过每小时 220 公里。在这种飓风下,远洋船面临的风险是非常大的,稍有不慎,就会船毁人亡。

李嘉诚说,"决定大事的时候,我就算 100% 的清楚,也一样要召集一些人,汇合各人的资讯一齐研究。这样,当我得到他们的意见后,看错的机会就微乎其微"。李嘉诚善于未雨绸缪,预判重大风险,保证在关键时刻能化险为夷,从容渡过危机,借势更上一层楼。

以李嘉诚的长实集团来看,在发展进入稳定期后,保持非常稳健的财务纪律,2018—2023 年的资产负债率平均值只有 30%,2022 年仅有 23.5%,2023 年疫情消散后提高到 42%。反观中国大陆的房地产行业,遭遇"股债双杀"的公司，实际资产负债率几乎都超出 90％以上，杠杆极高。在行业好的时候，高杠杆是增长的放大器。行业大势出现逆转时，高杠杆就会成为死亡的加速器。

随着中国经济增长放缓，人口红利减少、未来的增长之路无疑变得更加艰难。但中国企业要想实现有质量的生存，不得不承担比以往更多更复杂的风险挑战。

人类对未来的预测其实难以精准。我们可以换个角度思考：如何做才能扛得住重大风险和"黑天鹅事件"对自己的打击？

风险管理目的不仅仅是错误发生之后消除错误，而是要预防风险和避免发生重大损失。始终对风险心怀敬畏，学会与不确定性共处。有"刀悬于顶"的危机感，避免把弓弦拉到极限，要留有充分的回转空间。

加速变化带来的未来不确定性、不可知性使我们的持续生存和增长充满了风险。"敬畏风险，备好压舱石"是组织韧性和有质量生存的底板，也是坚韧增长的基础原则。

只有追求经营增长和风险控制的均衡，学习和了解一流企业在生存、成长、成熟不同阶段对风险的认知和应对，提前思考和预判自身的重大风险，增强远见，提升组织的韧性和抗风险能力，才能获得更广阔的生存空间。

第三章　坚韧增长需要第六级领导者

"经世之道，识人为先"！

——司马光《资治通鉴》

对于一家公司的持续生存和高质量增长而言,战略重要、制度重要、文化价值观重要,还是领导者重要?

从最近20多年的公司兴衰历史来看,人是公司业务发展的核心,一家公司的领导者决定了企业生存和发展的命运。

只有当正确的领导者在任时,才能制定正确的战略和良好的管理机制,塑造优秀的文化价值观,带领公司自我进化,有效应对危机。一旦公司选错了领导者,再优秀的发展战略、公司制度、文化价值观都有可能被忽视和破坏,成为一纸空文。

在世界变化日新月异、颠覆性创新层出不穷的市场环境下,企业需要不断打破旧有模式和路径依赖,实现持续创新突破。在未来增长旅程中,领导者的远见、创新、团结和风控从来没有像现在这么至关重要。

如果选了平庸甚至错误的领导者,对企业生存和价值持续增长将是一场悲剧。在确保有质量的生存基础上,确保正确的领导者在位是坚韧增长的第二条法则。

仅有谦逊和意志,还远远不够

根据吉姆·柯林斯的划分,五个级别的经理人特征分别如下:

第一级经理人是能力突出的个人。

他们用自己的智慧、知识与技能、良好的工作习惯与工作作风,为企业做出巨大贡献。第一级经理人身上体现的是个人英雄主义精神。

第二级经理人是乐于奉献的团队成员。

他们为实现集体目标贡献个人才智，与团队成员通力合作。第二级经理人身上体现的最核心的精神是协作精神和集体主义精神。

第三级经理人是富有实力的经理人。

他们有效地组织人力和资源，高效率地朝着既定目标前进。第三级经理人身上体现的核心精神是理性精神和科学管理的精神。他们是企业实现科学管理体系构建的有效推动者。

第四级经理人是坚强有力的领导者。

他们全身心地投入、执着追求清晰可见的目标、催人奋发的远景，向更高的业绩标准努力。第四级经理人身上体现的核心精神是挑战精神、追求卓越的精神以及眼前利益和长远利益结合的大局观念。

第五级经理人是第四级经理人的升华。最大的特征是将个人谦逊的品质和职业化的坚定意志相结合，建立持续的卓越业绩。

谦逊＋意志＝第五级经理人，其中体现的最核心精神，是谦逊精神和执着坚韧、持续追求卓越业绩的精神。

经过对 20 多年内新旧翘楚的长期研究发现，失败领导者最常见的两个问题是短视和惯性。目光短浅的企业高管追求短期业绩增长，达成短期 KPI，忙于处理眼前事务和"救火"，忽视正在重塑行业的结构性变化和重大机遇，忽略长期能力建设。惯性则是选择留在熟悉的市场里，按照老方式来做生意，不主动把握新机遇、不学习新方法、不创新、不进化，形成强烈的路径依赖，最后的生存空间越来越小。

在过往平稳的市场环境中，谦逊、埋头苦干的经理人能在既定的发展平台上发挥重大价值。但在外部变化加速、充满高度不确定性的世界里，如果一把

手只有谦逊和坚定的意志，很难带领企业实现有质量的生存和伟大的突破增长！

作为基业长青中的代表企业，没有哪家公司比惠普更能代表曾经的硅谷神话了。惠普在 1992—1999 年间的 CEO 卢·普拉特个性谦和、意志坚定，不喜欢站在聚光灯下，是第五级经理人的代表。但非常遗憾的是，他缺乏远见，看不到未来行业发展的大势，也没有乔布斯的创新精神，更多是惯性发展。在他手上，惠普失去了以往的创新活力，没有再创造出伟大的产品。

普拉特任职的前半段看起来不错，但后期逐步走下坡路。面对困局，普拉特认为主要原因是当时惠普 400 多亿美元营收的组织规模太大了。在华尔街拆分的大潮下，普拉特只是顺从潮流、解决表面问题。

普拉特把惠普一分为二：一家是销售计算机、打印机、软件和提供服务，价值 395 亿美元的公司；另一家是销售医疗产品和检测仪器，价值 76 亿美元的公司，也就是后面的安捷伦。

这些行动，无疑显示出普拉特的弱点。看看现在苹果公司营收规模早已超过 1000 亿美元，就能知道当初普拉特多缺乏远见，也没有把重点放在公司伟大产品的创新上。

普拉特是一位合格的第五级经理人，但不是一位具有远见的领导者。他缺乏想象力，对行业创新反应很迟钝，他自己也反思说，"我们并没有非常认真地对待互联网对我们各种业务所带来的各种各样的影响，我们与其他大公司一样对此有些轻敌。实际上互联网的影响力非常大，会影响你的经营方式，会影响你的客户，会影响你的形象。如果早一点认识到这一点，我们会更早地对公司进行重组。"当惠普意识到互联网的重大影响时，很多市场份额已经被竞争对手夺去。

在普拉特时代，缺乏远见的惠普变成了一个快速跟庄的公司，失去了主动创新的勇气:一般是观察市场的反应,先看一看这个新产品推出后反应如何,然后快速拿出解决方案并迅速落实下去,极快推出高质量的产品来。先让别人冲头阵,然后快步跟上,这样能降低经营的风险。这是很多成熟大公司在规模变大求稳之后的常规操作。

毋庸置疑,扮演市场的跟随者能减少风险,但更大的风险在于组织失去了自我变革创新的动力,战略趋同而缺少伟大创意,创新型人才也会随之流失。这与惠普创始人之一戴维·帕卡德提出的"惠普持续发展三原则"的首要原则背道而驰:"惠普致力于创造根本性的改变,而不是模仿性的产品"!

> 仅有谦逊和坚强的意志是不够的,缺乏远见和创新能力的经理人更多只能延续原来的增长路径,可能短期业绩不错,但只能解决表面问题,无法创造出伟大产品和模式。
>
> 扮演市场跟随者虽然能够减少短期产品失败的风险,但更大的风险在于组织失去了创新的动力和激情,创新人才也会随之流失,生存法则的基石就会被慢慢削弱。

在普拉特担任董事长兼 CEO 的六年多时间里,惠普未能创造出一种重要的新业务。更要命的是,为了追求利润增长,普拉特开始消减惠普实验室的研发资金:在普拉特掌舵之前,惠普在 1991 年的研发投入占营收比重为 10.1%,从 1992 年到 1998 年,惠普的研发投入支出不断下降,占营收比重从 9.9% 下降到 5.06%。1998 年惠普的营收达到 471 亿美元,相比 1997 年增长了 9.7%,但研发投入为 24 亿美元,相比 1997 年的 31 亿美元减少了 22.7%。没有了充足的长期研发投入,创新也就成了无源之水。而普尔特开的"坏头"在其后的 CEO 手上变本加厉。2005 年,在卡莉·菲奥莉娜离开惠普时,研发投入占营收比重是只有 4.03%。而几乎同一时期在郭士纳领导下的 IBM,研发投入占营收比基本保持在 6% 左右(1993—2002 年期间)。

在互联网的大变革时代，没有伟大创新，必将被潮流甩出中心之外，错失高质量创新的增长良机，生存也曾一度面临挑战，例如 2002 年亏损 10 亿美元，2012 年亏损 127 亿美元。坦率地说，普拉特是导致惠普从伟大走向平庸的关键人物之一。

有质量生存和战略增长的机会，来自长期视角、远见格局以及变革传统的创新能力。

随着时代变化，每位企业领导者所面对的外部形势、情境和问题都全然不同。21 世纪之前的企业领导者虽然也面临不断的变化，但变化速度要比现在慢得多，一套成功的商业模式可以持续有效很多年，"萧规曹随"、"小步改进"、谦逊坚定行之有效。

但在科技、社会、政治、不确定性加速变化的当下乃至未来世界里，对领导者远见的要求越来越高，商业模式和增长路径如果不能持续创新，甚至加速创新，很快就会过时，甚至被时代无情淘汰。

未来持续生存增长需要的不仅仅是遵照现有流程和规则、按部就班的经理人。即使是最高层次的第五级经理人，也难以带领企业在新环境下实现突破。这种能引领组织实现有质量生存和创新突破的更高层级领导者，我们可以将之称作第六级领导者。企业要想未来活得好，活得长，必须确保第六级领导者在正确的位置上。

基于对新旧翘楚企业的发展历史研究发现，作为第六级领导者，最关键的四个能力是：远见力、创新力、团结力和风控力。

这是将第六级领导者与第五级经理人有效区别的根本特征。

如果一把手没有远见力，就无法面对高度的不确定性、洞悉行业发展大势，难以看穿未来生存和增长的根本逻辑和发展规律，也就无从做出正确的战略判

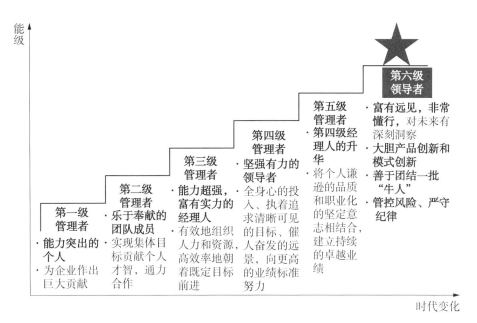

图 3.1 从第一级经理人到第六级领导者的发展示意图

断和决策。面对重重的险阻迷雾，一把手要沉得住气，有长远的眼光和魄力，用令人信服的良好心态带领公司走出迷茫和危机。

AI 技术对经济发展和人们生活的影响越来越大，产品生命周期加速缩短。一把手缺乏创新力，只能在原有路径上拼死努力，无法推动组织变革和公司进化，在快速变化的市场需求中不断退步，不要说增长，连生存都会举步维艰。

在远见力和创新力之外，第六级领导者还需要有团结力和风控力。

一个人的智慧和经验往往是有局限性的。一个领导者的成功表现不仅仅与个人才能相关，还与内外部关系网络相关。领导者构建"人际关系资本"的能力，是公司价值创造的关键来源之一。如果领导者不能团结比自己更优秀的人，就很难汇聚智慧、打开视野、消除个人盲点，变成一个人的"战斗"。

企业发展总有好时光和坏时光，"黑天鹅"和"灰犀牛"不断出现。如果领导者没有风控力，不能执行严格的财务纪律，很容易罔顾风险，放大杠杆，把企业带向崩盘。这也是前面所说企业生存的关键。

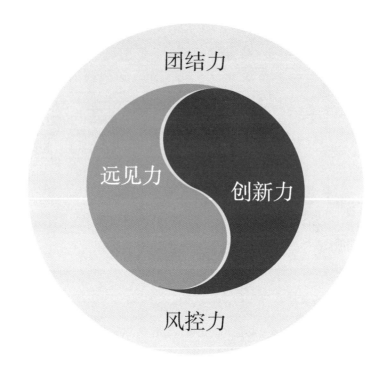

第六级领导者关键"四力"模型

图 3.2 第六级领导者的"四力"模型

总体而言，第六级领导者的"四力"和失败领导者"脱轨"特征具体描述如下：

#	关键词	第六级领导者四项能力	失败领导者"脱轨"特征
1	远见力	富有远见，非常懂行，在高度不确定性和复杂度的情境下，对行业未来发展大势和消费者需求变化有深刻洞察	缺乏长线眼光和行业洞察，看一年做一年，被短期利益和流行风向左右
2	创新力	对科技进步和公司进化充满热情，大胆推动产品创新和模式迭代创新	惯性发展，依赖原有做法和规则，没有跳出原有做法和模式，缺乏创新
3	团结力	善于团结一批"牛人"，兼听则明	唯我独尊，一个人的"战斗"
4	风控力	管控风险，严守纪律	罔顾风险，缺乏原则和纪律

为什么要称第六级领导者而不是第六级经理人呢？伟大的领导者和伟大的经理人是不同的。第五级经理人和第六级领导者看似只有一步之遥，实则相距不少。

经理人多为按部就班的培养和教育的产物，领导者不仅有学识，更需要有大格局、大见识、大胆识。经理人更看重达成董事会下达的绩效目标，为 KPI 而奋斗，关注短期战术而非长期成功，习惯按照以往成功路径应对变化。而第六级领导者要求能穿越不确定性，对行业趋势有深刻的洞察和明确的方向感，透过复杂问题看到本质，看重抓住未来的重大战略增长机会，应时而变，为公司长期成功而奋斗。

经理人更强调既定目标下的"管理-控制"模式，而领导者更强调用方向感和伟大目标来激发组织进步创新。更重要的是，领导者必须能同时在顺境和逆境中团结人才，既敢于下战略赌注，也能系好安全带，引领公司的持续突破增长。

下面我们就看看第六级领导者关键"四力"典范人物。

惊人远见塑造伟大企业

企业领导者起早贪黑、勤奋工作固然重要，但更重要的是善于思考与观察，提前认清形势，知道正确的方向。这要求一把手有一双敏锐发现机遇的眼睛，着力点放在对全局大方向和长远价值判断上。

远见力是一种极为稀缺的能力。要看领导者是否有远见力，不能只看领导者怎么说，更需要观察领导者的方向感以及对未来行业大势的研判。

有远见力的领导者需要有未来 10—20 年的预见性：不仅看到行业乐观的一面，也能看到重大风险的一面，预判公司未来"死亡"的可能原因及应对之策，先确保能活下来。

在此基础上，领导者还需清晰哪些是关键的持续突破增长驱动因素，聚焦核心、保持节奏，持续实现业务上的重大破局。

第六级领导者的"远见力"代表人物之一是亚马逊公司的创始人杰夫·贝佐斯。

自 1994 年创建亚马逊以来，贝佐斯一直担任该公司 CEO 职务，2021 年卸任 CEO。这 25 年里，他创造了一个增长奇迹。

1997 年，亚马逊成功上市，当时亚马逊营收仅为 1 亿多美元，只有 2022 年 5140 亿美元营收规模的万分之三，亏损则达到 3100 万美元。但这并不能阻挡贝佐斯对未来的推演和判断。

上市第一年，贝佐斯写了致股东的第一封信。即使在时隔 26 年之后，我们今天把这封信打开阅读，透过那一段段对互联网行业和亚马逊未来的描述，他 26 年前非同寻常的远见力仍令人极为震惊！

"1997 年，亚马逊经过了许多里程碑：到年底，我们为超过 150 万客户提供服务，收入增长 838%，达到 1.478 亿美元。尽管竞争激烈，但我们仍扩大了我们的市场领导地位。"

"如果我们执行得好，这对亚马逊来说，仅仅是互联网的第 1 天。如今，在线商务为客户节省了资金和宝贵的时间。明天，通过个性化服务，在线商务将加速发展。亚马逊利用互联网为客户创造真正的价值，希望通过这样做，即使在成熟大型市场中也能创造出持久的特许经营权。"

贝佐斯认为亚马逊面临一个巨大的机会之窗，就是互联网在线市场的急剧扩展。

"在线购买的新客户愿意接受形成新的关系……我们在目标市场中看到了大量机会。这种策略并非没有风险：它需要进行严谨的投资和清晰的执行。这是关乎长期的一切。"

在互联网刚刚起步，还不为大多数人所了解时，贝佐斯就已经深刻地洞察互联网市场的长久未来、竞争格局和关键成功因素。

更难得的是，贝佐斯没有盲目乐观，对互联网增长可能面临的风险和挑战保持高度警觉。他认为，实现亚马逊长期愿景面临的挑战和障碍有 4 个方面：

1. 外部积极、有能力、资金充足的竞争；

2. 重大的增长挑战和执行风险；

3. 产品和地域扩张带来的风险；

4. 需要大量持续投资，以满足不断扩大的市场机遇。

即使亚马逊在后期取得了竞争中的有利地位，保持了持续增长，成为互联网企业中的霸主，贝佐斯也没有陶醉于短期的成功："我们必须保持警惕和紧迫感。"

> 没有远见，企业就很难有长远的未来。有多大的远见，才能有多长远的未来。
>
> 亚马逊增长奇迹背后的秘密之一在于贝佐斯的远见。他不仅预见到了互联网梦幻般的未来，还对成功保持警惕和紧迫感，使得亚马逊在快速增长之后仍能保持强大动力和韧性。

从 1998 年到 2023 年，贝佐斯把 1997 年的第一封致股东信都附在亚马逊年报中，不忘初心，不断提醒自己。即使 2022 年由安迪·贾西接任亚马逊 CEO 后，这个优秀传统依旧保持。

贝佐斯对于未来的预判大多一一被证实。对于发展障碍的警惕，更使得亚马逊在经历规模快速增长之后，仍然保持明确的前进方向和强大的韧性。

还有一位具有非凡远见力的企业家代表，是华为创始人的任正非先生。

在他看来，企业要取得成功，有两个关键，首先方向要大致正确，另一个是保持组织活力。

大致正确的方向包括客户需求的方向感、未来技术创新的方向感。技术创新实际也是代表未来的客户需求变化趋势。方向感是基于未来公司定位，讨论产业发展方向，寻找战略机会点。绝对正确的方向是不存在的，只能不断调整修正。在数智化时代，赢家通吃的趋势非常明显。如果不能站在战略制高点上，生存和增长将会越来越被动。

远见不仅要预判发展有利因素，还需要对可能的风险和挑战有前瞻布局。

根据全球权威性的 IT 研究与顾问咨询公司高德纳（Gartner）的统计，华为在通信业最不景气的 2002 年，投入研发的资金占营收比重高达 17%。这一比例比诺基亚、阿尔卡特和思科还高。华为在研发和技术上的长远储备，为未来持续增长打下了坚实基础。

> 敏锐而大致正确的方向感是第一位的，本质上是远见，要对未来行业大势、消费者需求变化、技术走向、外部政治经济环境变化等方面有深刻见解。
>
> 只有领导者具备远见力，有明确的方向感，才能聚焦长期发展的主航道，避免机会主义，确保有质量的生存，实现持续战略增长。过于追求短期利益机会和风口，或许一时风光，最终难成大器。

同样在 2002 年，思科起诉华为侵权，这个事件催生了华为长期大"赌注"——芯片。2004 年，华为启动"备胎"计划，成立海思半导体，每年砸 4 亿美金，即使暂时用不上，也要持续做。2012 年，华为成立 2012 实验室，构建面向未来技术和研发能力的基石。

"我们的 2012 实验室，就是使用批判的武器，对自己、对今天、对明天批判，以及对批判的批判。他们不仅在研究适应颠覆性技术创新的道路,也在研究把今天技术延续性创新迎接明天的实现形式。在大数据流量上,我们要敢于抢占制高点。我们要创造出适应客户需求的高端产品;在中、低端产品上,硬件要达到德国、日本消费品那样永不维修的水平,软件版本要通过网络升级。高端产品,我们还达不到绝对的稳定,一定要加强服务来弥补。"任正非说。

危局,总是在没有任何预报的情况下到来。

2019年5月16日,美国将华为列入"实体清单",禁止华为在未经美国政府批准的情况下从美国企业获得元器件和相关技术。面对极限的生存挑战,华为长期投入的"备胎"一夜之内转正,确保公司大部分产品的战略安全和大部分产品的连续供应,避免灭顶之灾。

华为在战略领域投入上坚持长期主义,对利润率保持合理克制,重仓投资未来。从2011年开始,华为研发投入从占营收的8.9%,提升到2012年的11.6%。2018—2019年,华为的研发投入占营收比重达到14%—15%。2019年遭遇重大挑战之后,华为继续加强研发投入,2020年研发投入高达1418.9亿元人民币,占营收比重达到15.92%,2021年虽然营收下降,但研发投入不降,反而增长。2022年的研发投入达到历史高峰——1615亿元人民币。2023年的研发投入更创新高,达到1647亿元人民币,占营收比重达到23.4%。相比而言,同一时期IBM的研发投入为68亿美元,占营收比重为11%;惠普的研发投入为15.8亿美元,占营收比重为2.9%。

富有远见力、重仓投资未来,提前一步甚至两步,采用未雨绸缪的战略,让华为的突破增长受益匪浅。不仅帮助华为聚焦明晰的方向不断前进、成功实现了伟大腾飞;而且能在面临重大危机、发展受阻的情况下得到缓冲,免遭最沉重的打击和"死亡棋局"。

远见力来自深刻的历史感、对未来的好奇心和深入的独立思考。作为企业领导者,需要经常问自己:过往企业失败乃至死亡的教训在哪里?公司所在行业未来5年、10年之后演变进化大的发展规律是什么？最终会变成一个什么样的竞争格局？什么样的企业能生存发展得更好？面临哪些的增长障碍和风险？

在工业革命时代，采用后发先至的方式，也就是较晚进入市场的公司后来成为该市场的第一名或第二名，是有可能的。但在当下的数字化时代乃至未来AI时代的加速变化下，这种策略很难行得通，因为产品生命周期很短，消费者更追求创意和新鲜感，企业的先发优势变得格外重要！一味采取跟随策略反而会错失发展良机。领导者不能只看当下，还要"仰望星空"，对产业未来进行长远深入思考，提前布局，才可能占据领先位置。行业终局的远见，决定了公司长期生存和突破增长的未来。

勇于冒险，持续创新

我们生活在一个技术飞速变化、格局瞬息万变的时代。相比20多年前，技术创新的振荡波以更迅猛的速度传遍所有的产业。这对企业增长可能是建设性的，更可能是破坏性的。

一个能用几十年的经营策略已经成为历史，新科技很快变成老科技。一旦市场达到了饱和点，进一步增长的空间就很小。单纯降价对销售增长起到的作用越来越小，只会挤压公司利润，减少研发资金投入。

在商品供应趋于饱和的市场环境中，企业想要有质量的生存和增长，唯有在正确方向上的不断创新。

判断企业领导者是真创新还是喊口号，需要看其追求的增长是以规模为主的粗放增长，还是追求以创新为驱动、提升整体行业效率的高质量增长。

如果企业领导者不努力改变游戏规则，自我进化，只满足于做改善型的延续性创新，将很难推动企业的真正突破，生存空间将会被压缩得越来越小。

网飞的哈斯廷斯是持续"创新力"的领导者代表，他是工程师出身。1997年，哈斯廷斯与人共同创办了网飞公司，通过互联网提供电影 DVD 租赁服务。同大佬竞争，没有独门绝活根本无法生存，于是哈斯廷斯独创网飞的租赁模式——会员订阅制。会员订阅模式相比传统观念模式最大的差别在于"不收滞纳金"。滞纳金是传统录像带连锁商店巨头百视达的重要收入来源，也是消费者最不满意的痛点。网飞完全取消了这一点，跳出行业惯例，改变了行业的游戏规则，正中对手软肋，大批用户从百视达转投网飞。这个创新，是网飞改变整个行业、提高客户价值的最有力胜负手之一。

网飞在 2000 年营收仅仅只有 3500 万美元、亏损高达 5700 万美元，短短 6 年后迅猛增长到 9.97 亿美元、盈利 4900 万美元，不仅摆脱了生存危机，更新成了富有实力的行业黑马。

表面看，网飞是一个巨大的在线视频商店，但背后是科技创新的力量。网飞创建算法"大杀器"，尽量提高所获取每个客户的长期价值，同时设法降低其服务成本。

网飞的最高原则一直是让每部电影看起来都足够诱人。网飞影片推荐系统 Cinematch 算法充当向导，帮助订阅用户发现他们喜爱的电影，确保他们不断返回目录"寻宝"。这个推荐引擎非常强大，网飞甚至用来预测和控制其库存需求。

为了推动算法的极限，2006 年网飞发起了"超人总动员"大赛——举办百万奖金的科学竞赛，促成 Cinematch 的算法突破。这次大赛成就了一个颇为先进的推荐系统：能从用户行为线索中读取人们的观影喜好，也不再需要评分系统提供过多输入信息，代表着市场营销和技术创新的完美结合。这一全新推荐系统，成为网飞延伸到流媒体时代的核心竞争力——网飞比店员更知道顾客的喜好，更知道推荐什么给顾客。

在科技变化如此迅速剧烈的时代里，CEO 需要对科技进步和公司自我进化充满热情，跳出行业惯例，大胆进行产品创新和模式创新，才能获得生存空间、战胜强大竞争对手，实现自我跨越。

哈斯廷斯推动的下一个伟大创新是流媒体。

2007 年，网飞在线 DVD 邮寄业务如日中天，利润高达 6700 万美元。这一年，哈斯廷斯自我"淘汰"，投入巨资转型做流媒体业务（线上观影业务），而非像传统企业把"现金牛"产品最后的利润吃尽后，才推出下一代产品。

早在 2000 年，网飞的技术团队就研究如何通过互联网技术，让人们直接在线观看电影，实现更佳的用户体验。当时富有远见的哈斯廷斯做出一个非常大胆的假设：人们将来一定会摆脱 DVD 机的束缚，2013 年 DVD 业务可能达到极限点，然后下滑。如果网飞不转型，面临的很有可能就是增长第一曲线的迅速衰落。

现实中，DVD 租赁业务在 2010 年就达到了极限点，比哈斯廷斯的预言还提早了三年。如果哈斯廷斯不推动创新转型，而是吃老本，那结果不会比百视达好多少，可能都活不到现在。

2007 年到 2011 年，依靠创新的流媒体服务，网飞订户量从 600 万增长到 2300 万，增长率高达 283％。

就在流媒体业务处于最巅峰时，哈斯廷斯的创新并不止步，又做了一个令人震惊的决定：要当内容生产商！

2013 年，网飞首部自制剧《纸牌屋》横空出世，成为在美国及 40 多个国家最热门的在线剧集。2013 年当季新增超过 300 万会员，收入同比增加 18％，达到 10.2 亿美元。连美国总统奥巴马都是它的忠实粉丝。

《纸牌屋》的一炮而红，仅仅只是网飞的新起点。此后，网飞马不停蹄地推出了《怪奇物语》《马男波杰克》《黑镜》和《爱、死亡和机器人》等9分神剧！2021年最火的《鱿鱼游戏》也是出自网飞。众多原创优质内容帮助网飞获得源源不断的全球用户订阅量，实现了巨大的增长。这是哈斯廷斯不断推动创新，主动改变游戏规则，持续赋予网飞强大的生存增长动力的结果。

技术创新对科技企业护城河的破坏性，比对消费类企业的破坏性要大得多。企业领导者不能懈怠，必须时刻保持创新思维，推动创新，领先半步甚至一步，否则企业会很快被时代淘汰。企业领导者不应满足于改善性创新，同时关注颠覆性创新，不仅抓住行业创新的机遇，甚至抢在外部环境变化之前就对自己产品主动淘汰，实现企业不断自我再造和进化。

正如比尔·盖茨说过，"成功的大公司在别人淘汰自己的产品之前，已经自行淘汰了它们"。

未来10年乃至更长的时间，企业能否生存、能否持续突破增长还是倒退，更多地取决于与创新技术、创新商业模式和创新产品的紧密关系，更多取决于领导者的创新力。

团结的力量

"用师者王，用友者霸，用徒者亡"。善于团结顶尖人才，是第六级领导者的关键能力之三。

判断领导者能否团结人，只要看看他周围是什么样的人？他如何对待这些人？就可以知道答案。

如果领导者周围都是亲朋好友和听话的人，企业前途将是危险的。如果周围是一批专业领域上的高手和大拿，而且领导者虚心请教、汲取智慧，公司就有可能不断进化。

2005 年，罗伯特·艾格接替迈克尔·艾斯纳，成为迪士尼公司的掌舵者。

艾斯纳曾在迪士尼创造过一系列辉煌。但他独断专横、冷酷无情，要求下属绝对忠诚，一遭到伤害就耿耿于怀，甚至加以严厉的报复。对于数字化的趋势，他更没有放在心上，创新乏力。自 2000 年以来，迪士尼虽然规模巨大，但缺少伟大产品。市值比媒体股指数低 30%。2005 年迪士尼在"好莱坞六大"中的票房排名倒数第二。

更糟糕的是，艾斯纳与皮克斯的老板斯蒂夫·乔布斯关系很紧张，几乎彻底闹翻。乔布斯曾说："只要艾斯纳在位一天，就没有和迪士尼合作的可能性。"乔布斯所掌管的皮克斯，虽然规模不大，但拥有创新领先的动画技术。迪士尼叫座的动画几乎都是和皮克斯合作的。1999 年以后，与皮克斯合作电影创造的利润占迪士尼电影制作利润的一半。

与艾斯纳的傲慢自大不同，艾格非常和善、富有亲和力。更重要的是，他能主动团结一大批"牛人"，其中最核心的就是乔布斯。在得知自己将担任迪士尼 CEO 之时，艾格私底下给乔布斯打了一个电话："我很清楚两家公司之间的关系紧张，但是我想向你证明，以后不会这样。"

走马上任第二天，艾格当着全体董事会成员摆明意图："我们面临三个选择：一是保持现状，二是另请高明，三是收购皮克斯。"

几个月后，迪士尼宣布以 74 亿美元的价格收购皮克斯。

乔布斯提出一个条件：被收购后，皮克斯要保留现有的管理层和企业文化。艾格答应了这一要求，并撤销了与皮克斯形成竞争关系的"圈七动画"（circle 7）部门，保持皮克斯的独立性。

后来，艾格又拜访了漫威娱乐董事长艾萨克·珀尔马特。凭借老友乔布斯的推荐，2009 年迪士尼以 40 亿美元收购了漫威娱乐；随后艾格又与《星球大战》系列的创造者乔治·卢卡斯"牵手成功"，2012 年以 40 亿美元收购卢卡斯影业。

苹果公司CEO
斯蒂夫·乔布斯

Facebook COO
雪莉·桑德伯格

《星球大战》系列创造者
乔治·卢卡斯

重塑迪士尼辉煌的CEO
罗伯特·艾格

推特、Square联合创始人，
杰克·多西

图2.3　艾格与众多行业大牛建立亲密的"朋友圈"关系

艾格与行业高能级大牛建立紧密合作，将大批优秀的内容创作团队收入麾下，同时在董事会层面吸纳硅谷高端人才，包括 Facebook 公司首席运营官雪莉·桑德伯格，推特、Square 联合创始人杰克·多西。迪士尼的创新活力不断增强。随之而来的，就是迪士尼电影业持续的高歌猛进，影片票房不断创新高。甚至在个别年度中，迪士尼成为唯一全球票房收入突破 70 亿美元的电影公司。

与艾格有数十年交情的沃伦·巴菲特说，"他总是非常冷静、理智，而且通情达理，所以他善于借助其他人来完成工作。他在管理中不需要铁腕政策。"

"用师者王，用友者霸，用徒者亡"。

优秀的领导者不能光靠自己单干，而是主动连接和团结内外部各路"大牛"，善于借助他人来实现公司创新能力的提升，从而获得更大的生存空间和增长的跨越。

从 2005 年艾格开始接盘开始，迪士尼从 319 亿美元的营收、25 亿美元利润，增长到 2019 的营收 696 亿美元（增长 118%），116 亿美元利润（增长 364%）。2020 年 2 月，艾格卸任迪士尼 CEO，2021 年 12 月 31 日，他辞去董事长一职，与长达 47 年的迪士尼生涯挥手作别 *。在他担任 CEO 的 15 年里，迪士尼重新恢复了创新活力，也是迪士尼发展历史上最好的 15 年之一。

过去，通过增加销售或减少成本就能够让经理人完成任务，但在全球化、颠覆性创新越来越快的形势下，领导者需要对企业进行深度的创新变革和战略转型。个人总有自己的认知局限、能力短板和盲点，**领导者仅凭一己之力是实现不了转型变革**，需要寻找和团结具有深刻行业知识、丰富运营经验、创新精神的内外部顶级人才，形成互补，发挥出每一个高手的力量，才能推动突破性的持续增长。

＊注：艾格离开迪士尼 1 年后，面临新冠疫情的巨大冲击，迪士尼公司在 2022 年 11 月宣布，罗伯特·艾格将重新担任迪士尼 CEO，接替原 CEO 鲍勃·查佩克，任期 2 年。董事会授权艾格制定新的增长战略方向，并与董事会密切合作，在任期结束后物色一位继任者领导公司。2023 年 1 月，迪士尼董事会任命耐克公司执行董事长马克·帕克担任迪士尼董事长一职，与艾格紧密合作。

严控风险、守住底线

在企业生存增长过程中，任何重大决策都会存在一定的赌博成分，都要承担一定的风险。而正如前面第二章所说，能否精准预判重大风险并有效应对，决定了企业能否有质量地生存和发展。这要求领导者必须保持强烈的风险意识，居安思危，警觉到明天可能出现的不利因素，保持严格纪律，提前做好风险应对预案和必要的缓冲措施。

观察领导者是否有风控力,重点关注他能否预判和准确把握企业不同发展阶段的重大风险,是否有底线思维? 包括杠杆率控制在多少? 经营现金流如何保证? 所主导的重大投资与收购是否风险可控? 如果是只求拥有、不问价格的跨行业并购,需要特别当心。 相比常规企业运营,并购最考验领导者的风控力。

1990 年,劳伦斯·卡尔普从哈佛大学商学院毕业后,加入了丹纳赫,2000年 7 月至 2001 年 5 月担任首席运营官,在 2001 年 5 月被任命为 CEO。

卡尔普刚接手时,丹纳赫还是一个以制造业为主的企业。下属业务包括 2大业务:流程与环境控制业务板块、工具与零件业务板块。科技含量低,利润率也低,销售净利率只有 7.9%。

当13 年之后、2014 年卡尔普离任 CEO 时,丹纳赫变成了 5 大业务板块:测试与测量业务平台、环境业务平台、生命科学与诊断业务平台、牙科业务平台、工业技术平台。业务更加多元,科技含量更高,更有竞争力,销售净利润率提升到 14%,几乎增加了一倍。

卡尔普透露了丹纳赫的高质量增长秘诀——"我们始终是聪明和有纪律的资本分配者,着眼于长期创造价值。"他不追求一次性激动人心的大型并购,在财务上保持严格的投资纪律。"我们的方法始终具有战略性和财务纪律性,着眼于建立具有真正竞争优势的强大长期特许经营权。这就是我们打算在未来几十年继续创造股东价值的方式。"

从丹纳赫的资产负债率来看,一直保持非常稳健的状态。在持续对外并购之时,丹纳赫的资产负债率没有突破 55%,保持在安全底线之上,更难得的是,后期的资产负债率还稳定下降,避免因为并购而背上沉重债务负担,这给丹纳赫提供了良好的生存空间和发展潜力。

反观通用电气和惠普公司的资产负债率,则一直处在非常高的水平。

图 2.4　丹纳赫与通用电气和惠普资产负债率比较(2000—2014 年)

通用电气的高资产负债率,一部分原因在于高杠杆的金融业务占比较高,这既是通用电气前期利润不断增长的"蜜糖",也是导致后期不断衰落甚至遭遇生存危机的"砒霜"。惠普的资产负债率也呈现不断上升的态势。2011 年仅仅利息支出就是 6.95 亿美元,占到当年净利润 10%,后续一次失败的重大并购也让惠普直接陷入巨额亏损境地(详见后续第七章内容)。

丹纳赫在投资方面保持严格的纪律。巴菲特曾说过一句格言,"永远不要为自己喜欢的东西付出过高的价格"。卡尔普也是如此:严格自控,以合理的价格来收购公司。

2004 年 5 月,丹纳赫以大约 3.5 亿欧元(约合 4.12 亿美元)的现金收购了卡瓦(KaVo)公司的所有流通股。卡瓦公司总部位于德国,是牙科设备设计、制造和销售的全球领导者,2003 年的营收约为 4.5 亿美元,丹纳赫相当于以 1 倍市销率左右的价格来收购流通股,属于相当便宜的价格。

通过高度的风险意识、严守投资纪律,卡尔普带领丹纳赫越过了一个个"发展"陷阱,实现了有质量的生存和高质量的战略增长。

2001 年到 2014 年,在卡尔普担任 CEO 的 14 年里,丹纳赫从 2005 年 37.8

亿美元的营收,2.98 亿美元的净利润,5.2 亿美元的自由现金流,增长到 2014 年 199 亿美元的营收(增长 4.26 倍),26 亿美元的净利润(增长 7.72 倍),31.6 亿美元的自由现金流(增长 5.03 倍)。他为丹纳赫的神奇增长奠定了坚实的基础。离开丹纳赫之后,卡尔普在 2019 年当选为通用电气 CEO,开始了他的新征程。

> 在不确定性越来越高、"黑天鹅""灰犀牛"越来越多的市场环境下,风控力比以往任何时刻都要重要,也是一个优秀企业领导者必备的关键能力。一不小心,就会很容易陷入增长的"大坑"中而不能自拔,可能毁了公司的增长前途,甚至推向生存绝境。

选择未来领导者,关键在于标准而非来源

柯林斯强调高瞻远瞩公司为了获得变革和新构想,绝对不需要聘请外人担任最高管理层的职务。他举了很多例子,包括通用电气、摩托罗拉、宝洁、波音、惠普等公司,但经过事实和历史的检验,这个观点确有偏颇之处。虽然柯林斯对 IBM 请来外部人郭士纳担任一把手表达了担忧,但郭士纳最终使得 IBM 恢复了活力,摆脱了发展危机。

客观而言,企业内外部领导者各有其优势和劣势。

自家成长的领导者,优势在于更能传承文化价值观,更熟悉公司内部运营和人员状况,但容易陷入对原有成功路径的依赖,掉入惯性发展的陷阱中,很难应时而变,给企业带来真正的变革创新。

外部进入的领导者,优势在于能带来外部视角和新方法、新模式,但由于对公司内部和行业情况了解不足,一方面适应时间长,另一方面容易将自己之前

被验证成功的模式套用到新企业中,正如查理·芒格所说,"当你手上有一把锤子,你看啥都像钉子",拿着一个锤子到处钉钉子,这样获得的结果也许与期望南辕北辙。

从过往新旧翘楚公司兴衰成败来看,选择正确的未来领导者,重要的不在于候选人的来源(内部选拔,还是外部空降),关键在于选择未来领导者的标准是什么? 选的是什么样的人?

选择接班人需要以公司未来发展为导向,而不是找现有 CEO 的克隆人,需要看 5—10 年后世界将会如何变化,未来的接班人能否有远见力、创新力、团结力和风控力? 能否适应新的局势? 如果接班人过分依赖经验和惯性,只会止步不前。只有当接班人具备第六级领导者的 4 个关键能力,才有可能在未来实现有质量的生存和突破增长,将企业带向新的高度。

通用电气:找到适应未来局势的人

1980 年,当雷吉·琼斯决定选择杰克·韦尔奇为接班人时,他或许不曾想到,面前这位 44 岁的急躁、鲁莽的年轻人,作为通用电气历史上最年轻的董事长兼 CEO,会将通用电气的市值从 130 亿美元带到巅峰时期的 6000 亿美元,成为当时美国市值最高的公司。

作为通用电气的第七任总裁,琼斯之所以选择韦尔奇,是因为他坚信"挑选继承人的首要原则是,千万不要寻找和你一样的人"。更重要在于,他在 1982 年哈佛商学院授课时讲述了他的用人之道。"另一条是,你最好留心观察一下将来的局势……(并且)找出能够适应那个环境的人,而不是让继承人适应你所处的环境。"

选择韦尔奇,被证明是琼斯最英明的决定之一。韦尔奇掌舵通用电气 20 年,将这个曾弥漫官僚主义气息的公司,打造成为一个富有生机的超级巨头。

然而,"全球第一 CEO"韦尔奇自己却选错了接班人——杰夫·伊梅尔特。

虽然他煞费苦心，设计了一系列接班人 PK 制度，但最终确定的接班人却让通用电气拐进了下坡路。

伊梅尔特并非那个能适应未来局势的人。

与韦尔奇走遍工厂车间、曾成功推动新材料替代金属的创新革命不同，伊梅尔特的能力经验重点在于推销能力。他早期担任通用电气塑料业务的区域销售经理。他充满热情，善于营销，而非创新。在他担任通用电气医疗集团 CEO 近三年时间里，业务营收从 42 亿美元升至 60 亿美元，部分原因是由伊梅尔特收购的小公司驱动的。

互联网热潮也助了伊梅尔特一臂之力。伊梅尔特的相对年轻似乎对领导通用电气进入商业新世界更为重要。伊梅尔特担任 CEO 时只有 44 岁，与韦尔奇被任命为 CEO 时的年龄相近。

但令韦尔奇看走眼的是，伊梅尔特没有太多远见，也没有根据时局变化而做出真正的重大创新和变革进化，更多是继承老套路，醉心于短期利润的增长和业务交易买卖。更糟的是，他还把韦尔奇一些好的管理理念抛弃了，强调奖优罚劣的"活力曲线"便是其中之一。

2000 年伊梅尔特担任掌舵者后，通用电气的管理风格逐渐发生变化。

在杰克·韦尔奇时代，不是 Jack Way（杰克的方式），就是 go away（走人）。伊梅尔特传承了韦尔奇的全球化和六西格玛，继续着多元化业务模式，还强调多元化之下的包容，允许各种行事风格，一方面给了全球各公司更大的自由决策空间，但另一方面缺少"活力曲线"的压力，"寒气"无法有效传递到每个层面，导致公司逐渐失去了锐气。

2000 年到 2012 年，通用电气既没有发生根本性的创新变化，也没有推出真正伟大的创新产品，更多依赖原有的多元化业务模式维持发展。曾经提出的创新口号最终都飘散在空中。即使勉强度过了 2008 年金融危机，但外部对于通用电气金融业务的担忧有增无减。

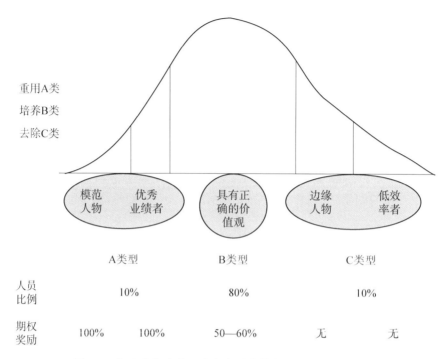

重用A类
培养B类
去除C类

	A类型	B类型	C类型
	模范人物　优秀业绩者	具有正确的价值观	边缘人物　低效率者
人员比例	10%	80%	10%
期权奖励	100%　100%	50—60%　无	无

图 3.4　通用电气杰克·韦尔奇时代著名的"活力曲线"理论

2012 年伊梅尔特提出工业互联网的新概念,但这种转型不是充分布局、主动创新之举,而是因为通用电气金融业务日渐式微,急需找到新的增长点或者他喜欢说的"添加剂",追求当时的市场趋势和流行语,让华尔街增强信心。

另外,伊梅尔特身上还有一个很要命的问题,就是骄傲自大、喜欢自我满足。他不像韦尔奇那样严厉,更多是过度乐观,有着"报喜不报忧"的行事风格。但这往往是失败的前奏。

缺乏远见和危机意识的乐观是非常要命的,容易导致糟糕的决策。

他在 2013 年的 CEO 信中,对通用电气的优势和竞争力进行了浓墨重彩的描述:

"通用电气在一个多世纪以来保持竞争力。不是因为我们是完美的,而是因为我们取得了进步。进步是关于变得更好、成为更好、做得更好,这就是通用电气人们每天奋斗的原因。我们是以任务为基础的。通用电气技术和人员移动，能源，建造和治愈世界。

我们是世界上最具竞争力的基础设施公司……我们在引领先进制造方面具有独特的优势，因为我们在每一步都是技术领导者。我们正在投资赢得胜利。"

伊梅尔特勉强承认曾犯过一些错误，但他转口说道，"通用电气最大的风险是抓住市场机会的能力、阻碍现实的层面以及不具备个人责任感的领导者。"

字里行间，看不到的是伊梅尔特对未来的洞察远见，看不到对现有业务问题的深刻反思和风险意识，反而更多是自我标榜，对于"错误和风险"，轻轻一笔带过。

伊梅尔特寄予厚望的工业互联网最终并未成功，即使他找来了思科的高管担任负责人，但他本人对此知之甚少，对发展前景过于乐观估计，他的优势也并非推动创新，这个新概念最终并未能挽救通用电气下滑的命运。

> 即使是来自公司内部，即使有再好的继任者计划，如果接班人只会继承原有的业务模式，未能洞察未来大势变化、不能根据外部环境变化做出真正的重大创新，最终必将让公司走向下滑。

2015 年后，通用电气业绩急剧转向，伊梅尔特号称的巨大优势在糟糕业绩前显得苍白无力。2017 年 8 月，百年来几乎从不干预管理层的通用电气董事会强行"逼宫"，伊梅尔特被迫辞职。

伊梅尔特被赶下台后，通用电气这所"全球 CEO 西点军校"，突然变得没有章法。被紧急扶上台的约翰·弗兰纳里仅仅当了 14 个月 CEO，又被"下课"。接任者劳伦斯·卡尔普（曾任丹纳赫公司 CEO），史无前例地来自通用电气外部。

通用电气 CEO 一直由内部人继承的历史就这样被打断了。在选择接班人上面，通用电气的流程制度堪称完美，但接班人标准上，韦尔奇犯了一个严重的错误，他只遵循了前任雷吉·琼斯说的前半句话——"千万不要寻找和你一样的人"，但却忽略了最重要的那条——"适应将来局势的人"。

正确的人才标准以及决策是决定组织能否持续生存和增长的关键因素，甚至是最关键因素。企业失败的主要原因之一就是最高层的人才决策失误，将不合适的人安排在关键岗位上。

韦尔奇选人的标准强调 4E1P，即 Energize（激励别人的能力）、Execute（执行力）、Energy（活力）和 Edge（决断力）以及 Passion（热情）。

在这个 4E1P 模式中，看不到对企业接班人远见力、创新力和风控力的要求，激励别人的能力与团结力有点相似。接班人没有远见力和创新力，如何能适应将来局势？接班人没有风控力，如果能未雨绸缪，应对危机？其他方面做得再好，接班人的方向选择错了，再有激励能力、执行力、活力、决断力和热情，可能就是在错误的方向越走越远，最多只能随波逐流，蒙眼前行，带领企业走向平庸，甚至是绝境。

摩托罗拉：任人唯亲的家族继承人

在现代现实世界里，家族企业的内部传承同样不顺利，特别是在变化剧烈的科技行业中。东方有古语：富不过三代。西方的古老民谣则说，第一代人打好根基，第二代人享受富裕，第三代人败得精光。

摩托罗拉的家族传承曾被认为是内部人员成长、保持公司核心理念的典范，但三代之后，也未能逃脱"富不过三代"的格言。

在正式传位给第二代鲍勃·盖尔文之前，摩托罗拉第一代创始人保罗·盖尔文多年前就开始培养他。在保罗去世前 3 年，鲍勃和父亲共同执掌总裁的职务。

1959 年，鲍勃在父亲去世后，就开始思考下一代继承人的规划。他抛弃了 CEO 限于一人的传统观念，主张由几名成员组成"CEO 办公室"，任何时候，这个办公室都由几名（通常是 3 名）成员组成，而不是只有一位领袖。鲍勃这样做，原因之一是确保公司在任何时候都能安排妥当的人才承接领导责任。

在家族第三代克里斯托弗·盖尔文在 1997 年担当摩托罗拉 CEO 之前，鲍勃已精心铺好路。

大学一毕业即加入摩托罗拉的克里斯托弗，对外部行业大势没有深刻的洞察和远见，更多听从老爸指挥、局限于原有发展模式中，也未能取得重大创新突破。而且克里斯托弗还跟随其父亲的脚步，认为铱星业务将创造新的行业和细分市场，未能看到其中巨大的风险，导致 1998 年摩托罗拉亏损 9.62 亿美元。

尽管克里斯托弗在上任后第一年出师不利，未能交出好的成绩单，但摩托罗拉董事会并没有任人唯贤，而是任人唯亲。1999 年 2 月，摩托罗拉董事会选举他为董事长兼任 CEO。

担任董事长后，克里斯托弗号称要对摩托罗拉进行改革。但可惜的是，志大才疏，缺乏远见力和创新力。但他很善于自我标榜，在 1999 年致股东的信中写道，

"我们在短短两年内创造了一个更好、更强大的摩托罗拉——更以市场和客户为导向、更积极、更整合。我们战略性地专注于以旨在为我们的客户和股东创造巨大价值的方式利用无线、宽带和互联网的力量。"

事实上，摩托罗拉并不像他说得那么好。2000 年，摩托罗拉迷失了方向，不合时宜地追逐互联网和电信繁荣。2001 年，互联网泡沫破灭、美国经济衰退、911 恐怖袭击事件、3G 无线技术部署延迟、大客户违约、严重的半导体行业衰退让摩托罗拉受到一系列重击：销售额从 2000 年的 376 亿美元下降到 2001 年的 300 亿美元，净亏损 39 亿美元。

面对危机，克里斯托弗还是继续在老套路上努力，打算通过频繁推出新产

品，抓住新市场机会，增加市场份额。2002 年，尽管他大举"换血"，引入新总裁、新首席财务官，但无法从根本上扭转颓势。

2003 年是摩托罗拉成立的 75 周年。由于业绩一直得不到扭转，董事会终于抛弃了克里斯托弗，引入了外部新人担任董事长兼 CEO，盖尔文家族对摩托罗拉管理三代而衰，无奈落幕。

家族传承的内部继任者制度很难做到任人唯贤，更有可能任人唯亲。即使家族继承人业绩不好，还是会被选为董事长兼 CEO。

如果家族继承人能力不足，缺乏远见力、创新力、团结力和风控力，不能跳出原有增长路径，即使有再好的内部发展制度，一样会把伟大的企业带到"坑"里去。

微软：远见和创新是第六级领导者最核心的能力

在新兴翘楚公司中，并不缺少内部成长的优秀典范，微软的萨提亚·纳德拉就是其中非常突出的一位。

微软曾被消费者认为一家有远见的公司，但在后面几年，苹果抢占了消费者的欢心。直到 2014 年，纳德拉被任命为微软 CEO，微软在消费者心目中的创新者地位才得以慢慢恢复。

比尔·盖茨聪慧而有远见，创新力也极强。但他选的第一代接班人鲍尔默并不理想。从鲍尔默开始接手起，微软的业绩便开始变得平庸。在其担任微软 CEO 期间，最失败的举动之一就是收购了诺基亚公司。

2014 年 2 月 4 日，微软宣布，比尔·盖茨不再担任微软董事长，新职位为技术顾问，鲍尔默辞任 CEO，由纳德拉担任下任 CEO。喧嚣已久的微软 CEO 选择尘埃落定，这个消息让市场略有惊讶：纳德拉是哪路大神？

带领微软走出"新路"，是纳德拉被赋予的使命。

那时纳德拉已在微软工作 24 载。在 1992 年加入微软之前，纳德拉曾在太阳微系统公司任职。这给了纳德拉更多的外部视角。纳德拉帮助微软在创新业务——云计算业务上取得重大突破，也与这第一份工作有关，太阳微系统公司是云业务理念的早期拥护者，纳德拉不仅是该公司的元老，而且是整个云计算行业的元老级人物。

加入微软以来，纳德拉主导了涵盖公司主要产品和服务的重要战略和技术转型，其中最引人注目的是微软迈向云计算的战略转型，以及建立起世界上规模最大的云基础架构。他所负责的业务单元是整个公司业绩最好的部门之一。

纳德拉自己也是微软多项重要创新技术的开发者之一，包括数据库、Windows 服务器和开发者工具。他所负责的微软 Azure 云服务在业内很受推崇，被称为亚马逊云服务有力竞争者。

微软董事会认为，纳德拉更熟悉微软内部的复杂环境，"知道微软的家底内幕"，比"空降兵"更快地推动新产品和业务发展。鲍尔默常被指为对新趋势反应迟钝，而纳德拉一直致力创新进化，他注意到企业有鼓励员工自带设备的趋势，向鲍尔默指出微软有必要发展云服务。

在纳德拉的推动下，微软 AZURE 打破微软传统，加大对开源数据的支持。

"在公司转型期间，萨提亚·纳德拉是带领公司前进的最佳人选，"盖茨表示，纳德拉拥有清晰的商业远见、有目共睹的核心工程技能和创新能力、超强团结凝聚力；他对科技如何在全球的应用和体验上很有洞察，这正是微软未来扩展产品创新和成长所需要的。

在董事会公开文件中，微软透露选择纳德拉担任 CEO 的主要原因：

"纳德拉是一位经过验证的领导者，拥有高超的工程技能、商业愿景和将人们聚集在一起的能力。他对我们如何在全球范围内使用和体验技术的理解，将在我们下一章的创新和发展中为我们提供良好的服务。"

"纳德拉先生与微软长达数十年的历史使他深入了解我们的文化，运营和战略方向。他领导了公司产品和服务的主要战略和技术转变，最显著的是我们迁移到云，并开发了支持 Bing，Xbox，Office 365 和其他服务的全球最大云基础架构之一。这种经验对公司目前的战略方向至关重要。他管理的业务集团实现了强劲、持续的增长，超越了市场并从竞争对手那里获得了份额，展示了他将愿景转化为业务成果的能力。"

从微软董事会的这份声明中可以看出，选择纳德拉多主要原因除了他实现持续增长的能力和熟悉微软的文化、运营和战略方向之外，还有关键 4 点是：

1. 远见：富有远见，创建商业愿景，并能在微软未来的创新和发展中提供价值；

2. 创新：推动业务创新、战略实施和变革的成功经验；

3. 懂行：丰富的技术背景，拥有高超的工程技能，在全球范围内有使用和体验技术的理解；

4. 团结：能把优秀人才聚集在一起的能力；

从内部选拔的未来领导者，必须具备第六级领导者的主要特征，其中最重要的是 2 个关键能力：远见力和创新力，敢于着眼未来，打破惯性思维，推动商业模式创新和业务创新。而且远见力和创新力必须经过结果验证的。

> 第六级领导者的 4 个关键能力中，远见力和创新力是更决定性的，很难通过制度机制来弥补，也是非常难得的特质。团结力和风控力可以通过机制来弥补。

否则即使有最好的继任者发展规划，如果接班人没有远见力和创新力，无法在原有的增长模式上取得突破，也很难实现公司价值的持续增长。

盖茨看人的眼光很准，纳德拉担任 CEO 后开始了一系列创新转型之旅：就任 CEO 的几十天里，纳德拉出席发布会，推出了针对 iPad 平台的 Office 软件套装。不久，微软宣布将不再对智能手机和小尺寸平板电脑收取软件授权费用。此举虽然可能不会带来巨大收益,但意味着微软开始转型。纳德拉为企业用户推出了管理员工移动设备的企业文件应用,无论他们使用的是微软设备还是竞争对手设备,均可以接入这一服务。2016 年,微软收购了领英,这是一个实现增长的"神来之笔"。

纳德拉深刻意识到微软必须加快发展节奏、加速创新和产品开发周期。另外,纳德拉也强调必须打破微软内部的各自为政,通过集体合作开发出优秀的产品。

后面微软一系列的业绩表现,充分证明了董事会对纳德拉选择的正确性。从 2014 年起,微软开始实现巨大的发展和跨越。

更难能可贵的是,纳德拉走在了人工智能领域的前沿位置,带领微软对硅谷创新巨头——谷歌发起了挑战。2019 年,在纳德拉的远见下,微软向人工智能公司 OpenAI 投资了 10 亿美元,为其旗下产品的模型训练提供了全方位的云服务支持。2021 年微软对 OpenAI 进行了第二次投资。2022 年 11 月,OpenAI 推出的 ChatGPT 横空出世,一经发布便火爆出圈,仅第一周就吸引了超 100 万用户,打破了人们对于 AI 现有能力想象的边界。2023 年微软继续投下重注,宣布向 OpenAI 追加投资数十亿美元,并计划将包括 ChatGPT 等人工智能工具整合进微软旗下的所有产品中,占据了未来突破增长的战略先机。

"领导者要有能在任何情况下,将一切问题变得清晰明了的能力。你细想一下,当今世界纷繁复杂,未来只会更复杂。组织变革也是,领导者要能在模棱两可的不确定中,给出清晰的思路。"

纳德拉自己在谈到强大的领导者特征时,认为最重要的第一点就是在混乱中给出清晰的思路。这背后的本质就是领导者的远见力。

对于未来的接班人队伍,不能固守于只有内部人才能保持公司的核心、促进公司进化的观点,而要耐心观察他们身上是否具有第六级领导者的关键四力，特别是远见力和创新力。

企业的未来接班人不仅要有从 1 到 N 的能力，还需要从 0 到 1 的操盘能力。如果接班人不能推动颠覆式创新，在原有的业务中发展出创新的战略增长业务，那公司一定无法实现真正的突破，甚至未来的生存空间都将失去。

一个很有意思的发现在于：不少内部提拔并成功实现公司持续生存增长的 CEO，并非大学毕业后就进入这家公司，而是早期有过一段其他公司的背景经历，这样能拥有更多的外部视角，发现企业现有模式的核心问题和瓶颈。在接任 CEO 之后，并非简单延续之前发展路径，而是像一位外部人士那样去激进变革，走出惯性，促使企业恢复活力，直至走向新的战略增长旅程。企业在挑选内部接班人的时候，要重点考虑有外部视角的内部第六级领导者。

在挑选外部接班人的时候，企业则需考虑有公司内部视角的外部第六级领导者。IBM 的郭士纳之所以能够在 IBM 变革成功，还有两个秘密成功因素：他的兄长迪克在 IBM 内工作二十多年，担任高级管理职位，从而郭士纳能获得更多的公司内部信息，同时，他之前担任 CEO 的运通公司是 IBM 二十多年的老客户，能够从客户价值角度思考 IBM 未来变革的方向。

如何更精准判断领导者和接班人？

人才决策对于组织至关重要，对组织的生存和持续增长而言，最终的成败仍然取决于人。**选对领导者是企业最困难和复杂的人才决策。**

拉姆·查兰指出，企业绩效的 60% 取决于 CEO 是否胜任，以及 CEO 接班人计划是否安排妥当。

企业经营是残酷的商业竞争。今天的胜者，不一定是明天的赢家。企业领导者和接班人的选择是一场冒险，必须把握关键特征，从而能更容易、更精准地做出权衡和取舍。

关于CEO的标准和特质,市场上有很多说法,考查指标包括价值观、智商、情商、潜力、经验、过往绩效等;各种能力素质模型纷繁复杂、眼花缭乱。但其中很多都是前提条件,并非决定性因素,例如价值观、智商、行业经验、过往成功等。全能超人其实不存在,通过聚焦抓住人才的主流优势,专注于帮助企业未来长期生存和成功的关键特征上,更有利于做出正确的人才决策。

在当前乃至未来的时代,企业持续生存和突破增长需要更多的第六级领导者,而非运营管理者或行政管理者。那么,如何精准判断领导者以及接班人是否具有第六级领导者的关键"四力"呢?可通过以下行为来判断:

1. 远见力:

- 能深入独立长期思考,敏锐感知和洞察消费者需求和市场变化,人口趋势和政策变化、科技创新、各类周期(经济周期、政府调节逆周期、市场周期、信贷周期等)变化、外部政治环境等各种变化带来的重大影响,透过现象看本质,抓主要矛盾;

- 追踪行业发展趋势,在高度不确定性和加速变化的环境下,清晰行业增长的底层逻辑,对过往商业成败教训有深刻的理解,预判未来5—10年的行业演变规律和大格局,善于发现重大的战略机会点,设定鼓舞人心的长期愿景,设计清晰的组织成长路径,并能简明总结和清晰表达,在组织内部达成共识;

- 在交付短期业绩的同时,战略重仓投资未来,未雨绸缪、提前排兵布阵;

- 长期专注做"难而正确的事";设定自己的管理原则和优先顺序,在深思熟虑的基础上敢于拍板决断。

2. 创新力:

- 不满足现状,具有主动变革创新甚至加速创新的勇气,敢于打破行业传统思维和公司惯性,营造内部创新进化的组织氛围,鼓励不断改进、试验和创新；

- 心态开放，对新模式、新技术、新产品等有好奇心，愿意尝试新事物，发掘新想法，提出新思路，不畏惧不确定性和复杂性；

- 以顾客价值和体验为中心，持续发展出创新的商业模式、创新业务和创新产品，推动实现商业化成功和战略转型。

3. 团结力：

- 主动建立外部人脉网络，团结一切可以团结的行业顶尖优秀人才和重要利益相关者，寻找与大牛"喝咖啡"的学习交流机会；乐于与顾客成为伙伴，建立长期信任；

- 建立自己的"智囊团"，倾听不同意见，消除决策盲点；

- 创造内部能量场，凝聚内部人才，坦诚交流、用人所长、在正确的方向上求同存异，形成紧密协作、不同背景的领导班子。

4. 风控力：

- 对重大风险保持高度警惕，拒绝过度乐观，警觉未来可能出现的不利因素，提前思考可能失败的各种情形，具备底线思维；

- 稳健经营，将债务杠杆和经营杠杆控制在合理水平，追求有质量的内生增长；

- 保持严格的投资纪律和能力圈，不依赖于疯狂的收购和激进的规模扩张实现增长。

未来企业的持续生存和增长难度越来越大，领导者一方面要管理现在，另一方面更需要预判将来、突破创新、汇聚人才、把控风险。

远见力、创新力、团结力、风控力四个关键能力将必不可少，并要持续打造和磨砺。缺失具备关键"四力"的领导者，对企业发展将是非常致命的。掌握了清晰的关键"四力"细化标准，有助于判断领导人及现有接班人是否是第六级领导者,或者发现身上的不足之处,有针对性地采取相应人才发展策略、推动正确精准的人才决策,打造出更多的第六级领导者梯队。

思考与启示

时代变化,对企业领导者的要求也在应时而变。

我们不仅处于高度不稳定性、不确定性、复杂性、模糊性的乌卡(VUCA)时代,随着地缘政治复杂化、全球经济增长减速甚至衰退,我们也面临着巴尼时代(BANI,Brittleness 脆弱性、Anxiety 焦虑感、Non-Linear 非线性、Incomprehensibility 不可理解)的脆弱和焦虑。未来的 10 年、20 年、30 年的变化可能比现在更复杂、更加剧烈和颠覆性。

工作环境越复杂,优秀领导者和一般领导者之间的差异就越大。

组织如果任命平庸的领导者,绩效通常会受到很大伤害。

即使是曾经的六级领导者,如果因为长期成功而不能保持进步,失去了远见力、创新力、团结力、风控力中的一种或者几种,或者选择接班人上没有按照六级领导者特征遴选,也会遭遇失败。优秀如韦尔奇,在选择人上也会看走眼。

同一个企业里,CEO 的远见力,对企业的未来生存和增长将起到决定生死的影响。

柯林斯曾提到达尔文·史密斯,将之视为第五级经理人中的成功典型:

1971 年,史密斯当上了金佰利-克拉克公司的 CEO。在此前的 20 年中,这家墨守成规的纸品公司股票已跌至低于市场 36％的水平。但在史密斯担任CEO 的 20 年间,这家公司发生了令人震惊的转变,变成世界一流的纸制品生产公司。在史密斯的任期内,金佰利的累计股票收益率是市场平均的 4.1 倍,一举击败其竞争对手斯科特公司和宝洁公司。

在柯林斯看来，史密斯的身上混合了极端谦逊的性格和强烈的专业意志这两种素质。

其实，在史密斯身上，最重要的特质不是谦逊和专业意志，而是对行业的远见和洞察。

史密斯在担任 CEO 后不久，他和他的研究小组得出结论：公司传统的核心业务——铜版纸，注定会走向平庸，因为这一行业经济不景气，竞争也不激烈。但他们认为，如果金佰利-克拉克投身到纸制消费品这一行中来，世界级的竞争对手如宝洁会迫使金佰利-克拉克要么走向辉煌，要么走向毁灭。

基于远见力，史密斯做了该公司历史上一个最不寻常的决定：卖掉所有的造纸厂。所有的工厂卖掉之后所有的收益全部注入纸制消费品行业，投资到像好奇（Huggies）和舒洁（Kleenex）这样的品牌中来。尽管当初商业媒体称这一举措愚蠢至极，但史密斯对他的判断坚定不移，坚持在纸制消费品行业持续深耕。25 年后，金佰利在 8 个产品系列中有 6 个超越了宝洁公司。

如果史密斯没有远见力，将不可能有后面正确的战略选择和伟大的战略转型，金佰利也就不会有后面的跨越。再多的谦虚特质和专业意志，可能都会贡献甚微。

未来 10—20 年，由于基数巨大，中国 GDP 增长速度将放缓，中国企业粗放式增长越来越难以持续，生存和增长的挑战可能比以往复杂和困难很多。活着不容易，倒下很简单；赚钱不容易，亏钱很简单。中国企业将被迫学习许多新招数：增效降本、推动创新、加持 AI、提高利润率和生产率、提高自由现金流。

因而对于中国企业的持续生存和突破增长，能否拥有第六级领导者显得特别重要。

"从性格方面来说，我不是那种特别外向的人，所以这并不是成为一个好CEO 的必要条件。但**我**有一个特点，就是能够大概地预见未来，能够看清尚不明朗的情况，并且我认为，CEO 和领导者们，要能够适应不确定性。不确定性指的就是，在展望未来时，并没有一个清晰的结果。有人很讨厌这种不确定性……我想，能够适应不确定性是很重要的，所有成功的 CEO 都能够适应不确定性，我也很能适应不确定性"，带领英伟达成长为 AI 时代领先者的黄仁勋说道。

优秀的第六级领导者能够适应不确定性，洞察未来大势变化，确保方向大致正确，制定正确的持续增长战略，建立具有持久生命力的规则，塑造优秀的企业文化。

市场正在并将持续奖励富有远见力、敢于长期投入的领导者，惩罚目光短视、追逐短期利益的投机者。

在了解第六级领导者的"四力"特征之后，我们要更精准识别出优秀的领导者和潜在接班人梯队，更有针对性地培养和发展关键能力，降低高管人才决策的错误概率，推动企业的持续健康生存和增长。对于曾经的第六级领导者，也需要跟进审视，看其能否持续保持"四力"，不断与时俱进和进化。

第四章 坚守正确的根本原则

"万物之始,大道至简,衍化至繁。"

——《道德经》

2018 年 10 月,印尼狮航的一架波音 737MAX 飞机在印度尼西亚海岸坠毁。

2019 年 3 月,埃塞俄比亚航空的一架波音 737 MAX 客机又发生坠机。

短短半年内,两架波音 737 MAX 客机坠毁,346 名乘客和机组人员全部遇难。

经过 18 个月的调查后,2020 年 9 月 16 日,美国众议院的交通及基础设施委员会发布了关于波音 737 MAX 客机致命空难的调查报告。这份措辞严厉的报告指出,这几起坠机事故"不是某一次失职、技术错误或管理不当造成的",而是"波音工程师一系列的技术假设错误、波音管理层缺乏透明度,以及 FAA(美国联邦航空局)监管严重不足导致的可怕结果"。报告指责波音公司的"隐瞒文化",并点明监管体系"从根本上存在缺陷"。

据称当初为了吸引更多买家,波音隐瞒了安装新型飞行控制系统一事,以省钱作为卖点,减少飞行员培训。所作所为都是为了将 737 MAX 迅速推出市场,将盈利置于安全之上。

这最终给自己带来了巨大的损失,不仅是财务上,更糟的后果是失去信任。

就在 2018 年之前,波音作为基业长青公司表现出色。2000 年到 2017 年,波音的营收从 530 亿美元增长到 940 亿美元,利润从 21 亿美元增长到 84.6 亿美元。由于坠机事故,波音 2019 年营收急剧下跌到 766 亿美元,亏损 6.4 亿美元。2020 年,随着新冠疫情的全球扩散,叠加信任度下降,波音亏损高达 119.4 亿美元。

表面上看,这是运营管理问题,实际上是公司的根本原则出了大问题,将降本赚钱放在第一位，而忽视了旅客安全应放在首位的根本原则。

什么是根本原则？

就是公司在做出业务和管理决策、采取行动所依据的基本准则和标准。

就其本质而言，根本原则就是判断面对不同情况，在公司里哪些是正确的事？如何应对和取舍？做事的优先级是什么？依据和标准是什么？还有关键的一点在于，企业的根本原则不能脱离公司的 DNA 和行业特点。

对于航空业来说，"确保旅客安全"无疑始终是最重要的根本准则。

我们一起看看波音根本原则的变化。

1993 年，波音公司提出，期望通过提供具有最高标准的质量、安全性、技术卓越性、经济性能和服务支持的产品，继续在客户满意度方面保持行业领先地位。此时，波音把质量和安全放在非常前列的位置。

2005 年，吉姆·麦克纳尼在担任波音 CEO 后，为了促进波音的增长，他表示，要发挥员工的创新能量，不断研发尖端技术；提供出色的新产品和卓越的服务，不断满足多方客户的需求，持续实现盈利增长。

2010 年，金融危机余波未息，迈克纳尼提出，要在"少花钱多办事"的世界中保持竞争优势。2013 年，波音推出了一些举措，包括"成功伙伴关系"计划，降低成本，提高供应链质量和组件可靠性，计划实现数十亿美元的节省，以及之后更多的节省。

在麦克纳尼任期内，波音公司在民用飞机交付方面取得了领先地位。关注创新固然重要，但忽视了交通工具最需要守住的底线——旅客安全第一。而这背后的根源是波音追求短期利润和市值增长，偏离了对航空业根本原则的坚守。

2015 年，接任波音 CEO 的尼斯·米伦伯格继续强调创新、成本和效率。米伦伯格提出，波音设定目标必须大胆：要将重点放在提升设计和制造能力，减少开发时间并提高客户响应速度；在安全性、质量和生产率方面实现改进；在全球范围内提升效率并增加市场份额。波音必须达到生产率提升目标,满足航空公司客户需求并保持盈利能力。

在 2017 年 CEO 致股东的信中,米伦伯格提到了波音的持久价值观。这些核心价值观的优先顺序是诚信、质量、安全、多样性和包容性、信任与尊重、企业公民意识和利益相关者成功。遗憾的是,这时**安全并不是排在首位,而是排在第 3 位,顾客(旅客)价值就这样被放在了后面。**

2017 年,波音启动生产 737 MAX。在巴黎航空展上,新型 737 MAX 10 获得来自全球 18 个客户的 416 个订单和承诺。米伦伯格骄傲地说,737 MAX 是波音有史以来销售最快的飞机。

危机,总是在表面虚假繁荣之后悄然而至,737max 在 1 年多之后不幸发生了空难事件。

反观波音的老对手——空客公司,2018 年初导入《空客责任与可持续性》章程,将负责任的商业行为置于其战略的核心,提出专注九项承诺:

1. 产品安全

2. 反腐败和贿赂

3. 劳资关系

4. 环境

5. 尊重人权

6. 多样性

7. 健康与安全

8. 供应链

9. 社区影响

空客的第一条承诺就是产品安全,把旅客的价值放在首位,强调空客公司致力预防事故的责任,始终致力提高安全性。这一根本原则将波音与空客拉开了巨大的差距,导致之后截然不同的命运。

> 即使是基业长青公司,如果根本原则发生了问题,哪怕是优先排序发生了问题,对企业持续生存和增长都将带来非常巨大的伤害。

2019 年 12 月 23 日,在巨大的外部压力之下,米伦伯格黯然辞职。2019 年当年,波音营收急剧下跌 24%,亏损 6.4 亿美元。2020 年受到新冠疫情的影响,波音营收继续下降 24%,亏损扩大到 119.4 亿美元。

波音"亡羊补牢",成立了航空安全委员会。同时,波音对文化价值观的排序上进行了纠偏,重新将安全放在了第一的位置上。

1. 安全:我们最重视人类的生活和幸福。

2. 质量:我们致力于首次质量和持续改进。

3. 廉洁:我们坚持最高的道德标准。

4. 多元化和包容性:我们重视我们多元化团队的技能,优势和观点。

5. 信任与尊重:我们以诚实行事,公平对待每个人。

6. 企业公民:我们是我们社区的负责任合作伙伴。

7. 利益相关者的成功:我们努力为我们所服务的所有人提供卓越的服务。

"对我们来说,没有什么比安全更重要。我们决心恢复在 2019 年失去的信任。"危机之后,接任波音董事长的劳伦斯·凯尔纳说道。

尽管波音重新回归公司和航空业最重要的根本原则——安全底线,但巨大损失已无法挽回。从 2019—2023 年,波音累计亏损 239 亿美元。而同一时期,空客尽管 2020 年也受疫情影响而亏损,但 5 年累计盈利达到 97.5 亿欧元。波音的生存和复兴变成了异常艰难的事情,这就是根本原则排序错误的代价。

正确的根本原则比单纯"造钟"更重要

《基业长青》中提到,建立一家高瞻远瞩、经历多次产品生命周期、仍然欣欣向荣的企业的关键在于"造钟",致力于建立一个组织,一个会嘀嗒走动的时钟,而不只是找对时机,用一种高瞻远瞩的产品构想打进市场,或利用一次优秀产品生命周期的成长曲线;他们并非致力于取得高瞻远瞩的人格特质,而是采用建筑大师的方法,致力构建高瞻远瞩公司的组织特质。

其中引用到电影史学家理查德·希克评价迪士尼创始人沃尔特·迪士尼所说的话——"最重要的,是有能力不断地建立制度——从不停止、从不回顾、从不结束,最后分析来看,沃尔特·迪士尼最伟大的创造是沃尔特·迪士尼公司。"

建立公司的组织和制度固然重要,但这只是其中一步,并不能成为企业持续增长的必然保证。

创业难、守业更难,持续增长难上加难。随着公司规模扩大和业务多元化,组织结构和制度流程变得越来越多,越来越复杂。在瞬息万变的市场环境下,企业的制度流程很容易过时和僵化。设计各种制度流程时也容易趋向短期化,没有站在公司持续增长的立场考虑。

如果企业忙于单纯"造钟",只执迷于建设组织和制度本身,管理层和员工更倾向对制度和流程负责,而不是对最终结果——顾客价值和经营增长负责,忽略了背后的底层逻辑——"制定这些制度流程的内在逻辑和根本原则是什么?能否有效促进持续的经营增长?"

一旦忽视根本原则,组织内部缺乏正确、统一的行动和决策标准,为了满足组织管控诉求,各种报告和指令层层叠叠,流程制度庞杂,将造成组织运作中的官僚主义,对企业的持续增长造成阻碍。即使制定了根本原则,如果本身存在错误,对企业高质量发展的致命伤害会更大。波音公司作为传统翘楚,创立已有百年历史,在"造钟"(组织流程制度建设)方面理应非常完备。但错误的排序最终让波音吞下了"苦果"。没有健康增长,就很难持续生存,何谈基业长青?

因此,企业有质量生存和增长的关键在于造什么样的"钟"?"钟"背后的底层逻辑和根本原则是什么?这些根本原则是否正确?能否不断进化?

从迪士尼自身来看,在组建了公司和一系列制度之后,未能确保长盛不衰。2000 年后,迪士尼陷入危机之中,一系列预算昂贵的作品票房频频失败,包括《亚特兰蒂斯:失落的帝国》《星银岛》等;连续多年没有做出让人印象深刻的角色。这一切,与迪士尼公司当时的制度规则有着密切的关联。

1982 年,迪士尼新进 2 名员工:约翰·拉塞特和乔·蓝佛特。拉塞特渴望进一步拓展电影中电脑动画的适用范围,而不是当时迪士尼微小的使用力度。然而,在迪士尼传统制度下,管理层认为电脑动画的发展不会给迪士尼带来什么益处,反而以花太多时间在这个工作上为由,解雇了拉塞特。"当时的迪士尼只对电脑能帮助他们做快速而廉价的产品感兴趣",拉塞特说。

离开迪士尼后,拉塞特在卢卡斯电影公司的电脑制图部谋到一个新职位。这个公司后来成为大名鼎鼎的皮克斯动画工作室。

固守传统制度政策的迪士尼缺少真正意义上的变革创新,日渐消沉。

2005 年,罗伯特·艾格担任 CEO 后,重新明确迪士尼的根本管理原则在于创新和新奇的顾客体验,此后迪士尼逐步恢复了活力。

在 CEO 的竞职演讲中,艾格向董事会阐述了三大变革远景:投资创意内容、技术创新、国际扩张。他特别强调了创造力文化的根本原则,也就是敢于承担必要的风险、持续创新,这才是迪士尼恢复长青的核心要素。

"我们必须继续培养创造力文化,勇于前进,并承担未来创新、增长和成功所需的明智风险。与往常一样,迪士尼的创新精神将推动未来"。

机遇巧合,迪士尼收购了皮克斯动画公司之后,作为皮克斯动画公司的灵魂人物之一,拉塞特回到迪士尼再续前缘,被任命为迪士尼动画的负责人。

此时迪士尼实行的仍是好莱坞普遍存在的一种机制:工作室等级分明,有三四个行政等级,每个层级的人都会下达指令。导演整天忙着处理行政人员的意见,却无权将自己的创意和想法放到电影里。

拉塞特对迪士尼传统制度进行了大胆改革。在他看来,创作领域没有上下之分,任何一个普通动画师,都可以提出创意。同时带来了自己的工作方式——直接面对那个有点子的人,他称为"信任系统"。所有的变革都是围绕创造力文化这一根本原则,打破内部的官僚主义桎梏,激发组织和员工的创意,活力重新回到了迪士尼。

在创造力文化的根本原则指引下,迪士尼带给人们一系列的惊喜。

"创造力和创新是我们所做工作的根本,2007 年,整个公司展示的创造力简直令人赞叹。每天,沃尔特迪士尼公司的员工都会醒来,挑战超越我们的客人和消费者的崇高期望。这是一份巨大的责任,但我们对此感到荣幸和兴奋。"艾格在 2007 年致股东的信中说道。

2007 年,迪士尼制作了《加勒比海盗》《料理鼠王》等一系列精彩又有创意的影片,将迪士尼推向了新的高点。之后,随着更多创意的推出,迪士尼恢复了往日荣光。2013 年,迪士尼推出《冰雪奇缘》,2016 年推出《疯狂动物城》,2020 年推出《心灵奇旅》。从 2007 年到 2022 年,迪士尼实现了强劲的持续增长,这背后的根本在于基于顾客价值和体验的创造力文化原则,而非制度流程上的单纯造"钟"。

一旦迪士尼管理团队未能坚守创造力文化原则,年龄老化,失去创新能力,必将又回到平庸境地,最近这 2 年来,面对网飞等行业创新先锋和人工智能的强力冲击,迪士尼的创新显得有些捉襟见肘,未来生存和增长之路变得有点迷茫。

因此可以说，仅仅是"造钟（制度和流程）"并不能让公司持续突破增长。如果公司管理和制度流程出现僵化，不能与时代趋势匹配适应，偏离甚至违背了企业最初正确的根本原则，再好的公司都会失去光彩。不要迷信"造钟"本身，而是要找出和坚守公司正确的根本原则，推动与时俱进"造钟"。

那么，正确的根本原则具有哪些主要特征呢？基于长期研究观察发现，长青企业和新兴翘楚的根本原则尽管各有特色，但大多具备 6 个共性特征中 4 个以上的特点：

1. 以顾客价值和体验为中心

2. 长期视角，不追逐短期利益

3. 强调持续创新

4. 匹配行业特点，发自初心、富有个性

5. 明确优先顺序

6. 简明清晰可执行

图 4.1　正确的根本原则 6 个特征

产品和服务、制度流程、商业模式很容易被复制，但独特的根本原则很难复制。

一个正确且能不断进化的根本原则是公司重要的战略资产。

坚守正确的根本原则也是公司实现坚韧增长的第三个法则。我们可以通过新旧翘楚的几个故事，看看根本原则对企业生存和增长的影响。

曾经的断层和迷失

过去的辉煌不能代表永久的荣耀。随着组织变化和领导人的更替，原本正确的根本原则可能会偏离甚至被抛弃。

索尼曾经是一家不断创新、引领变革的公司。

1946 年，38 岁的井深大创办了索尼的前身"东京通信工业"。他对员工致辞："若和大公司做一样的事，我们没有胜算。但技术没有止境，我们要做大公司做不到的事。"

1955 年，索尼制造的日本第一台 TR－55 晶体管收音机问世，只比世界上第一台晶体管收音机晚了 1 个月。后来索尼发明了第一台晶体管电视、第一台特丽珑彩电、第一台便携式录像机，以及最为著名的 Walkman 播放器。

"技术为本"和"与众不同"是索尼的两件法宝，也是索尼的根本原则和DNA，其内核就是正确根本原则的第 3 个特征——"持续创新"，同时也符合第2、4、6 个特征——"长期视角、不追逐短期利益""匹配行业特点、发自初心、富有个性"和"简明清晰可执行"。

索尼第二代 CEO 大贺典雄主张要制造"能够触动顾客心弦"的产品，强调产品的外观与触感与品质同样重要，他自己本人号称"CD 之父"，在其主导研制下，传统的唱片转化为数字化的 CD，继续传承着索尼的持续创新理念，并体现了"以顾客价值和体验为中心"的特征。

1995 年，大贺典雄钦定出井伸之为第三代接班人，他所看中的是出井所体现出的国际化风格，但同时打破了索尼一贯以来对领导者的工程师背景要求。出井伸之没有任何技术方面的基础，早期职业生涯主要与海外销售有关。

技术的进步和创新曾是索尼的根本信仰，但到了出井时代，这个根本原则被取代了。出井伸之以严格绩效和财务考核削减成本，对创新和试错的宽容逐渐消亡。

出井更喜欢秉持西方管理中的"数字主义"，他曾说：

"业务本身存在一定的逻辑性：如果我们能像银行家一样将我们的业务归结为数字，那么我们便不必整日为数字背后隐藏的心理和情绪所困扰。我们不会无视文化差异的存在，反之，我们必须找到一种不因文化差异而影响对公司控制力的机制。在一个战略性的控股公司里，你根本无须文化因素的参与。"

出井用"要把过去的所有障碍全部抛弃"的说法，打算断绝过去的关系，甚至曾想更改那个有名的索尼"设立意向书"，动手做"新的经营理念"。一味强调"数字主义"的原则其实与"以顾客价值和体验为中心""长期视角、不追求短期利益""强调持续创新"的特征背道而驰，也与索尼早期的 DNA 和初心相违背。

在出井时代，索尼管理层缺乏行业的判断力，缺乏对技术"自由豁达"的理解，只是一味向下属灌输"按命令行事"，久而久之员工失去自主性，再也开发不出畅销的人气创新商品。就算拿着新开发的零件到索尼，索尼的社员也只会说"这个零件有被其他公司采用过吗？""其他公司怎么评价？"曾有工程师离职时对媒体说："盛田昭夫和井深大创立的那家索尼没了，创业时的激情与梦想已经感觉不到了。"

违背初始正确的根本原则、追逐短期财务利润和经营数字的做法，导致索尼在文化上出现了断层和迷失。

索尼失去了自我持续创新的动力,技术出现退步,用户观念缺乏,产品管理出现失误,开发的产品不能触动消费者的心弦,再也没有了领先时代的伟大产品。

2003年4月,索尼2002财年最后一个季度财报出现巨额亏损,股票连续两天暴跌,跌掉40%。2003年,出井伸之高调公开索尼"革新60"计划,要在索尼公司成立60周年之际实现再造:到2006年实现10%的营业利润率的总体目标,将电子和娱乐业务作为核心。

口号很牛,但实行了一系列成本削减措施之后,2005年索尼营业利润仍没有起色,营业利润率只有可怜的1.6%,距离10%的目标相差甚远。

出井退出后,选定的接班人是既不会日语,也没有技术基因的霍华德·斯金格。斯金格主政后的索尼与原有正确的根本原则仍存在巨大的断层,索尼赖以起家和成名的电子产品继续日渐式微。

> 失去了索尼创业之初"技术为本"和"与众不同"的根本原则,忽视顾客价值和体验,索尼失去了创新的活力。根本管理原则上的断层,再难让索尼创造出伟大的产品。
>
> 在平井一夫重拾创新精神后,激发用户对索尼产品的共鸣,逐步激发和恢复了索尼的创新活力,成功推动索尼再次复兴。

2012年4月,平井一夫接任索尼公司总裁兼CEO。他选择了一条与出井、斯金格截然不同的路。他致力于恢复盛田昭夫和井深大时期的持续创新精神,为优秀产品留下试错空间。

"索尼是一家充满'感动'的公司。"他提出,"人们不但追求功能价值,更珍重深层次、难以捉摸的情感价值。日语中我们称之为kando,所有索尼产品的激情均来自'感动'精神。"这种感动精神是对索尼创业之初"技术为本"和"与众不同"根本原则的传承和进化,是正确根本原则中"以顾客价值和体验为中心"和"长期视角、不追逐短期利润"特征的回归,摆脱了出井时代纯粹的数字主义。

在索尼内部,一系列新产品开始被称为"平井一夫的孩子"。平井一夫曾在采访中表示,索尼实现复兴的秘诀,在于恢复索尼创立之时独有的 DNA,持续创新,激发用户对索尼产品的共鸣这一独特路径。

"如今的商品化世界,任何人都可以提供产品的功能价值,但情感价值,这是自 71 年前索尼成立之日起就所独有的设计哲学和索尼 DNA 的一部分。有段时间我们有些失去了这部分价值,而我的工作就是重振我们在提供情感价值方面的自豪感。"

时至今日,在索尼的官网上,企业宗旨变成了"用创意和科技的力量感动世界。"索尼在原有正确的根本原则上不断发展进化,实现了索尼的再次复兴。

不难看出,一家公司必须坚持正确的根本原则,确保组织向一个正确的方向努力,做正确的事情。如果发生摇摆,整个公司就会失去方向和一致性,生存和突破增长的动力也会丧失。

从传统翘楚企业的发展历史来看,在企业实现持续增长的过程中,特别是在传承了几代之后,容易出现两种错误的倾向,一种是惯性发展,不能与时俱进;另一种是追逐当时的管理流行思潮,为了变化而变化,照搬别人的制度规则,偏离根源于公司正确的根本原则,迷失了前进方向,最终丧失了自己的独特竞争优势,走向平庸。

面对复杂多变的外部环境,要实现持续有质量的生存和高质量的增长,企业需坚守正确的根本原则,化繁为简,持续进化。

贯穿近百年万豪发展史的 2 个精神

持续长青企业高度重视根本原则的总结和传承。

创立于 1927 年的万豪集团，从一个小型地方企业成长为全球性大企业，至今已有 97 年历史，一直坚持自己的根本原则。这两个根本原则简明扼要可执行，牵引万豪从小变大，持续突破增长。

万豪第二代传承人小马里奥特在 2000 年写给股东的信中，透露了万豪坚守的 2 个精神：

第一个精神是服务精神。这体现了以顾客价值和体验为中心，也源自万豪的初心，匹配酒店餐饮服务行业特点，有明确的优先顺序——将服务放在首位。

万豪以卓越的客户服务而享有盛誉，这个精神起源于创始人威拉德·马里奥特为万豪业务制定的初始目标——"精致美食、卓越服务、合理价格"。

小马里奥特说，万豪真正与众不同的是"服务精神"：万豪以满足客人不断变化的期望和品位而自豪。"我们将始终如一地提供最优质的服务，以使他们的每次住宿都感到愉悦、轻松和难忘，这些令人兴奋和创新的餐厅、豪华的水疗中心、先进的体育设施、世界一流的高尔夫球场和无与伦比的服务。"

万豪对细节的坚持在业内是出了名的，目的在于让顾客免除烦恼担忧。万豪酒店有 20 个管理理念，其中 10 个都是直接以卓越服务为出发点，对顾客的专注体现在每一处细节上：

- 任何同事收到客人的投诉，都有责任尽力处理。运用 L. E. A. R. N. 程序（"倾听、感同身受、道歉、行动和报告"5 个英文单词的首字母缩写），在自己权利范围内尽力挽回客人的信心，按照跟进程序来处理客人的投诉，确保对方称心如意。

- 每位同事都有责任认识和尊重客人的喜好，使客人在酒店期间得到体贴的服务。

- 笑脸迎人，亲切招呼每位客人。以热情有礼，和蔼可亲的态度与客人交谈。尽可能用客人的名字来称呼对方。谨记用适当的言辞，避免使用俗语和酒店术语。

- 感谢客人光临，亲切地向客人说再见，令他们临离开之前对酒店留下温馨难忘的好印象。

- 预先估计客人的需要，灵活配合。贯彻"主动待客"的原则，留心客人的神态，察言辨色，以提供体贴周到的服务，令客人喜出望外。

- 真诚待客，体贴关怀，以确保客人不断再来光顾是我们最重要的宗旨。对客人表现出真诚热情的态度，时刻全心全意地关注。

- 总是能够认出酒店的常客。

- 对酒店的情况了如指掌，随时能够回答客人的问询。总是首先推荐本酒店的餐饮服务。亲自为客人引路，单是指出方向并不足够。如果走不开，至少陪客人走几步。

- 遵守电话礼仪。自我介绍。尽快接听，不要让电话铃声声响超过三声。用适当的话语问候来电者。若要转拨来电或要对方等候，必须先得到对方同意。尽量不要转驳来电。

- 你得到本酒店授权和信任，尽你所能处理客人的需要。必要时，应请同事帮忙。思考如何以创新的方法说"是"。

万豪对服务细节的极度重视和坚持，打造出优质的顾客体验。在服务精神背后支撑的是万豪最重要的价值观：以人为先，无论是员工、酒店住客、酒店所有者、股东还是经营当地社区的居民。"照顾好您的同事，他们会照顾到客人"是万豪创始人威拉德的理念。小马里奥特说，这是万豪服务精神的深层次底板，也体现了酒店餐饮服务行业特点。

另一个精神是不断创新的精神。这体现了根本原则强调持续创新的重要特征。

持续创新一直是万豪发展历程中最关键的一部分，在预判顾客需求变化的基础上，万豪通过创新的商业模式、宾客体验和产品服务，不断进化。

"我们为明天的成功而建设，一直在寻找创新和增强业务的方法。我们正在用自己的风格来做。"小马里奥特说道。他努力传承父母创立万豪时的DNA——"成功永远不会终结。"

正如小马里奥特在他自传中写道，在万豪成立的87年里，世界几乎已经发生了翻天覆地的变化。"多年来，我们一直坚持变革。作为一家上市公司，我们必须向投资者证明我们能够创造业绩。这就意味着我们应该乐于成为秩序的创造性颠覆者……简而言之，我们需要每隔一段时间就对自己进行一次改变。"

"在创新面前，我们愿意抛弃公司苦苦经营获得的名声，不管以怎样的方式，不管结果是好是坏，因为创新有可能重塑万豪的核心"。小比尔·马里奥特说。

在小马里奥特执掌万豪集团期间，意义最重大的一次创新是商业模式的颠覆性创新。

全球酒店行业一般具有重资产的特点，平均总资产回报率仅有5％。为了达到股东期望的投资回报率，酒店行业普遍采用高负债、高财务杠杆的做法，行业平均负债水平在70％左右。在最初50年发展历史上，万豪在财务上坚持"精于计算"的心态，小心谨慎。在20世纪70年代，万豪集团的运营模式像当时大多数酒店集团一样，靠自建酒店来扩张，并自营酒店。

但这种传统商业模式潜在的最大弊端就是：初期需要大量的资本支出和巨大的债务负担。这让万豪酒店的业务增长受到掣肘。单是一栋常规会议酒店的标价就经常达到上千万美元，导致万豪的房贷越来越多。巨额债务不仅限制了公司建设酒店的数量，同时对创造股东投资回报增加了不小的压力。

1978年初，万豪彻底变革了公司酒店业的整体经营思想，转变为一家酒店管理公司。按照计划，万豪将 1978 年之前建造的几家酒店卖给投资人。作为交易，万豪与投资人签订了长期管理合约，并获得了大量的现金流。从此，公司财务上变得更加灵活，从重资产模式转变成轻资产业务模式，轻装上阵，增长更加迅速健康。

1992 年 10 月，万豪集团进一步推动轻资产商业模式变革，将公司拆分成两个独立个体：将拥有 65 年历史的万豪公司（Marriot Corporation）更名为万豪服务（Host Marriot）公司，继续经营房地产业务，同时持有债务，用稳定的租金收益和物业的持续增值来保持稳定的竞争力。酒店管理公司则划分成立一家新公司，即万豪国际集团。新成立的万豪国际集团几乎无负债，资产负债表实现了再造，拥有更大的灵活性去签署管理合约，实现稳健增长。两家公司拥有独立的董事会，单独召开公司年会，运营互不干涉。万豪国际集团通过签署长期协议管理万豪服务旗下的酒店。

这个变革将万豪带回核心业务。在小马里奥特看来，万豪是一家管理和服务型公司，应始终与债务、房地产交易保持距离，充分发挥和增强竞争优势，即集中精力在服务好顾客、开放和完善品牌、管理好酒店和提供特许经营权上。

凭借商业模式的创新，万豪国际集团专注于管理和特许最优秀的品牌，有惊无险地度过"9·11"事件、2008 年金融危机和 2020 年后的全球新冠病毒冲击，不管是从规模上，还是从酒店资产的质量上，逐步成为美国酒店行业的"霸主"，万豪的酒店房间数量已经远远超过希尔顿、洲际、温德姆集团、雅高集团（Accor），成为规模最大的酒店集团。

> 作为酒店服务行业的领军翘楚企业，服务精神和创新精神是万豪的 2 条根本原则，这与万豪的价值观紧密关联，也是万豪持续成功生存增长的关键。"成功永不终止""创新没有终点"是小马里奥特给这两个精神最好的注解。

　　小马里奥特认为,创新从来没有终点,它鼓励公司成长和进步。创新推动了万豪的发展,不仅帮助万豪吸引了下一代客户,而且使他们对万豪的难忘旅行感到高兴。

　　一家公司想维持其根本管理原则和核心文化需要付出很多努力,需要抵御很多诱惑,尤其是当公司发展成为巨型全球性企业集团,面对管理规模的急剧扩大和复杂度的显著提高时。

　　为了让万豪的根本原则持续传承并不断进化,小马里奥特专门设置了一个岗位——万豪公司全球文化大使,由他的女儿黛博拉·马里奥特自 2019 年 5 月起担任。黛博拉在 1975 年加入万豪,曾担任万豪的政府事务高级副总裁,万豪全球文化和商业委员会官员等职。作为万豪创始人的孙女,黛博拉比外部人员对公司业务、历史、文化和使命有更深刻广泛的了解,更好地传承和发展万豪的 2 个精神,让万豪在正确的指引下健康生存和持续增长。

　　我们看过了传统翘楚企业的故事,再看一看新兴翘楚企业的成长史。

　　大多新兴翘楚企业都是起于微末,先求生存,再求发展。如果想从一大批机会主义公司中脱颖而出,除了有优秀的领导者、创新的商业模式、伟大的产品和服务之外,必须建立并坚守自己独特的根本原则作为前进的指引。

比 14% 还要极致

　　每家公司都有自己独特的成长故事和基因,企业的根本原则需要嵌入体现自身特质的 DNA,发自初心,同时受到创始人的巨大影响。

　　作为零售行业的后起之秀,开市客非常传奇,它比竞争对手沃尔玛晚出生 20 年,但单店经营业绩却是沃尔玛山姆店的 2 倍以上,成为其最强劲的对手。

开市客商业模式主要特点在于：以极低的价格不断为会员提供优质的商品和服务。开市客的根本原则与行业大佬沃尔玛并不相同。

沃尔玛是建立在为顾客省钱的基础上，遵守 2 条根本原则："每天低价"和"每天低成本"。"每天低价"是沃尔玛的定价理念，"每天低成本"则是沃尔玛控制开支的承诺，通过更有效交付优质商品，不断创新以节省顾客的金钱和时间。

开市客最有个性、最广为人知的一个根本原则是毛利率 14%的原则。

创立 40 多年来，全球的开市客店都恪守着创始人吉姆·辛内格尔定下的"神秘数字 14"，意思是所有商品的毛利不得超过 14%。如果超过这一数字，必须上报给 CEO 签字审批。

所有老板都追求毛利不断增长，辛内格尔则是个例外，他在零售业摸爬滚打几十年，看到许多像西尔斯曾经辉煌一时的商家最后变得门可罗雀，就是没有抵制住加价的诱惑。

沃尔玛成功的秘密在于：当大多数零售商的毛利率在 40%到 50%时，通过高效的运营效率主动将毛利率降到了 22%到 23%。开市客与沃尔玛竞争的秘密则是：进一步将商品的毛利率控制在了 14%左右，打造了独特的竞争力。很多品牌不错的日用品在开市客都是最低价格，为会员创造了更大的价值，会员甚至可以闭着眼睛买。

就开市客的这一原则本质而言，就是想方设法给会员创造更多价值，不追求自己的短期利益最大化，最充分体现了"以顾客价值和体验为中心"和"长期视角、不追逐短期利益"的特征，非常简明清晰易执行。"我们在商品定价方面的投资包括：降低商品价格以推动销售或应对竞争，并在成本增加的情况下保持价格稳定，而非将成本转嫁给会员"，开市客在年报中这样写道。

毫无疑问，14%的这个原则短期内肯定不能让开市客的利润最大化，但从长期而言，将建立起会员与开市客之间的长期信任，推动了会员的保留和持续复购,促进了开市客的持续增长。

追求极致低价的同时并不意味放弃质量。辛内加尔强调:售价低不能意味着质量低。价廉更要做到物美。为了给顾客搜罗世界各地的"好货",开市客派人到美国、加拿大、澳大利亚、日本、韩国等地进行采购,只为争取到最好的价格。进销差减到最低的同时,开市客严把质量关。一旦供应商出现质量问题,至少3年都不会与其合作。

开市客不追求"大而全",而是聚焦"爆款",活跃SKU只有4000个左右,这只有沃尔玛的十分之一。每个细分商品仅有2、3种选择,只有具备"爆款"属性的优质商品才被允许上架。这大大简化了开市客的运营复杂度,同时大批量采购,降低进货价格以及零售价,以维持14%的低毛利率原则。

在14%根本管理原则的理念带动下,开市客发展一路腾飞:

1989年,营收30亿美元;

2000年,营收322亿美元;

2004年,营收481亿美元,成为美国第五大零售商;

2015年,营收1166亿美元,跃升为全球第二大零售商,成为沃尔玛的强劲对手,在《财富》杂志"全球500强企业"中位列第38位;

2023年,营收2423亿美元,净利润超过62.92亿美元,同比增长超过7.7%,在《财富》杂志"全球500强企业"中上升到第26位。

在公司业绩持续增长的同时,管理层对自己则很"抠门"。辛内格尔从衬衫到袜子,全身都是开市客的商品;在与来访者商谈的时候,他从不让秘书替他接电话,亲自到大厅迎接客人到办公室;办公室的家具也是20多年前的老古董……从一线岗位退下后,他依然如此。

进入21世纪,面对电商的崛起,线下实体商家叫苦不迭。然而开市客却以独特的"14%原则＋会员制模式"成功抵御了电商的进攻,有些商品价格甚至低于电商网站的价格,保证强大的竞争优势。更非常难得的是,在沃尔玛消减线下门店的时候,开市客每年都有新店开出,每年都有持续增长。从 2010 年到 2023 年,开市客的营收保持持续增长,连续增长了 14 年。

开市客的 14% 原则以顾客价值和体验为中心,牢牢抓住了会员的心。在开市客 2023 年报中显示,开市客在美国和加拿大的会员续约率高达惊人的 92.7%,在全球的会员续约率数字同样惊人,为 90.4%。

这么低的毛利率,开市客如何持续赚钱呢?

秘诀在于开市客的会员服务。要在开市客享受优惠价格,必须成为会员。而成为会员,就得交一笔入会费。在美国,开市客会费分两档:60 美元/年和 120 美元/年。在中国,开市客会员费分为两类:金星会员 299 元人民币/年,企业会员也是 299 元人民币/年。

不要小看这个几十到百来美元的会费。2023 年,开市客全公司净利润为 62.92 亿美元,其中会员费收入就达 45.8 亿美元,贡献了 73%。

开市客还有另外一个独特的根本原则,就是善待员工。这个原则同样体现了"长期视角,不追求短期利益"的特征。

2008 年全球金融危机爆发时,面对经营压力,其他公司纷纷裁员。尽管开市客非常看重成本费用控制,但开市客管理层没有想方设法从员工身上压榨,保障公司的短期利润,反而从长远目标出发,认为在艰难时刻,应该共克时艰,决定给所有员工涨工资。

"关于与员工薪酬有关的支出,我们的理念是不试图将员工的工资和福利减到最低。相反,我们认为,要实现增长营业额和提高员工满意度的长期目标,需要维持高于行业平均水平的薪酬水平。这可能使我们承担其他雇主可能寻求转嫁给其劳动力的费用。"辛内格尔说。

"投资个人是我们工作的核心",辛内加尔说道,"这不仅仅是一句口号。人们经常说,他们关心个人,但是这只是他们打印给公关部门的东西,而不是他们真正相信的东西。但是,我们一直以来都认为,如果你录用优秀的员工,给他们丰厚的薪水,有尊严地对待他们,并为他们提供可靠的职业发展道路,就会有好事发生。"

开市客一个收银员时薪是21～22美元,差不多是沃尔玛的2倍、普通超市员工的3倍。88%的雇员都享受公司提供的健康保险。在美国的一项员工满意度调查中,高居第2的是开市客,仅次于谷歌。开市客员工满意度甚至超过了很多硅谷的顶级公司。

开市客从不招收刚毕业的MBA,所有员工必须从基层做起。98%的商店经理都有一线工作经历。现任CEO克雷格·杰利内克曾是一位收集整理购物车的底层员工。在开市客工作一年以上的员工,离职率只有5%。

> 作为零售行业的新兴翘楚企业,开市客建立了自己个性化的根本原则。在保证提供优质商品的前提下,14%原则赋予开市客强大的竞争力,在与沃尔玛和电商的竞争中不落下风,近几年来甚至将毛利率降到比14%更低,增长表现更加出色。
>
> 善待员工是另一个根本原则,开市客保持领先的员工满意度,为会员提供更满意的服务。

2014年10月,开市客进入中国,开设天猫官方旗舰店。2019年8月,开市客在上海设立了中国大陆第一家实体门店,2021年12月8日,中国大陆第二家门店在苏州开幕。

观察2019—2023年近5年来的开市客财务和运营数据,一个令人惊奇的发现是,开市客在毛利率的控制上已经更进一步,比之前14%的原则还要狠,2018年低于12%,2022年甚至达到惊人的10.48%,不到沃尔玛毛利率的一半。2022年则为10.57%,低于14%超过3个点。

表 3.1　2019—2023 年开市客与沃尔玛的毛利率比较

公司	2019 年	2020 年	2021 年	2022 年	2023 年
毛利率-开市客	11.02％	11.2％	11.13％	10.48％	10.57％
-沃尔玛	24.50％	24.1％	24.30％	24.44％	23.46％

资料来源：沃尔玛与开市客 2017—2023 年公司年报

开市客的毛利率下降并没有导致利润下降，反而促进了销售额和利润的增长速度，付费会员从 2019 年的 5390 万增长到 2023 年的 7100 万。

2019 年到 2023 年，沃尔玛营收从 5144 亿美元增长到 6113 亿美元，复合增长率为 4.3％。开市客营收则从 1527 亿美元增长到 2423 亿美元，复合增长率为 12％，接近沃尔玛的 3 倍。

虽然目前规模相比沃尔玛仍有差距，但开市客最近几年增速和质量都超过了沃尔玛，背后是开市客 2 大根本原则的强大力量。如果照搬照抄沃尔玛的管理原则，开市客必定会被沃尔玛打败，不要说持续增长，可能连生存都保不住。只有在顾客价值上，比强大的竞争对手还要追求差异化的极致，才有可能获得强大的竞争优势，赢得更大的生存空间和长期增长。

坚持基本企业方针

优衣库是另一个在增长过程中建立和坚持自己根本原则的新兴翘楚。而且能在发展的不同阶段，随着业务的变化应时而变，对根本原则进行持续进化。

"即使在成功或行业不同的时代，全球取得成功的公司也拥有相对相似的价值观和业务流程。那些赢得胜利和生存的人，能够适应不断变化的时代并创造利润。"日本优衣库创始人柳井正说。

毕业于日本早稻田大学的柳井正，24 岁时接管了父亲的西服店——"小郡商事"。在经营增长过程中，他经历了一系列的艰难困苦：经历过盲目扩张后的倒闭，经历过消费者的冷落，经历过向银行贷款的难堪，但他都以极大的韧性挺过来。柳井正专门写下了《"小郡商事"经营理念》，作为自己业务发展的指引，后来又写了一本更新版，名为《管理的 23 条原则》。

为了突破传统西服业务的发展惯性，草创之初柳井正每年都会去海外一次，近距离观察学习先进的服装零售企业，包括 Esprit、GAP、NEXT 等。称1984 年 6 月，优衣库 1 号直营店正式开张。从第一家店开始，柳井正决心把店铺打造成一个"让顾客可以自由选择的环境"，在开始阶段就强调顾客价值和体验，做了很多创新：店内的主通道必须笔直且宽敞，天顶看上去更高、更有空间感，保持一尘不染的环境，商品叠放得整整齐齐，并及时补货。店员不用老是跟着客户，但在顾客咨询和需要帮助时，一定要给予最热情的服务。

开店第一天，带来很多创新和变化的优衣库就盛况空前。在顾客的热捧下，优衣库不断增长，开出 2 号店，3 号店……1986 年优衣库开出第一家加盟店……

1991 年，柳井正将公司名称从"小郡商事"改为"迅销"（Fast Retailing），意思就是迅速捕捉顾客的需求，迅速把顾客需求商品化，迅速摆上店铺销售。1994 年 7 月，迅销在日本广岛证券交易所上市。

2000 年，在迅销销售额达到 2290 亿日元（约 22 亿美元）、433 家门店时，柳井正将迅销基本方针做了明确："我们的基本企业方针是不断为消费者提供优质时尚的低价休闲服装。因此，我们专注于实现低成本管理和实现精心策划的客户服务。"

柳井正认为，世界上只有好公司和坏公司，好公司的根本原则不会有所不同。公司必须采用对任何业务都有效的管理原则，而不是仅仅受经理人冲动或个人管理理念的指导。

2008 年，在迅销营收突破 50 亿美元、全球门店超过 1900 家时，柳井正将公司基本方针发展成为"迅销之道"：

一、公司承诺：改变服装，改变传统智慧，改变世界

二、使命：

- 创造具有新颖独特价值的真正伟大的服装，让世界各地的人们体验穿着好衣服的快乐、幸福和满足感

- 通过我们独特的企业活动丰富人们的生活，并在社会发展协调一致的同时，寻求增长和发展我们的公司

三、价值观

- 从顾客角度处理问题

- 拥抱创新和挑战

- 尊重和支持个人，促进公司和个人成长

- 致力于道德标准和正确性

在明确了公司声明、使命、价值观后，柳井正提出了迅销集团的 5 条管理原则：

1. 为顾客尽一切可能

2. 追求卓越，追求最高水平的成就，通过促进多样性和团队合作取得强有力的成果

3. 在我们所做的一切事情中，迅速果断地行动

4. 根据当前市场、产品和事实，以非常实际的方式开展业务

5. 作为具有道德和诚信的全球公民

不难看出，迅销的前 2 条价值观和前 2 条管理原则，充分体现了"以顾客价值和体验为中心""长期视角、不追逐短期利益""强调持续创新"的根本原则特征。

在日本国内成为霸主之后，柳井正又将目光投向了全球市场。他坚定地认

为,只有与时俱进的产品和公司才能生存。员工往往最容易缺乏的品质是创业精神和企业家精神。

柳井正对公司规模变大带来的发展惯性和官僚主义保持着高度警惕。"随着公司变得越来越大,越来越稳定,我们倾向于认为理所当然,但我们必须追求自己想要的东西。我们应该质疑我们过去做过的所有事情,并思考新的做事方式。"

柳井正在保持基本方针的基础上,对根本原则做了新的进化。他提出,迅销要成为一个真正的全球公司,所有员工都要接受 Global One(全球一致)和 Zenin Keiei(持续改善)的管理原则。"全球一致"鼓励迅销员工寻求最佳的全球方法;"持续改善"鼓励每个员工采用经营者的心态。新补充的两个根本原则匹配了迅销战略增长的更高阶段,简单明晰易执行。

> 在竞争非常激烈的服装零售行业中,柳井正将"改变服装、改变传统智慧、改变世界"作为前进的指引和承诺。价值观的前两条"从顾客角度处理问题""拥抱创新和挑战",管理原则中前三条"为顾客尽一切可能""追求卓越和追求最高水平的成就""迅速果断地行动"是决策和行动的准则,推动迅销杀出竞争重围,在经济泡沫破灭、消费力下降疲软的日本创造出了生存和增长奇迹。
>
> 在取得成功后,柳井正并未止步,而是将根本原则不断进化,向推动优衣库向全球发展的时候,推出全球一致和持续改善的根本原则,给迅销注入了全球化的活力基因。

在这些根本原则的指引下,迅销集团不断前进。即使在新冠疫情的冲击下,2021 年营收略有下降,但利润比疫情之前还有增长。2022 年营收达到 2.3 万亿日元,2023 年则进一步上升到 2.7 万亿日元,不断创出新高。

"一个新时代开始了。随着全球经济活动的复苏,我们重新开始追求成为全球第一品牌……"在 2022 年 1 月致股东的信中，柳井正写道："我们追求我们的企业承诺：改变服装、改变传统智慧、改变世界。我热衷于与全球有进取心的个人和公司合作，共同构建可持续增长的框架。"2024 年，柳井正又提出未来要实现一个新的里程碑目标——"最受顾客喜爱的世界第一品牌"！

相比零售行业和服装行业而言，高科技行业面临更加频繁的颠覆性创新和变化，保持长青的难度要大得多。如果在发轫之初，新创公司能建立起正确的根本原则，并围绕这些根本原则建设组织和制度流程，就会获得更多的生存发展机会，面对危机有更多韧性，穿越低谷，赢得高质量的增长。

亚马逊就是其中的代表之一。

在成立之初，亚马逊就立足长远，建立了自己独特的根本原则，在发展过程中坚持不懈，作为生存发展和制度流程建设的指引，穿越了互联网泡沫危机、全球金融危机和行业周期起伏，实现了健康的持续增长。

保持第一天

1997 年，亚马逊成功上市。基于对长期发展的远见，贝佐斯提出了亚马逊的基本管理哲学和决策方法，这是指引亚马逊决策和行动的根本原则。

"我们相信，我们成功的一个基本衡量标准，将是我们长期创造的股东价值。"贝佐斯说。这是亚马逊根本原则的基石。在长期主义的基石上，亚马逊的第一原则强调了对顾客价值和体验的高度关注：

"我们将继续不懈地关注我们的顾客。"

在此之下，还有 8 个管理和决策制定的原则。

- 亚马逊继续基于长期市场领导地位的考虑，做出投资决策，而不是考虑短期盈利能力或华尔街的短期反应。

- 亚马逊将继续严格分析、评价计划和投资的有效性，抛弃那些无法提供可接受回报的投资，并加大对最佳投资的投资力度。亚马逊将继续从成功和失败中学习。

- 在看到有充分可能获得市场领导优势的情况下，亚马逊将做出大胆而非怯懦的投资决策。有些投资会得到回报，有些不会，亚马逊将在这两种情况下学到宝贵的经验教训。

- 当被迫在优化财务表现与最大化未来现金流净现值之间做出选择时，亚马逊将采用现金流。

- 当亚马逊做出大胆的选择（在竞争压力允许的范围内）时，亚马逊将与股东分享战略思维过程，以便股东评估亚马逊是否正进行理性的、长期领导优势的投资。

- 亚马逊将努力、聪明地开展工作，保持精益文化。

- 亚马逊将平衡对增长、长期盈利能力和资本管理重点的关注。在目前阶段，亚马逊选择优先考虑增长，因为亚马逊认为规模对于实现业务模式的潜力至关重要。

- 亚马逊将继续专注于招聘和留住多才多艺的员工，并继续将薪酬重点放在股票期权而不是现金上。亚马逊的成功将在很大程度上受到公司能否吸引和留住积极员工的影响。每个员工都必须思考，因此必须是一个股权所有者。

亚马逊的以上原则毫无疑问地体现了"长期视角，不追逐短期利益"的特征。这些原则高度匹配互联网行业特点，发自初心，极富亚马逊的个性。同时这些原则表达非常清晰明确，没有含糊其词，或者呼喊一堆虚无的口号，即使是刚进亚马逊的员工，也很容易参照和执行，从而保证内部方向和决策标准的一致性，简化管理。

在说完这些原则之后，贝佐斯接着说道，"我们并不是大胆声称上述是正确的投资理念，但它是我们的，如果我们不清楚我们已经采取并将继续采取的方法，我们就会迷失。"

在面临互联网泡沫破灭的生死存亡时刻，亚马逊的这些根本原则发挥了重大作用。

2001 年互联网企业一片风声鹤唳，亚马逊市值从 1999 年高峰期的 369 亿美元下跌至 2001 年的 21 亿美元，整整下跌了 94％。

对于公司经营现金流和自由现金流的高度重视，让亚马逊在互联网行业下降阶段不急于快速做大销售和利润，而是专注持续"造血"——提高经营净现金流和自由现金流，提升库存转速，确保能活下来。

2000 年亚马逊的经营净现金流为－1.5 亿美元，自由现金流为－2.85 亿美元。2001 年销售增速从 2000 年的 60％下降到 13％，库存占销售比重从 2000 年的 6.32％降低至 4.61％，经营净现金流变成－1.2 亿美元，资本支出减少到 0.5 亿美元，自由现金流提升到－1.7 亿美元，同时好在那时亚马逊账上还有 5.4 亿美元。

2002 年虽然公司亏损 1.49 亿美元，但经营净现金流已提前转正为 1.74 亿美元，资本支出继续减少到 0.39 亿美元，自由现金流也回正为 1.35 亿美元。2003 年亚马逊实现盈利 3582 万美元——亚马逊成功活了下来。

亚马逊根本原则的核心，要求持续关注顾客，长期考量而非短期盈利，基于长期领导优势做出大胆的决策，更关注最大化未来现金流，保持精益文化，招聘和保留多才多艺的员工，激发出公司的长期生存动力和创新活力。这是亚马逊"第一天精神"的关键，避免陷入"第二天"的停滞不前和坠落。

从创业一直到成为互联网行业的巨无霸,在 20 多年的亚马逊发展历程中,这些根本原则一直陪伴着贝佐斯,作为决策制定和组织发展的指引,避免在生存和增长道路上迷失,陷入机会主义和短期利益的追逐赛。

这既是贝佐斯强调"第一天"(Day 1)精神的核心内容,也是将亚马逊和其他公司有效区分开的关键要素。贝佐斯特地将亚马逊总部的一个大楼命名为"第一天"(Day 1),提醒所有人都要保持"第一天"的奋斗精神。

亚马逊成功上市 19 年后,营收从 1997 年的 1.6 亿美元增长到 2016 年的 1360 亿美元,员工从 614 人增长到 34 万人,发生了翻天覆地的变化。此刻,有人好奇地询问什么时候会是"第二天"(Day 2).贝佐斯分享了他对"第二天"的理解。

"第二天是停滞不前的,接着变得无关紧要,再后面是痛苦的衰退,最后是死亡。这就是为什么我总是要求第一天。"

贝佐斯说,一家成熟公司可能会在"第二天"的状态存在数十年,这种下坠和衰退将以极慢的步骤演进,但最终的结果仍将无情来临。

在贝佐斯看来,保持"第一天"精神的答案是 4 个基本要素:

第一,痴迷于顾客需求;

第二,对外部代理持怀疑态度;

第三,对外部趋势的热切采用;

第四,快速决策。

"痴迷于顾客需求"这首要的根本原则,与亚马逊 19 年前保持不变,甚至实现了进一步进化。这也是亚马逊和贝佐斯突出重围、持续增长的关键秘诀。

所有组织都要经历成长的痛苦,而痛苦主要来自公司的增长超越了原有组织能力和管理系统。成功建立一家创业型公司是个伟大的成就,而创造持续20年生存增长的翘楚企业则是巨大的挑战。太多公司在经历了光辉灿烂的开头之后,无法有效应对成长,不幸"陨落"。为了解决业务成长的痛苦,企业对组织、制度流程、运营和管理系统进行变革,但在变革进化过程中,组织制度再完美、财务指标看起来再漂亮,一旦忽视、偏离、摇摆甚至放弃立足长远的根本原则,企业生存和增长就迷失了方向,走下坡路也成必然。

思考与启示

正确的根本原则是企业持续生存增长,应对变革挑战的"北斗星"。

在企业生存和发展的不同阶段,面临不同类型的挑战。每一天、每个公司、每个企业领导人都会遭遇纷至沓来的各种复杂情况和意外,面临各种诱惑和选择,需要快速反应和决策。稍有不慎,便容易陷入"泥泞"之中难以自拔。

在科技创新加速、外部环境急剧变化的大背景下,企业更需要有正确的根本原则。没有根本原则的指引,面对各种难以预料之事,应对将是仓促和混乱的,甚至是错误的。

"原则是根本性的真理,它构成了行动的基础",全球对冲基金——桥水基金创始人瑞·达里奥说。在他看来,原则就是做出决策和采取行动所依据的准则和标准。

原则与价值观的关系是什么呢?

价值观关注的问题是:什么最重要?而原则关注的问题是:面对不同情况,我们如何应对和取舍?优先级是什么?依据是什么?

原则与价值观紧密相关,好的原则是价值观与行动之间的桥梁。相比价值观,原则往往会更具体,很多时候价值观本身也是原则的一部分。

正确的根本原则是体现企业独特 DNA、反映核心价值观和底层经营逻辑的指导方针。将翘楚公司和平凡公司区分出来的不仅是伟大创新的产品和商业模式，还有优秀的根本原则。

公司组织和制度会随着时代变化而调整改造，而根本原则将能长久不变，但需要不断进化。富有远见的第六级领导者基于对时代演进和顾客需求变化趋势的洞察，结合不同发展阶段业务变化要求，对根本原则进行升级，优化迭代组织发展路径和制度流程，推动公司在正确方向上达成共识，对变化做出正确的反应。

能实现有质量生存和战略增长的公司一定是有根本原则的公司，不是单纯追逐短期利润最大化的公司。

明确哪些是正确的事情，在做对事情的前提下，不断精进。如果方向不对、决策判断标准不对、优先顺序不对，再多的努力都无效甚至有害。同时，优秀的根本原则不仅指明如何做正确的事情，也可形成"不为清单"。正如孟子说，"人有不为也，而后可以有为"。要做对的事情，也可以通过不做错的事情来实现。步步高的段永平先生在强调"本分"（保持平常心、坚持做正确的事情，并力求把事情做正确）和"消费者导向"之外，还建立了"不为清单"（"Stop doing list"），包括以下方面：

- 不做代工
- 不借钱，没有有息贷款
- 不赊账，最好不要给账期
- 不拖付货款
- 不晚发工资
- 不做不诚信的事情
- 不攻击竞争对手
- 不打价格战

- 不谈性价比

- 不做没有差异化的产品

- ......

这些"不为清单"，简明易行，让步步高能立足长远，尽量不做错的事情，从而更努力聚焦做好正确的事。

经过 20 多年的发展，很多中国企业已从当年的"小木舟"，快速成为多业务、多业态的超大型"航空母舰"集团。销售规模越大，地理分散程度越广，业务多元化程度越高，持续增长面临的问题就越多。组织规模超过一定界限后，就不再是战略优势了，反而可能成为劣势。

英国历史学家诺思古德·帕金森说过，组织一旦形成，就会不自觉地自我繁殖和膨胀。组织臃肿、效率低下成为很多组织规模扩大之后的常态，呈现"增长虚胖"症。

组织规模的扩大和臃肿，又要求更多的制度、流程和系统。如果缺乏清晰正确的根本原则指引，没有明晰的方向和路径，一方面领导者期望依靠不停说教来控制和引导人们的行为，但效率很低，责任流失、沟通成本高。另一方面，管理动作和监督机制越多，人越容易追求个体 KPI 最优、风险最小，汇报但不决策，追求流程正确而非全局结果最优，这就是"大企业病""管理大于业务"的由来，也注定了组织溃败的结局。

很多企业由盛而衰，乃至退出历史舞台，就是过度管理和僵化管理，更有很多企业未老先僵，制度僵化、流程僵化、思想僵化，条条框框众多，反而忘记了初心和使命，失去了根本原则牵引下的一致性和活力。

我们经常说，让听得见炮火的人做决策。但决策的依据是什么呢？

如果没有根本原则的指引，就容易变成乱打一气。有了正确的根本原则，在事先没有计划或者出现计划外的情况时，团队依然能够开动脑筋，从实际出发，快速决策，打破条条框框，以正确的方式做正确的事。

为了化繁为简、打破"官僚主义"的流程制度窠臼，企业需要提炼自己的根本原则，参照正确的根本原则六大特征，基于自己独特的 DNA，清晰表达，用简明具体的行为定义，并在组织内部形成清晰共识。

"造钟"需要与时俱进。"为学日益，为道日损"。进入变化加剧、信息纷繁复杂、商业模式随时颠覆的 AI 时代后，仅依靠传统流程制度的指挥控制型组织难以适应外部的急剧变化。

工业时代强调命令和控制、执行和流程，AI 时代更强调探索和参与。中国企业家更需以根本原则的确定性，对冲外部环境变化的不确定性，牵引整个组织方向一致、标准一致，聚焦做正确和最重要的事情，简化管理，鼓励员工依据战场变化主动进行探索和创新，而非简单执行命令和遵守流程制度，为生存创造空间，为高质量的增长指明方向。

第五章　痴迷顾客需求，创造顾客价值

需求是一切生产的终点，我们不仅必须永远从需求的满足出发，而且任何时候的一定经济形势都必须从此去理解。

——约瑟夫·熊彼得，

经济学家、"创新理论"奠基人

顾客才是唯一的老板。

他们只要把钱花在别家公司，就能解雇公司包括总裁在内的所有员工。

——山姆·沃尔顿，

沃尔玛创始人

1000 亿美元!

2020 年 1 月 21 日，特斯拉股价大涨 7.19％至 547.2 美元，成为美国首家市值超过 1000 亿美元的汽车制造公司，超过当时福特和通用汽车两家公司的市值总和（865 亿美元）。

10000 亿美元!

到了 2021 年 10 月 26 日，特斯拉的市值再次飙升，超过了 1 万亿美元，此刻福特汽车市值停留在 600 多亿美元，通用汽车的市值也只有 800 多亿美元。

特斯拉上涨的底气来自远超行业平均水平的亮眼的业绩增长：

2021 年前三季度营收 137.6 亿美元，同比增长 56.85％，净利润 16.18 亿美元，同比增长 439％。福特汽车 2021 年前三季度营收 356.8 亿美元，同比下降 4.85％。净利润 18.32 亿美元，同比下降 23.19％。通用汽车 2021 年前三季度营收 267.8 亿美元，同比下降 24.5％，净利润 24.2 亿美元，同比下降 40％。

2023 年特斯拉的营收达到 968 亿美元，同比增长 18.8％，净利润为 149.97 亿美元，相当于福特汽车净利润的 3.4 倍。

时间倒回至 2010 年 6 月，特斯拉刚刚登陆纳斯达克时，举步艰难，当年营收只有 1.17 亿美元，亏损 1.5 亿美元，而福特汽车营收高达 1289.5 亿美元，净利润为 65.6 亿美元。

没有多少人想到特斯拉有朝一日市值超越福特汽车。那时的公众更看好福特汽车，因为福特是唯一没有接受政府贷款就挺过 2008 年全球金融危机的公司，也是被《基业长青》一书称为行业翘楚的领先公司。12 年之后，特斯拉不仅活了下来，增长表现也远远超越了福特汽车。

那么，在企业实现持续生存和高质量增长的过程中，究竟什么是最重要的因素？

员工、技术、股东，还是顾客？

不同企业有不同的回答。

福特公司的回答，在《基业长青》中被揭示出来。

20 世纪 80 年代，福特汽车在日本竞争对手的一再攻击下遍体鳞伤，赤字累累，形势江河日下。公司在 3 年里净亏损 33 亿美元，他们应该怎么做？最优先做的事情是什么？

福特管理层做了一件事——面临重大危机时管理层该做的一件罕见的事情，他们暂停下来，澄清公司经营的指导方针，进行基本哲学的讨论。在这个过程中产生了福特的"使命、价值观和指导方针"，福特前 CEO 唐·皮特森评论说：

"大家花了很多时间讨论人员、产品和利润的重要性，决定人员绝对应该列为第一（产品其次，利润第三）。"之后，福特确实有一段时间超过了日本的竞争对手，取得了行业领先。

但回首看看福特 2000—2023 年的历史，会对当初的回答产生疑问。福特汽车销售额在 2000 年达到 1700 亿美元，到了 2023 年为 1761.9 亿美元，整整 24 年仅增长了 3.6％。毛利率从 11％下跌到 9.3％，盈利从 34 亿美元变成 2023 年的 43.47 亿美元，仅增长 27％，增长表现不如人意。2022 年度甚至还亏损了 12.79 亿美元。

反观特斯拉，则更看重顾客体验和满意度，而非人员、产品或者利润。

在顾客权力越来越大的时代下，如果只是关注自己员工，无视顾客价值和体验、失去了顾客的喜爱和"买单"，企业将很容易走向衰落。痴迷顾客需求，创造顾客价值和惊喜体验，是企业坚韧增长的第四条法则。

特斯拉的胜利：不断提高顾客体验

"我们的目标是通过各种方式实现最高的所有权满意度！"埃隆·马斯克说。

2003 年，特斯拉由一群工程师在硅谷创立，他们希望证明电动汽车比汽油汽车可以更好、更快、更有趣。2004 年，马斯克加入特斯拉董事会，2008 年 10 月他担任 CEO 后，特斯拉高度重视建立顾客忠诚度，通过各种方式提高满意度。

2012 年，世界上第一款高级全电动轿车——Model S 正式发布上市。成功上市后的 2013 年的第四季度，特斯拉扩展了服务范围，缩短了维修周转时间。每次服务后完成一项调查，将近 90% 的顾客将特斯拉的服务评为 9 分或更高（其中 10 分最佳，1 分最差）。

得到顾客积极反馈后，特斯拉对 Model S 进行了几项软件更新增强，增加一些小但重要的功能，例如电动折叠镜和倒车雷达。

2013 年 11 月，美国消费者报告（Consumer Reports）的车主满意度调查证实了特斯拉努力的有效性，Model S 在 100 分中获得 99 分，这是全球所有汽车中最高的满意度。这也证明：设计精巧的特斯拉电动汽车能比汽油动力汽车创造更出色的体验。为了进一步提升驾驶员体验，特斯拉给予新的 Model S 用户 4 年的免费数据连接和互联网广播。

马斯克非常清楚地认识到，特斯拉未来的增长取决于消费者采用电动汽车的意愿。而顾客体验的核心要素之一，就是能够通过超级充电网络免费充电。

为了解决头痛的充电问题，马斯克对超级充电网络进行了大量的投资。到了2013年，沿着美国西海岸或东海岸以及从洛杉矶到纽约，Model S拥有者已经能进行便捷的长途旅行。

在2014年1月下旬的严寒中，特斯拉的一位车主首次完成了从纽约到洛杉矶的Model S之旅。路途中遇到的温度甚至低至零度以下，但他和女儿仅用了六天就完成了旅行。

除了对全球充电基础设施的持续投资外，2014年，特斯拉工程团队推出了V3超级充电器技术的计划，充电时间大为缩短，为车主提供了更好的体验，并大大降低特斯拉的运营和资本支出。

在顾客体验上，特斯拉没有停步，2016年完成了马斯克的"秘密总体规划"，推出了Model 3，这是一款低价、大规模量产的电动汽车。

Model 3在美国成功量产上市之后，马斯克认为，推进面向顾客的基础架构是重中之重，持续改善流程以最大程度提高顾客满意度。同时，通过顾客服务车队和移动服务车队来扩展维修能力，增加服务地点和移动服务车队，必要时进行两班制运营。

与汽车行业的传统做法不一样，特斯拉没有试图采取"歧视定价"的价格策略，以实现最高的毛利率，因为这将对某些市场的客户收取过高的价格。特斯拉认为这是对顾客价值的伤害，与建立顾客长期忠诚度的目标相悖，因此坚决打破了行业常规套路。

在进入中国之时，特斯拉坚持国际统一定价，一下子就赢得了中国消费者的心。

2018年，特斯拉在中国市场更进一步，在上海设立超级工厂，通过降低制造和运输成本，以及消除不利关税的影响，提高中国市场顾客对特斯拉的购买能力。2019年底，上海超级工厂建设完成。2020年，首批国产Model 3在上海交付,引发了一波 Model 3 在中国的消费热潮。

2022 年,尽管面临疫情冲击和其他厂商的强力竞争,特斯拉的增长依旧非常亮眼,整体营收达到 815 亿美元,同比增长 51.4%,净利润达到 125.6 亿美元,同比增长 127.5%。利润增长表现将福特汽车和通用汽车远远抛在后面。2023 年,特斯拉的营收和净利润继续创出新高。这一切,部分源于特斯拉通过各种方式提高所有者的满意度和不断创新。

> 员工、技术、股东固然重要,但在激烈的竞争中要脱颖而出,必须要把顾客满意度和体验放在首要位置。不仅是达到顾客期望,更需要超出顾客期望。
>
> 同时,不仅给顾客提供一个满意的产品,还需要以顾客价值为中心,打造相关的服务和产业链,并不断创新进步,给顾客带来惊喜和信任。

当公司规模变得巨大,就容易骄傲自大,对顾客需求的变化就可能反应迟钝,对自身能力和品牌过度自信,距离顾客越来越远,在决策和行动上发生一连串的错误,最终导致灾难性的衰落。

摩托罗拉就是一个典型。

走下神坛的工程师文化

摩托罗拉创办人保罗·盖尔文最大的梦想,是构建一个永续经营的伟大公司。他没有工程师背景,但是他礼聘最优秀的工程师,鼓励异议、讨论和不同意见,并且给所有的个人"大致上可以独立运作的余地"。

盖尔文传记的作者扼要指出:"他不是发明家,而是以人为蓝图的建筑师。"

但这种工程师主导、技术至上的管理理念在创造了一系列辉煌之后，最终给摩托罗拉带来了巨大灾难，最典型的是"铱星计划"。

2000 年 11 月 20 日，美国纽约南区破产法院发布命令，宣布摩托罗拉的铱星项目破产。

2001 年 3 月，摩托罗拉甚至因涉嫌与铱星卫星通信业务有关的虚假陈述而被集体诉讼。

铱星计划的起源是一个工程师的设想。1985 年夏天，摩托罗拉工程师巴里·柏林格的妻子在加勒比海度假时抱怨无法用电话联系客户。于是，巴里的脑海里就冒出了一个疯狂的想法：是否可以用很多颗卫星组成一张覆盖全球的通信网，实现全球通话呢？

根据巴里和另外两名同事的设想，采用 77 颗近地卫星，就能做到这一点。他们以元素周期表上序数为 77 的"铱（iridium）"命名这套系统。虽然后来改为由 66 颗运行卫星和 6 颗在轨备份星构成，但铱星的名称仍沿用了下来。

虽然"铱星计划"被巴里的主管断然拒绝，但却引起了时任摩托罗拉董事长罗伯特·盖尔文的兴趣。

对于罗伯特来说，铱星计划是摩托罗拉技术高超的显示，令人振奋、不可放弃。这一投资决策，实质上是工程师文化与顾客需求之间的脱节，这也是摩托罗拉悲剧的开始。

在投入 63 亿美元的真金白银后，铱星系统从构想变成了现实，但这个现实并没有想象的那么梦幻。

1998 年 11 月 1 日，在铱星计划正式提供通信业务的这一天，在第三代传人克里斯托弗·盖尔文的陪同下，美国副总统戈尔在白宫拨通了铱星电话。为了体现这个电话的"重大意义"，戈尔打给了电话发明人亚历山大贝尔的曾孙。

高光亮相之后，铱星计划没有走向辉煌，而是迅速跌落神坛。根本原因只有一个：这个产品远远偏离了顾客的需求。

铱星电话价格是每部 3000 美元，每分钟话费需要 3 到 8 美元。高昂的价格令人望而却步。到 1999 年 4 月，整个系统只有 1 万个用户，距离摩托罗拉 50 万用户的目标遥遥无期，而公司每月仅贷款利息就要 4000 万美元。

事实上，有意向的投资者早就发现了工程师创意和顾客需求之间的脱节。一位贝尔公司的高管回忆说，他们在观看摩托罗拉的铱星演示时，被一张幻灯片惊得目瞪口呆。他回忆说，用户必须首先将自己置于在电话天线和卫星之间没有任何障碍物的地点，才能顺利使用电话，不能在室内和车内使用，"你告诉我，我怎么能出售这种玩意儿？"他的公司最后拒绝投资铱星计划。

铱星的技术限制和设计扼杀了它的前途。用户在车里、室内和市区的许多地方都无法使用电话，在野外的用户甚至还得把电话对准卫星方向来获取信号。很难想象一个出差到海外的 CEO 打一个电话，需要走出大楼，走到街角，然后掏出一部 3000 美元的电话来打。

此外，一些技术上的缺陷也无法弥补：铱星能够传输的数据量有限，这对于商业人士来说恰恰越来越重要。令人头痛的是，在偏远地区必须找到一些特殊的太阳能设备才能给电池充电。铱星手机难以给顾客提供领先的价值和愉悦方便的体验，这些限制让铱星在它锁定的目标顾客群——长期商务旅行者市场销售得十分艰难。

与此同时，手机在全球的普及之快超过了铱星公司的预想。商务旅行者的要求被价格和服务优越得多的手机所满足。可想而知铱星的真实市场需求能有多少。

1999 年 8 月，铱星用户上升到 2 万个，但距贷款合同要求的 5.2 万个相差甚远。1999 年 8 月 13 日，在拖欠了 15 亿美元贷款两天之后，铱星项目提出了破产保护的申请。

移动通信上的失败是摩托罗拉走下神坛的更大推手。摩托罗拉在 1G 时代处于绝对垄断地位的，但领先优势冲昏了公司管理层和员工的头脑，他们开始骄傲自大。

1991 年，摩托罗拉就展示了全球首个使用 GSM 标准的数字蜂窝系统和电话原型。不过，摩托罗拉在数字化上的决心和战略出现了问题：手机部门和网络部门逐渐脱节。网络部门坚定地希望尽快从模拟走向数字。而手机部门在很长时间里还执着于模拟手机，因为模拟手机还在贡献大量的利润。于是，网络部门开始抛下手机部门，独自发展。甚至有一段时间，网络部门工程师竟然都在使用由高通（摩托罗拉最大的竞争对手）制造的数字化手机。

> 工程师很重要，科技攻关也很重要，但如果忽视顾客价值，与顾客的需求严重脱节，顾客不买单，最终的结果只能是企业自己买单，付出沉重的代价。

与此同时，诺基亚逐渐取代了摩托罗拉在手机市场的领先地位。1997 年，诺基亚正式超越摩托罗拉，成为世界上最大的移动手机制造商，摩托罗拉原有的市场份额大量失去。

即使 2003 年盖尔文家族退出后，摩托罗拉仍未完全走出工程师主义的旧"桎梏"。面临苹果、三星等公司的强大进攻，摩托罗拉在智能手机的浪潮中再次落伍。

2011 年，罗伯特·盖尔文逝世，此时盖尔文家族手上已没有摩托罗拉的股票。摩托罗拉公司被正式拆分为摩托罗拉系统公司、摩托罗拉移动两家公司。

2011 年 8 月 15 日，谷歌以 125 亿美元的价格收购了摩托罗拉移动。

2014 年 10 月 30 日，联想集团从谷歌公司收购摩托罗拉移动业务。时至今日，摩托罗拉这个品牌已淡出了人们视线，只有摩托罗拉系统公司依旧存在，保留着之前的 B2B 和 B2G 业务。

摩托罗拉永不言败的工程师精神，在实验室内，确实令人敬佩。但是与顾客需求严重脱节的时候，就一定会被市场"说不"，企业的失败和衰落将在所难免。

对待顾客需求的四个层次

上一章节讲了根本原则，而正确的根本原则第一条就是以顾客价值和体验为中心。在推动有质量生存和持续增长的旅程中，公司在拥有第六级领导者、建立根本原则之后，需要贯彻根本原则，要把顾客价值和体验放在企业经营中的首要位置。

那为何要高度关注顾客价值和体验呢？怎么做呢？

60多年前，管理大师德鲁克在《管理的实践》中提到，企业的目的，只有一个正确而有效的定义：创造顾客。利润的实质是达成满足顾客需求后成果的体现，而且只是一部分成果。而且，创造顾客仅仅是第一步。在购买了企业的商品和服务之后，并不代表顾客会持续购买。一旦没有顾客的持续购买，就难有企业的持续增长。

随着社交媒体以及移动网络的崛起，原先作为市场支配者的企业，变成了弱势群体，顾客则变成了更有优势的"主宰"。

现在不是企业选择顾客，而是顾客选择企业！

在选择众多的互联网乃至人工智能时代里，一旦顾客感受到怠慢甚至欺骗时，就有可能马上选择别家。列入"消费者"黑名单的企业将万劫不复，只有创造更多顾客价值和惊喜体验、赢得顾客忠诚度的企业，才有可能得到更多的生存空间和持续增长机会。

总体来说，对待顾客的态度可分为四个层次，分别是：关心顾客、顾客导向、以顾客为中心、痴迷顾客需求，需要投入的精力。如何对待顾客，决定了企业增长的不同命运。

图 5.1 对待顾客需求的四层次模型

第一个层次是"关心顾客"。

主要体现是尊重顾客，对顾客表达真诚的体贴和关心，提供温暖热情的服务。

相比"产品导向""技术导向""利润导向"和"股东短期价值最大化"导向，"关心顾客"已经前进了一大步，但视角还停留在"从内向外看"。

很多企业虽然对顾客表现得很热情，强调顾客为先，创造比较好的服务体验，但关注重点还是如何让顾客适应公司提供的产品和服务，购买公司的产品和服务。企业最关心的就是：我生产，你买；我宣传，你喜欢。

即使公司对顾客表达了关心和体贴，但没有真正从顾客价值出发，未能真正站在顾客角度分析顾客核心需求，目标设定和管理机制还是"以企业为中心"，而非"以顾客为中心"，最终不免仍将偏离顾客需求，导致非常高的失败率。

第二个层次是"顾客导向"。

主要体现是以满足顾客有效需求为指向，了解和分析顾客对公司产品和服务的差异化需求，认真听取顾客的意见和建议，采取一系列的有效行动，赢得顾客满意。

这个层次比"关心顾客"上升了一大步，不仅仅需要表达关爱，更强调分析顾客核心需求，与顾客对话交流，以提高顾客满意度。

这一阶段，企业往往导入 CRM 系统（客户关系管理系统），提升顾客服务和支持力度，为自身产品增值。但这种 CRM 早期多是建立在企业的 IT 系统基础上，顾客常常被置于"被发送"和"被管理"的地位。

此外，CRM 还有另一个问题，即对一些顾客区别对待，容易导致公司与顾客之间的信任被破坏。在当前顾客对商品和服务越来越挑别的时候，停留在"顾客导向"层次，不能与顾客建立紧密的互动，难以形成真正的长期信任和黏性。

第三个层次是"以顾客为中心"。

主要体现在将顾客视为真正的"老板"，将创造顾客价值作为所有工作的中心，深刻理解顾客的核心需求和痛点，从战略、运营、研发、组织、流程、人才、文化、系统等方面全方位改造，持续创造良好顾客体验，与顾客建立起长期信任。

在带领宝洁走出困境的传奇 CEO 阿兰·乔治·雷富礼看来，在宝洁，CEO 不是老板，顾客才是。宝洁的目标是在两个"关键时刻"让顾客感到欣喜：第一个关键时刻，是顾客购买产品时。第二个关键时刻，是顾客使用产品时。

在雷富礼所在的时代，"以顾客为中心"是创造竞争优势的有效手段之一，但在当下的互联网及人工智能时代，"以顾客为中心"成为企业持续生存的必需选项。忠诚顾客——"铁粉"群体越来越变成企业的一种战略资产，只有创造持续增长的"顾客资产"，企业的持续增长才能有源源不断的"活水"。

为了获得更多的"顾客资产"，企业必须转变过去以自我为中心的工作方式，领导者要走出办公室，到一线去了解顾客的真实反馈，观察顾客的消费行为，追着顾客提问，深入理解在顾客眼里最有价值的是什么？围绕顾客不断发展的需求和价值诉求，开发出具有领先性、与竞争对手差异化、顾客真正喜爱的产品和服务。

如果不能满足顾客的需要、创造价值，企业很快就无生意可做，就无生存空间。而且要把"以顾客为中心"作为人才升降进出的重要标准之一。任正非提出，"在华为，坚决提拔那些眼睛盯着客户，屁股对着老板的员工；坚决淘汰那些眼睛盯着老板，屁股对着客户的干部。"

第四个层次是痴迷顾客需求，创造顾客价值和惊喜体验。

这个层次主要体现在不仅将顾客的需求视为行动的中心，更是提升到"神圣的不满"，主动为顾客操心，先顾客之忧而忧，后顾客之乐而乐；不满足已有的成功，主动代表顾客发明，为顾客追求极致，持续为顾客创造更大价值，提供惊喜和感动的非凡体验，与顾客建立起强大的情感联系。

要想达到第四个层次，挑战是非常大的，只有极少企业能做到。

事实上，能做到"以顾客为中心"的层次已经非常优秀，但向"以顾客为中心"前进的旅程并非期望的一帆风顺。"顾客就是上帝"，嘴上说起来容易，但真正做起来是非常困难的，甚至是违背人性。因为人性更多追求的是"利己"，企业更多追求的是自己"规模和利润"，而"以顾客为中心"则要求"利他"，需要突破人性，做起来很不容易，步入歧途很正常。

下面我们看看一些优秀的新兴翘楚公司如何以顾客为中心，甚至"痴迷顾客需求"的。在这个过程中有过曲折，更有不断精进。

聚焦顾客需求，重新提升星巴克体验的承诺

作为新兴翘楚，星巴克曾在顾客体验中走过弯路。

2005 年至 2007 年间，在吉姆·唐纳德执掌公司 CEO 期间，星巴克过度追求规模增长，过度关注华尔街的业绩预测和短期利润，导致大规模的扩张快速淡化了星巴克体验，尽管财务业绩看起来不错，但顾客体验被忽视，单个商店的顾客流量在减少……

"在 2007 财政年度，我们的销售收入为 94 亿美元，净利润为 6.73 亿美元……尽管业绩出色，但从 2007 年开始，我们开始发现美国商店的客户流量缓慢。这令人失望且令人无法接受，但我向您保证，我们正在采取重大措施来解决此问题并改变我们的业务，以确保星巴克继续成为客户日常生活中的第三空间"。

2008 年 1 月，重新担任星巴克 CEO 的公司创始人霍华德·舒尔茨自我检讨：

"与一些快速发展的公司一样，随着快速成长并取得了巨大的成功，我们建立了支持这种增长的基础架构。尽管这是必要的，但导致了官僚主义。我们开始忽略了对顾客的关注以及对不断创新提升星巴克体验的承诺。"

霍华德在接受《财富》杂志采访时，他强调整个公司要像激光那样把注意力聚焦顾客。他给全体员工的信中说，"如果今天我们能诚实面对自己，就知道我们在前一阶段的扩张中过于投资系统和设施，从而滋生了官僚主义。从现在起，我们要重新回到以顾客为导向的发展。"

霍华德推动了一系列转型计划的实施，这些计划致力于使星巴克的每一家商店热情好客、与众不同，确保顾客以光顾星巴克商店而感到自豪。

"价值仍然是满足顾客需求的关键，我们着眼于提供更多价值的方法，同时又不降低我们的品牌。品牌意味着至高无上的质量。"

霍华德的目标是重新唤起顾客对星巴克的情感依恋，并恢复顾客与星巴克咖啡、品牌、伙伴和商店的联系。

他非常清楚，要获得持续增长，仅降低成本和提高运营效率是不够的。真正的转型需要星巴克改善顾客体验，积极进行差异化和创新。霍华德将工作聚焦在通过"接触顾客"所有领域的改进和变革来更新星巴克体验，通过创新产品和体验来提升。

> 　　过度追求规模增长，过于注重资本市场价值增长，忽视顾客价值和体验，即使短期内财务报表看起来漂亮，长期将损害顾客对公司的信任和情感联系，最终导致公司走下坡路。
>
> 　　只有专注持续改善顾客体验，通过创新和差异化，在"接触顾客"所有领域实现改进，才能持续创造卓越的顾客体验，促进公司持续生存和增长。

　　星巴克进行大量投资以改善顾客体验。星巴克伙伴在服务、饮料质量和商店状况方面做出了明显改进。在 2008 财政年度中，星巴克本已很高的顾客满意度得分提高了整整 10 个百分点。"我为我们遍布全球的合作伙伴鼓掌，他们每天定义一杯星巴克体验！"霍华德说。

　　经过一年的业务调整，星巴克在 2009 年后重新走上了高质量增长的正轨。2009 年净利润增长了 24％，达到 3.9 亿美元，2010 年，随着经济的复苏，星巴克获得强劲的增长动力，营收增加到 107 亿美元，净利润增长到 9.46 亿美元。

　　恢复了对顾客需求的聚焦，星巴克保持良性增长，2022 年尽管受到新冠疫情的影响，但营收达到 323 亿美元，净利润超过 30 亿美元，2023 年营收增长到 360 亿美元，净利润达到 41 亿美元，成为快消行业中的常青新锐翘楚。

将客户需求放在首位，持续创造价值

　　与摩托罗拉明显不同，华为不是把工程师放在首位，而是把客户需求放在首位，在坚持"以客户中心"的征程中不断精进，持续为客户创造价值。

"如果死抱着一定要做世界上最先进的产品的理想，我们就饿死了。我们的结构调整要完全以商业为导向，而不能以技术为导向，在评价体系上同样一定要以商业为导向。"2002 年，华为创始人任正非在公司内部会议上意味深长地说。

此时，通信设备业还未能从互联网泡沫中完全复苏过来。自主研发上的出类拔萃，使得华为获得了高速发展。但任正非却敏锐地看到了华为在技术研发中存在的隐患：一些研发人员过于醉心于对最好、最新技术的追求，忽略了客户的真正需求。

在一次工作汇报会议上，任正非指出华为的研发人员不贴近市场，不考虑其研发成果是否能得到市场的认可，有闭门造车之嫌。于是提出了"技术市场化、市场技术化"的口号，强调技术创新要适应市场的变化。

华为提出，必须聚焦客户关注的挑战和压力，提供有竞争力的通信解决方案和服务，持续为客户创造最大价值。协助客户解决这些问题，正是华为存在的理由。

为避免研发人员只追求技术的先进性而缺乏市场敏感，华为公司硬性规定，每年必须有 5% 的研发人员转做市场，同时有一定比例的市场人员转做研发。

任正非在题为《狭路相逢勇者胜》的演讲中谈道："新的产品研究体系的特点：一要保持持续领先，二要以客户的价值观为导向，强化客户服务，追求客户满意度。"

研发战略调整之后，华为与客户之间的关系由原来的"华为有什么好产品，客户需不需要"，转变为"客户需要什么，华为来开发"。2005 年，任正非在名为《华为公司的核心价值观》的报告中提出，"为客户服务是华为存在的唯一理由；客户需求是华为发展的原动力"。任正非分享了华为以客户为中心的系统性打法：

1. 基于客户需求导向的组织建设

在华为的组织结构中,建立了战略与 Marketing 体系,专注于对客户需求的理解和分析,确定产品投资计划和开发计划,确保以客户需求来驱动华为公司的战略实施。

在各产品线、各地区部建立 Marketing 组织,贴近客户倾听客户需求,确保客户需求能快速地反馈到公司并放入产品的开发路标中。同时,明确贴近客户的组织是公司的"领导阶级",是推动公司流程优化与组织改进的原动力。华为的设备用到哪里,就把服务机构建到哪里,贴近客户提供优质服务……

华为在全球 90 多个国家都有机构,整天与客户在一起,客户需要什么,以及在设备使用过程中出过什么问题,有什么新的改进,都可以及时反馈到公司。

2. 基于客户需求导向的产品投资决策和产品开发决策

华为对客户多渠道收集的大量市场需求进行去粗存精、去伪存真、由此及彼、由表及里的分析理解,以此为基础进行投资决策,确定是否投资及投资的节奏。已立项的产品在开发过程的各阶段,基于客户需求来决定是否继续或停止、加快或开发。

3. 在产品开发过程中,构筑客户关注的质量、成本、可服务性、可用性及可制造性

任何产品一立项,就成立由市场、开发、服务、制造、财务、采购、质量人员组成的团队,对产品整个开发过程进行管理和决策,确保产品一推到市场就满足客户需求,通过服务、制造、财务、采购等流程后端部门的提前加入,在产品设计阶段,就充分考虑和体现可安装、可维护、可制造的需求以及成本和投资回报。

新产品一旦推向市场,全流程各环节都做好了准备,摆脱了开发部门开发产品,销售部门销售产品,制造部门生产产品,服务部门安装和维护产品的割裂状况,同时摆脱产品推出后,全流程各环节不知道或没有准备好的状况。

4. 基于客户需求导向的人力资源及干部管理

客户满意度是从华为总裁到各级干部的重要考核指标之一。客户需求导向和为客户服务纳入干部和员工的招聘、选拔、培训教育和考核评价之中，固化到干部和员工选拔培养的素质模型中，固化到招聘面试的模板中。

华为给每一位刚进公司的员工培训时都要讲《谁杀死了合同》这个案例，因为在与客户互动交流的过程中，关键时刻的任何一个细节都有可能造成合同的丢失，例如不倾听客户需求等，从而导致公司业务的崩溃。

5. 基于客户需求的、高绩效、静水潜流的企业文化

华为文化承载了华为的核心价值观，通过不断强化"为客户服务是华为生存的唯一理由"，提升员工的客户服务意识，深入人心。

任正非表示，在任何时候，不管是给运营商提供网络设备，还是探索一项新的技术、开发一个新的产品；不管是与客户交流、沟通，还是优化内部运作流程，华为公司总是不断回到最根本的问题——客户的需求是什么？

即使面临2008年全球金融危机，华为也没有因为追求利润而放弃客户。

在2008年报中，华为写道，历史上大量兴衰、重组的事实反复证明，规模并不是成功的绝对要素。未来只有真正聚焦和理解客户需求，有持续创新能力，并通过卓越运营与交付，给运营商带来长期价值和潜在增长的设备商，才能在市场上获得最终成功。

在度过最惊心动魄的2008年之后，任正非在2009年华为年报中写道，"我们坚持以客户为中心，为更好地服务客户，华为持续地进行内部管理和组织流程的变革。"

与此同时，华为在年报中宣布自己的使命是——"聚焦客户关注的挑战和压力，提供有竞争力的通信与信息解决方案和服务，持续为客户创造最大价值。"

华为六大价值观的第一条就是"成就客户"——"为客户服务是华为存在的

唯一理由，客户需求是华为发展的原动力。我们坚持以客户为中心，快速响应客户需求，持续为客户创造长期价值进而成就客户。为客户提供有效服务，是我们工作的方向和价值评价的标尺，成就客户就是成就我们自己。"

华为不仅嘴上这样说，更重要的也是这么做。为保证对客户需求的快速响应及优质交付，华为实施了组织结构及人力资源机制的变革，将过去的集权管理，过渡到分权制衡管理，授予直接服务客户的组织和员工更多决策权，"让听得见炮火的人做决策"。

同时，建立了由客户经理、解决方案专家和交付专家组成的"铁三角"工作小组，更深刻地理解客户需求，提升客户信任，实现良好有效的交付，帮助客户实现商业成功，从而达成相互成就。

面临重重危机、全球经济下行时，围绕"以客户为中心"不断精进的精神成为华为应对挑战、突破难关、活下来以及实现增长的利器。

"发展数字经济已经成为全球各国应对宏观经济下行的关键举措……我们将坚持以客户为中心，把最合适的技术，经由最短的路径，以最合理的模式，在最恰当的时间，给最需要的场景"，华为轮值董事长徐直军在华为 2022 年报前面致辞中说道。

不断为客户创造价值，成就了华为的持续成长，让华为战胜了摩托罗拉、诺基亚等一系列强大的对手。从华为的伟大增长历史来看，以客户需求为中心的持续创新突破是其成功生存发展背后的关键推手之一，也将是华为未来持续增长的核心"法宝"。

> 企业的科技创新不能离开客户需求，不能脱离市场而自娱自乐，否则创新将变成无源之水，变成盲目创新。而以客户为中心，也不能仅仅体现在技术创新上，需要在组织、决策、产品开发、人才、企业文化等各个维度，形成全方位、系统性的打法。

社交媒体和移动网络的兴起，顾客拥有了太多的信息和选择。任何产品在顾客的眼中都不再有神秘可言。过去，顾客只能被动接受；现在，顾客已经掌握了市场的话语权。

"一切以顾客价值和体验为中心"，无论是海外的网飞、亚马逊、谷歌、Facebook，还是中国的阿里、腾讯、京东、字节、百度等，领先的互联网翘楚企业都将这一思想作为自身商业模式的核心理念，给商业社会带来深远而巨大的影响。

生存发展的机会来自公司看待顾客价值和体验的视角。与公司建立起长期信任的忠诚顾客群体成为公司长期生存增长的核心资产，衡量顾客资产价值大小的指标是核心顾客的数量和平均消费额，也就是互联网企业非常关注的DAU（日活跃用户数量）、MAU（月活跃用户数）和 ARPU（每用户平均收入）。在当下乃至未来的时代，以广告、公关和流量操盘为核心的营销并不一定能带来持续的增长，只有核心顾客资产增长才是公司持续生存和增长的基石。

拒绝广告，专注提升顾客体验

对于互联网行业而言，顾客体验是重中之重，也是线上企业与线下实体企业竞争的关键胜负手。

在互联网世界里分外残酷，今天没有被推荐的产品，明天就失去被购买的价值，后天就可能彻底消失。

富有远见的互联网企业，极其看重顾客体验和评价，甚至不惜放弃公司短期利益，着力打造自己的顾客资产并推动持续增长。

网飞格外清楚，抓住了顾客的心，就等于抓住了市场。

网飞创立的 1997 年是在互联网行业的早期阶段。那时网络视频收入以广告为主，内容免费，雅虎、搜狐就是依靠这种商业模式成长起来的。网飞并不打算这么做，因为这种盈利模式不符合其核心定位。网飞的核心顾客就是它的订阅会员用户。

在大多数情况下，广告和用户体验是一对矛盾体，广告越多，用户体验越糟糕。在哈斯廷斯的推动下，网飞成为当时唯一一家没有广告的互联网媒体公司：既不做广告投放，也不做广告植入，网飞始终持续专注于会员制，一切业务围绕提升订阅会员用户的体验。

2002 上市时，网飞提出了自己的成长策略，第一条就是为订阅会员用户提供引人注目的价值：提供访问网飞 1.45 万种影像综合库的权利，没有到期日、滞纳金或固定月费的运输费。

网飞的网站是从订阅会员用户角度设计，非常方便且易于使用。用户可以使用网飞专有的个性化技术快速选择当前标题，预订即将发行的影片，建立个人收藏以供将来查看。

"我们成功的秘诀是什么？网飞成为第一大在线 DVD 租赁公司的原因是什么？我们认为这是我们追求卓越的能力以及兑现承诺的能力的结果。反过来，这又建立了非常忠诚的用户群。人们喜欢网飞，并告诉他们的朋友，这意味着会有更多新的、满意的用户（达到历史最高水平的 95% 的用户满意度）。那未来呢？我们将继续投资，以提供更多的产品，更快的交付速度和无与伦比的服务，从而使体验更加出色。"

在网飞 2003 年致股东的信中，哈斯廷斯分享了以上网飞成功背后的基因。

> 放弃短期"赚快钱"，专注了解用户喜好，持续在用户体验上大力投资，通过口碑宣传，加速顾客资产的持续增长，为企业的持续健康增长提供了动力来源。

网飞每年都专注于了解用户的喜好，持续在用户体验上大力投资，以提供更多的产品、更快的交付速度和更卓越的服务，从而使体验更加出色。有了用户的偏爱和大力支持，面对行业巨头百视达的围追堵截，2002 年网飞的营收同比增速超过 103％，亏损从 3700 万美元减少到 1100 万美元。

2003 年，网飞投资开设了更多的货运中心，更快地向用户交付，通过第二天的送货，网飞覆盖全国 80％以上的用户。这一年，网飞增加了 63 万净订阅会员用户，总订阅会员用户数达到 148.7 万，同比增速达到惊人的 74％。

网飞提高服务质量的所有努力有助于延长用户的平均寿命，从而能从每个用户中获得更多价值。

就在 2003 年，网飞实现了 65.2 万美元的首次盈利，经营净现金流达到 9000 万美元，自由现金流提升到 2500 万美元，资产负债率保持在健康的 36％，账上有了 9000 万美元现金——有质量的活下来。

2002 年，当网飞宣布将在 5 到 7 年内达到 500 万用户时，市场对此表示怀疑。但令人惊喜的是，仅仅 4 年之后，2006 年网飞就拥有 500 万用户和 10 亿美元的收入，比预测的还要早 1 到 2 年。2005 年，当网飞说未来 5 到 7 年内达到 2000 万用户时，再次引发外部怀疑，但后面又很快实现。

网飞在不断改善用户体验方面的投资获得了可观的回报。订户满意度空前高，流失率处于历史最低点。不断的正循环促进了网飞的持续加速增长。

网飞强调抓住"赢得关键时刻的目标"。因为用户可能与多个娱乐来源保持着同时的关系，但网飞努力让用户在空闲时间选择网飞，而不是竞争对手。在艰难的竞争环境中，网飞保持了以顾客为中心的关注和财务纪律。在尼尔森在线和 ForeSee Results 进行的独立调查中，网飞多次被评为美国电子商务客户满意度第一名。

互联网公司营收增长的背后，往往是由用户数量增长以及用户平均贡献消费额增长的双轮驱动。对用户需求和体验的高度关注，站在用户角度放弃公司短期利益,网飞用户数量实现了加速度增长。

截至 2023 年底,在全球 190 多个国家和地区,网飞的付费订阅会员用户数已经达到了 2.6 亿,相比 2002 年时的 85.7 万用户,增长了惊人的 302 倍,这是网飞强大的战略增长资产。

真正的"顾客痴迷",代表顾客发明创新

亚马逊在迈向"痴迷顾客需求"层次的道路上持续精进,不断赋予其新的内涵。

早在亚马逊创立初期的 1997 年,杰夫·贝佐斯就率先正式提出了"痴迷顾客"(Obsess Over Customers)的说法,为顾客提供极具吸引力的价值。他分享了创业初心:

"从一开始,我们的重点就是为顾客提供极具吸引力的价值……我们为顾客带来了比实体商店更多的选择,并在一年 365 天、一天 24 小时的全天候商店中通过有用、易于搜索和易于浏览的格式呈现它。

我们一直专注于改善购物体验……我们大幅降低价格,进一步提升顾客价值。口口相传仍然是我们拥有的最强大的客户获取工具,我们非常感谢顾客对我们的信任。重复购买和口口相传,使亚马逊成为在线图书销售的市场领导者。"

2000 年,贝佐斯提出要把亚马逊建立成为全球最以顾客为中心的公司。他没有把顾客视为被动的交易对象,更没有视为可以愚弄欺骗的接受者。

"在亚马逊,我们打算建立全球最以顾客为中心的公司。我们认为顾客是敏锐而聪明的……我们的顾客告诉我们,他们选择亚马逊,并告诉他们的朋友,理由是我们提供的选择、易用性、低价格和服务。"

"我经常提醒员工,每天早上醒来感到害怕的不是我们的竞争对手,而是我们的顾客可能离我们而去。我们的顾客使我们的业务成为现实,他们是和我们有链接的人,他们是我们应该承担的重要责任。"

建立"全球最以顾客为中心的公司"、痴迷顾客需求,并不能停留在口头或原有路径上,而是需要围绕顾客价值不断创新,甚至放弃公司短期利润,打破商业传统。

贝佐斯清楚地认识到顾客价值和体验有 3 个支柱:选择、便利、性价比。

亚马逊必须致力在每项举措中不断改进、试验和创新。更重要的是,亚马逊真心诚意为顾客考虑,并非只是赚钱。为了价格竞争力,亚马逊可以放弃短期的利润。如果客户购买两次相同的商品,亚马逊就会发出警告和提醒。

贝佐斯认为,亚马逊需建立降低价格并同时推动顾客体验的能力。在很多人眼里,这两个目标似乎是矛盾的。

首先,亚马逊持续推动顾客体验。在提供创纪录数量商品和服务的同时,亚马逊提供了有史以来最好的顾客体验。亚马逊交付中心处理订单所花费的速度,每年都有进步。

其次,在关注顾客体验的同时,亚马逊一直努力大幅降低价格。亚马逊的定价策略不是尝试最大化保证毛利率,而是寻求为顾客创造最大价值,从而在长期内创造更大的利润增长。例如,亚马逊的珠宝销售毛利率就大大低于行业标准。

虽然降价会损害当前的财务结果。但从长远来看,降价倒逼成本结构的不断优化,无情地推动"价格—成本结构循环"将使亚马逊拥有更强大、更有价值的业务。

通过成本费用结构优化,特别是通过技术手段将单位顾客成本费用大幅降低,例如设计一个即时订单更新这样的功能,可以供 4000 万客户使用,其成本远远低于为 100 万客户提供相同成本的 40 倍。

这就是亚马逊创造顾客体验同时降低价格的互联网秘诀：将大部分顾客体验（包括无与伦比的选择、广泛的产品信息、个性化建议和其他新软件功能）转化为固定费用，使用的顾客越多，单个顾客付出的成本越低。随着业务的增长，亚马逊的成本占销售额的百分比会迅速缩减，带来更好的顾客体验。

在 2002 年的美国顾客满意度指数中，亚马逊获得了 88 分，这是有史以来的最高分——不仅仅是在线网站，不仅仅是零售业——而是有史以来任何服务行业的最高分。

20 多年后，贝佐斯坚持"痴迷顾客"，并升华到了更高的高度——代表顾客发明。

"有很多方法可以作为业务的中心。您可以专注于竞争对手，您可以专注于产品，您可以专注于技术，您可以专注于商业模式，还有更多。但在我看来，强迫关注顾客，是迄今为止确保企业第一天活力的最好方法。"

贝佐斯坦诚地说，他喜欢顾客的一件事是，他们是"神圣的不满"。他们的期望永远不会静止，会不断上升。这是人性。人们对更好的方式有着贪婪的胃口。昨天的"哇"很快变成了今天的"普通"。

渴望取悦顾客的愿望促使亚马逊代表顾客发明。没有顾客要求亚马逊创建 Prime 会员（优先会员）计划，但后面证明他们喜欢它。亚马逊在 AWS 上构建的大部分内容，也是基于倾听顾客的意见，询问顾客他们想要什么，仔细倾听他们的答案，以便周到快速地提供至关重要的解决方案。

没有这种对顾客需求的痴迷，亚马逊将无法繁荣发展。最大的推动器将是顾客不知道要求的东西。亚马逊必须代表他们发明，必须利用自己内心的想象力来实现可能性。

贝佐斯认为，痴迷顾客，是亚马逊持续生存和增长的决定性因素之一。

"顾客驱动的一个优点——可能是一个有点微妙的，是它有助于某种类型的主动性。当我们处于最佳状态时，我们不会等待外部压力。在必要之前，我们的内部致力于改善服务，增加优势和功能。我们必须降低价格并为顾客增加价值。我们必须先发明创新，这些投资的动机源于我们对顾客的关注，而不是对竞争的反应。我们认为这种方法可以赢得顾客更多的信任，并推动顾客体验的快速改善。重要的是，即使在我们已经处于领先地位的领域也是如此。"贝佐斯给痴迷顾客的价值做了一个最好的注解。

> 顾客的需求是神圣的不满，昨天的"哇"很快变成了今天的"普通"。强迫以顾客为中心，痴迷顾客需求，是确保公司保持生命活力的有效方法。
>
> 不仅努力满足顾客需求，更重要的是围绕顾客价值和体验，持续迭代发明创新。这些发明创新源于对顾客的关注，而不是对竞争的反应，从而可以赢得顾客更多的长期信任，推动顾客体验快速改善。

2021 年，贝佐斯在以 CEO 身份写给股东的最后一封信中说道，"我们已经走了很长一段路，我们比以往任何时候都更加努力地服务和取悦顾客。"

贝佐斯总结了亚马逊为股东和顾客创造的价值：

从 1997 创立到 2020 年底的 23 年发展过程中，亚马逊为股东创造了 1.6 万亿美元的财富。

亚马逊的顾客可以分为消费者顾客和 AWS（亚马逊云服务）客户。

对于消费者顾客来说，亚马逊提供低廉的价格、广泛的选择和快速的交货。出于估算价值的目的，只重视一件事的价值：亚马逊为顾客节省了时间。28% 的顾客购买在亚马逊上可以 3 分钟内完成，一半的购买在 15 分钟内完成。如果与实体店的典型购物之旅进行比较，一年时间内节省超过 75 个小时。按照每小时 10 美元计算，亚马逊可为每位 Prime 会员创造约 630 美元价值。亚马逊拥有 2 亿 Prime 会员，2020 年创造的价值总额将达到 1260 亿美元。

AWS 客户带来的价值则很难估计,如果概算,在云端运行与在本地运行的直接成本相比,改进的合理估计是降低 30% 成本。在 AWS 在 2020 年 450 亿美元的整个销售额,这 30% 意味着创造了 190 亿美元的客户价值。成本的直接降低是迁移到云端的客户利益的最小部分。更大的好处是软件开发速度的提高——这可以显著提高客户的竞争力和收入。

"我们为他们创造价值。而这种价值创造不是零和游戏,这不是将钱从一个口袋转移到另一个口袋。在整个社会周围画一个大盒子,你会发现发明是所有真正价值创造的根源。"贝佐斯强调说,亚马逊创造的价值是增量价值,是通过创新发明创造的,而非零和游戏。

"我们一直想成为地球上最以顾客为中心的公司。我们不会改变这一点。这就是让我们来到这里的原因",贝佐斯将此作为 CEO 最后一封信的关键注脚。

思考与启示

在推动有质量生存和高质量增长的旅程中,在警惕重大风险、拥有第六级领导者、建立根本原则之后,企业要把顾客价值和体验放在中心位置,而非员工、技术、利润或者股东。

正如巴菲特所说,"每天,有无数方式可以使得每个企业的竞争地位变得越来越弱。但如果我们为顾客带来愉悦,消除不必要的成本并改进我们的产品和服务,我们就会获得力量。但如果我们对顾客漠不关心或容忍组织的臃肿,我们的业务就会枯萎。我们每天行动的影响是难以察觉的;但是,累积起来,它们的后果是巨大的。"

虽然许多中国企业强调以顾客为中心,甚至也提出"痴迷顾客需求"。但在现实中，一旦顾客利益和公司利润发生冲突时，往往更多是选择公司利润。不幸的是，公司与顾客之间的长期信任非常脆弱，只要伤害了顾客一次，长期信任的基础就会动摇，核心竞争优势就会减弱。

那么，如何更好地做到"以顾客为中心"，甚至升级到"痴迷顾客需求"的境界呢？至少需要做好以下 3 件事：

1. 用同理心提前精准预判顾客需求。

企业不能把顾客的额外需求当成麻烦，反而需将之视为公司更好生存和不断进化的动力来源。要预判顾客需求，需要的是同理心，而不仅仅是数据分析能力和倾听能力。同理心，不仅要感受到现有顾客和潜在顾客的需求，还要洞察顾客未被满足的需求，预判顾客对尚不存在的商品会有什么要求。这要求企业从多个层面了解顾客的不满、期望甚至是梦想，将自己的脚放入到顾客"鞋子"中，围绕人性去洞察、预判顾客未来需求，以此作为战略行动的起点。

2. 追求极致，代表顾客发明创新，与顾客建立深厚的情感连接。

在洞察和预判顾客需求之后，更要打破惯性，不能满足"我们有"、"我们已经挺好的"的现状，而要追求极致。只有创造极致价值优势和极致体验才有可能赢得顾客的长期偏爱，从竞争对手那里"抢来"顾客，这在当下的存量经济中特别重要。

想要持续抓住顾客的心，就必须从感情上打开突破口。企业领导者需要打破行业的传统认知，代表顾客创新，从每个关键细节上让顾客惊喜和感动，才能影响他们的头脑，让他们去持续购买自己的产品，并不断向亲朋好友推荐。苹果之所以能成功，正是依靠在用户群体中产生了现象级的口碑。索尼的再次复活，也是因为唤醒了顾客心中的感动。华为在艰难环境中的持续生存和增长，就是围绕顾客价值持续创新，在顾客心中创造了遥遥领先的位置。

3. 重建绩效考核体系，与顾客价值增长紧密关联。

要想真正在组织上下创出"痴迷顾客需求"的范围，必须在绩效管理上进行重建，眼光不能只盯着"销售额、利润和市场份额"等财务指标，而是要放到顾客和公司长期价值增长的指标上，聚焦如何帮助顾客（以及顾客的顾客）获得更多价值，成就顾客上。

在网飞的增长过程中，哈斯廷斯一直把订阅会员用户满意度放在首要位置。管理层定期跟进 4 个关键业务指标，以评估增长的健康度。这 4 个指标中有 3 个指标与顾客相关，包括：

（1）订户流失率；

（2）订户获取成本；

（3）付费用户数量变化。

还有一个财务指标是毛利率。管理层通过审查毛利率以监控可变成本和运营效率。

网飞深知，如果失去了订户的忠诚度和满意度，营收、利润这些指标将是无本之木、无源之水。因而体现顾客满意度和黏性的关键业务指标，作为网飞决策和业绩评价的关键标尺。

作为"痴迷顾客需求"代表的亚马逊公司，也放弃使用传统的财务或运营绩效指标，因为这些指标可能会使管理人员只关注孤立计划的成功，而非顾客价值和公司的长期生存和成功。

在未来，只有当绩效管理和激励机制与顾客价值增长紧密关联，才能真正在组织上下形成痴迷顾客需求，为顾客发明创新的氛围，推动顾客资产的持续增长。

互联网、社交网络、移动设备、云计算以及人工智能的加速到来，已经永久地改变了我们与当前顾客和未来潜在顾客之间的关系，每个顾客都有可能影响到企业生存和增长的命运。

今天的数字化时代乃至未来的人工智能时代，决定商业行为成功或者失败的，不是精心设计的商业计划，而在于能否为顾客创造领先独特的价值和惊喜体验，能否赢得顾客的信任和感动。

外部环境千变万化，但顾客对更高产品质量、更优质服务、更低价格、更好体验的美好追求是永恒不变的，并且在不断提升。

中国大部分行业已经告别了短缺经济，正处在存量经济或者过剩经济的市场环境中。在需求趋于饱和，潜在增长率极低的存量市场中，企业必须创造出极致的顾客体验和价值出来，才能够保住自己的生存地盘，进而获得增长。

对于中国企业家来说，要实现有质量的生存和高质量战略增长，必须尽快改变管理思维，视角应由"从内向外看"快速调整为"从外向内看"，经营增长策略应始终以顾客价值和体验为中心，甚至努力追求"痴迷顾客"的境界。

"痴迷顾客需求"与股东价值长期最大化并不对立，只有聚焦顾客需求，创造卓越的顾客体验，成就顾客价值，才能成就企业的自我生存和持续增长，从而促进股东价值的长期最大化。一旦只以技术/产品为中心，以老板和上司为中心，以流程和制度为中心，或者以股东短期价值最大化为导向，失去顾客的信任，公司的持续生存增长终将成为"黄粱一梦"、迟早破灭！

第六章　追求长期价值增长，持续巩固"长期护城河"

"从短期来看，市场是一台投票机，但从长远来看，它是一台称重机。"

——本杰明·格雷厄姆，

价值投资之父

当你面临两难选择时，请永远选择长期利益。

——彼得·彼得森，

黑石集团联合创始人

在投资大师巴菲特眼里,企业"护城河"的扩大和长期建设至关重要。

"当我们的长期竞争地位由于这些几乎无法察觉的行为而得到改善时,我们将这种现象描述为'扩大护城河'。如果我们想从现在开始,做我们想要的那种业务,这样做至关重要。当然,我们总是希望在短期内赚更多的钱。但是,在短期利益和长期利益冲突中,扩大护城河必须优先考虑。如果管理层做出错误的决定,以达到短期收益目标,并因此造成在成本、客户满意度或品牌实力方面落后,那么后续的辉煌将无法克服所造成的损害。"

巴菲特所说的"护城河",其实就是公司领先于同类企业的核心竞争优势,"长期护城河"则指公司在一个相当长的时间内保持突出的竞争优势。

"护城河"的宽阔程度和持久性共同决定了公司增长价值的大小和健康程度。领导层的使命就是让公司在两方面都取得不断进步。导向长期成功、持续巩固"护城河"是企业坚韧增长的第五个法则。

毋庸置疑,我们都喜欢扩大"护城河"。但一时的"英雄"并不能保证长期立于不败之地。事实上,扩大"护城河"短期容易,长期则非常艰难。

如何才能有效建立和扩大公司"长期护城河"呢?

能持续扩大"长期护城河"的企业无一不是准确预判未来,看准并把握了时代赋予的巨大市场机遇;聚焦重点,持续精进创新;在运营上追求卓越,打造极致水准;对绩效管理体系进行改造,聚焦长期价值增长评价;持续自我反省、不断进化,而非骄傲自满、故步自封,推动公司的持续生存增长。

总结下来,就是以顾客价值和体验为中心的"长期护城河"扩大"六步走"模型。

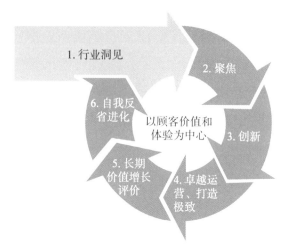

图 6.1 公司长期护城河建立扩大"六步走"模型

行业洞见带来的大逆袭

以顾客价值和体验为中心，在上一章已经说过。能否富有远见，预判和把握时代"浪潮"、看准巨大的商业机遇，对竞争制胜的关键要素心中有数，是扩大"长期护城河"的首要前提。没有行业洞见，方向搞错，再多的努力都没有用，反而可能贻误战机、导致竞争优势不断下降，"长期护城河"不断缩小，甚至可能被时代抛弃，失去立足之地。

对于巨大的商业机遇，贝佐斯做过一个定义，至少具备四个特征：

- 顾客喜欢它

- 可以发展到非常大的规模

- 具有强大的资本回报

- 在时间上是持久的，具有持续数十年的发展潜力

大道相通，这个观点不仅适用于互联网行业，同样适用于医疗健康等其他

行业。

在《基业长青》里,梅尔维尔公司(Melville)是个反例。柯林斯很难想到梅尔维尔在 20 多年后居然能逆袭战胜他心中的翘楚——诺士全公司。

1993 年,梅尔维尔公司还是美国最大的多元化专业零售商之一。业务五花八门,高度分散,有四个类别:(1)处方药、保健和美容用品零售;(2)服装零售;(3)鞋类的零售和生产;(4)玩具、家庭用品、家具零售和制造。

1995 年的梅尔维尔遭遇巨大生存困境,营收为 96.9 亿美元,亏损高达 6.6 亿美元。此刻的诺士全营收虽然只有 41 亿美元,盈利为 1.7 亿美元。

绝境之下,梅尔维尔董事长兼 CEO 斯坦利·戈德斯坦敏锐洞察到医疗保健零售行业的巨大增长潜力,他认为这是一个巨大但未有效满足的市场机遇,3 个关键因素将促进快速增长:

第一,美国人口老龄化的人口趋势;

第二,新药品和新医疗服务的持续研发;

第三,美国第三方提供商(药品福利管理公司 PMB)有更多的发展机会,处方药支付正更多转移到医药福利公司手中(CVS 正在这个市场中)。

这 3 个关键因素与贝佐斯提到的巨大商业机遇特征很匹配。

就在 1995 年 10 月,在董事长斯坦利的主导下,梅尔维尔董事会批准了一项全面战略重组计划,进行战略转型,放弃多元化,聚焦一个核心业务:处方药、保健和美容品零售。只保留连锁药房业务 CVS,而将服装、鞋类和玩具、家具产业剥离。1996 年 11 月 20 日,梅尔维尔正式更名为 CVS。

CVS 是 Consumer Value Store(消费者价值店)第一个英文字母的缩写,是经营医药、打折保健品和美容品的自选店,由斯坦利·戈德斯坦和西德尼·戈德斯坦两兄弟及拍档拉尔夫在 1961 年创立。1969 年,CVS 被出售给梅尔维尔公司,成为旗下子公司之一。

梅尔维尔更名为 CVS 后,开始跨越式增长。1997 年,CVS 完成了美国药品零售业史上的一次重大收购，收购 Revco 公司，上演了"小鱼吃大鱼"。当时 CVS 只有 1400 家门店，Revco 连锁药店拥有 2500 家门店。合并后的企业在当时美国零售药店排名第二。

在大举收购的同时，CVS 基于行业洞见，持续扩大自身的"长期护城河"。斯坦利领导下的 CVS 对零售连锁药店业务竞争的关键要素有深刻的认知，认为竞争取胜主要基于 4 个方面：

（1）商店位置和便利性；

（2）顾客服务和满意度；

（3）产品选择和品种；

（4）价格。

CVS 围绕这 4 个关键因素持续强化竞争优势，努力成为顾客最方便使用的药房零售商。经营策略强调服务、创新和便利，以具有竞争力的价格提供各种优质商品。

CVS 创造了很多个"第一"，包括：

第一家使用数码照片解决方案的零售药房；

第一家提供数码照相手机打印功能，将数码照片上传到 CVS. com 并用于商店取货的公司；

第一个提供一次性数码相机的公司。

这些对吸引顾客、保持顾客满意度起到了关键作用……

为了支持商店经营增长，公司以顾客价值和体验为中心，制定了积极的改建和商品化计划：每年改建 20% 的 CVS 商店，每年进行 20% 的商品更新化。CVS 在许多地方延长商店营业时间，推出 24 小时运营。由于消费者对一站式购物越来越感兴趣，CVS 推出由杂货店、药店和其他多家分店组成的"组合"商店，让顾客购买更便利，不断提高顾客的满意度。

技术创新也是 CVS 扩大"长期护城河"的关键之一。1996 年，在药房业务中，CVS 开始大力推动"RX2000"计算机系统，药剂师更有效地管理处方填写职责，更多时间与客户互动。公司开发了先进的"零售数据仓库"，快速分析每个销售点的 POS 数据，制定有针对性的营销/销售策略。同时实施"现场管理系统"，使用 POS 数据，改善各个商店的运营执行力。

随着"长期护城河"的不断扩大，CVS 不仅活了下来，日子还不断变好，1997 年净利润为 0.8 亿美元，1998 年为 4 亿美元，1999 年增长到 6.4 亿美元，2000 年达到 7.5 亿美元。2010 年，CVS 营收更是超过 900 亿美元，利润超过 30 亿美元。

> 行业洞见是建立和扩大"长期护城河"、实现有质量生存和高质量增长的前提。围绕在不同阶段行业成功的关键竞争制胜因素，企业应时而变，加强长期战略投入，坚持不懈，持续进化，就能取得真正的逆袭。

随着时代和市场的变化，CVS 对药房行业的竞争因素认知也应时而变。

2011 年，CVS 认为连锁药房行业的主要竞争因素增加到 8 个方面：

（1）从药品制造商获得优惠折扣的能力

（2）通过零售药房网络提升谈判能力，发挥网络效应

（3）对顾客需求的快速响应

（4）利用临床策略，识别和应用有效成本管理计划的能力

（5）开发和使用首选药物清单的能力

（6）推销 PBM(第三方药品福利管理)产品和服务的能力

（7）为顾客提供灵活、面向临床的服务承诺；

（8）提供给顾客和会员的产品与服务的质量、范围和成本

CVS 因此建立综合药房服务模型，扩展顾客获得医疗服务的能力，帮助顾客降低整体医疗费用，改善健康状况。零售药剂师的角色从最初的配药工作，

转变为提供服务（包括流感疫苗接种）和面对面的患者咨询，以及更具成本效益的药物疗法。

旨在提供更方便、护理质量更高的专业服务，CVS 推出了"一分钟诊所"：由护士执业者和医师助理组成，进行健康检查，监测慢性病并提供疫苗接种。一些小毛病，患者无需到医院排队，只要到"一分钟诊所"即可享受方便专业的服务。截至 2012 年底，CVS 已在美国运营 640 个"一分钟诊所"，其中 550 家位于 CVS 药房之中。

在向医疗健康行业聚焦转型 27 年后，CVS 不仅实现了有质量的生存，更是发展成为美国健康行业中的巨头。

截至 2023 年底，CVS 拥有 9000 多家零售网点、1.08 亿名会员，超过 1000 家"1 分钟医疗诊所"，每年为超过 100 万患者提供服务。此外，还通过以消费者为导向的健康保险产品和服务为约 3500 万人提供服务。

CVS 的发展战略进化成"重新构想消费者的医疗保健体验，使其更容易、更实惠地过上更健康的生活"，业务范围从"初级医疗保健"演变成"解决整体健康（包括身体、情感等多方面），带来更高的护理质量和更低的医疗成本"。

从 1996 年梅尔维尔进行战略转型之后，持续打造竞争优势，不断扩大"长期护城河"，并保持了持久性。

借助医疗健康产业发展的巨浪，CVS 实现了有质量的巨大增长，销售额从 1996 年的 118 亿美元增长到 2023 年度 3578 亿美元（增长 29 倍），净利润从 2.1 亿美元增长到 83.4 亿美元（增长 38 倍）。此时，诺士全的销售额为 147 亿美元（相比 1996 年增长 2.3 倍），净利润为 1.3 亿美元（相比 1996 年还下降 13%）。

CVS 不仅活下来，更是将曾经的对手诺士全远远抛到了后面，创造了一个持续增长的业绩"神话"。这一切，都源自当初的行业洞见和"长期护城河"的打造。

聚焦核心业务和优先事项

对行业未来趋势有深刻洞见之后,必须找到聚焦点和杠杆点。否则即使短期抓住机会,但由于精力分散,难以形成真正的长期竞争优势。

战略大师理查德·鲁梅尔特提到聚焦核心、产生竞争优势的手段包括:

- 将主要精力集中到某个、某些关键性或决定性的方面;
- 做出连贯性决策、采取连贯性行动,这些行动相互依赖。

公司经营增长战略的关键就是确定各种任务的轻重缓急,明确哪些是该做的事、哪些是能做的事。

做该做的事是战略思维,做能做的事是机会思维。

在企业持续战略增长过程中,大多数的成功源于正确区分问题重点和优先顺序。

但可惜的是,大多数组织都没有制定聚焦化战略。为了抓住各种市场机会,它们会拼命做"加法",列出很多理想目标清单,但忽略了最重要的一点——"逐二兔,不得一兔",分散了资源和精力,反而一无所获;只有集中优势资源,才能创造出差异化的竞争优势。

要扩大"长期护城河",领导者要敢于做"减法",聚焦战略破局点,持续精进。

苹果公司就是专注的代表。

专注让苹果获得重生

1995 年 8 月,微软发布了 Windows95,迅速统领了计算机市场。但对苹果电脑却是一次重大打击,由于丧失了竞争优势,"长期护城河"被侵占,苹果电脑少人问津。

赶走乔布斯之后，约翰·斯卡利及之后的苹果CEO们为了扩大销售规模，拼命做"加法"，不断向外延伸业务，除了电脑之外，还有打印机、互联网连接设备、磁盘驱动器、扫描仪、显示器等。乔布斯回归之前的CEO阿梅里奥博士进一步把苹果产品线扩展到40多种不同的机型，但顾客却很难弄明白每一种产品究竟有什么不同，产品名称极易混淆，如Performa5400CD、Performa5400/160等，让顾客一头雾水。

为了帮顾客做选择，苹果甚至准备了精细的流程图，越变越复杂，越来越走火入魔，但产品多元化带来的是核心竞争优势的稀释和"长期护城河"的变窄——苹果走向了"死亡"边缘：1996年亏损高达8.16亿美元，1997年亏损扩大到10.45亿美元。

当时有人问戴尔公司创始人迈克尔·戴尔，如果他担任苹果公司CEO如何处置时，"我会关闭它，然后将钱还给股东"戴尔直言不讳。

1997年乔布斯被请回苹果后，面对将被判"死刑"的苹果，将"专注"力量发挥到极致。他大举做"减法"，精简产品线，大部分工程和营销团队也被解雇，聚焦到核心产品上。

1998年，乔布斯提到挽救苹果的战略时，解释了背后的逻辑：

"我们的产品线太复杂了，耗费了公司大量的资金。家人的一位朋友问我应该买哪一款苹果电脑，她搞不懂不同型号之间的区别，我也不能给她明确的指导。苹果电脑的定价没有低于2000美元的，这让我很震惊。我们用PowerMacG3替代了所有的台式机。6个全国性的经销商裁掉了5个，要满足他们的要求，就意味着提供的型号和价位太多，而且这样做加价太多。"

乔布斯评估后认为大多数的产品是为了应付领导或者经销商而开发的，而不是为了消费者而创造的伟大产品。他召集了产品部相关人员开会，在会上画了著名的"2×2"的方格，方格里面分别放着"台式"、"便携"与"消费级"、"专业级"的两两组合。这意味着苹果只专注 4 款产品，一举砍掉苹果 90％的产品线。

乔布斯把苹果所有的"鸡蛋"都放在这 4 个产品的篮子里。只要这 4 款产品中有一款失败，就会拖垮整家公司。尽管面临着风险，但正是依靠这种专注，苹果活了下来。

> 过于复杂的业务和产品，不仅让顾客晕头转向，更会让公司的资源和能力分散，最终陷入泥潭之中。
>
> 基于行业洞见和对顾客需求的深刻理解，集中力量于一点，将迸发出最大的能量，创造强大的竞争优势，并能保持持久性。

乔布斯的聚焦化战略突破了行业常规，将有限的资源和力量聚焦于一点，像激光一样，在公司生死存亡时刻，爆发出巨大的能量。

乔布斯的"专注"不仅体现在对业务的精简上，同时也体现在产品的"极简设计"上。

与同时代智能手机上众多按键的复杂设计不同，在苹果第一代 iPhone 手机上，只有一个被称为"home"键的按键。这个按键就是苹果追求极致简约的象征。乔布斯坚持要求 iPhone 只能有一个按键，为此驳回了很多方案。

简约并不意味着简单，外表简单，内部构造非常复杂，就是一个微型电脑。这种极简背后蕴藏着持续创新、追求极致的经营管理机制，正是这些内涵支撑着苹果的"专注"。

大道相通，莫不如此。《孙子兵法》中的"我专而敌分"、克劳塞维茨《战争论》中的"尽可能集中兵力在准备作决定性打击的点上"，毛泽东的十大军事原则中"集中优势兵力、各个歼灭敌人"，无一不是强调集中力量、创造优势的重要性。

苹果的"专注精简"策略与华为的"压强原则"实质上高度一致，这种"专注精简"并非简单粗暴、偷工减料，而是立足顾客价值和体验，基于行业深入思考和精益求精，打造最有力量的竞争优势，从而持续超越竞争对手，扩大"长期护城河"。

褪去"光环"的多元化翘楚

与乔布斯的"专注"截然不同，在杰克·韦尔奇时代，通用电气醉心做"加法"，大搞多元化，凭借通用资本源源不断的资金支持四处并购，成为世界上规模最大、最多元化的工业公司之一：业务遍布 100 多个国家，涉及发电设备、家用电器、医疗设备、喷气发动机等 10 多个类别。其多元化管理策略成为众多企业纷纷效仿的标杆。那个时代，多元化象征了工业化时代的荣耀，通用电气则堪称那个时代的翘楚代表。

韦尔奇在任时，提出为客户提供"一站式服务"，强化业务板块间的协同效应。

例如，通用电气的租赁部门在购买飞机时，会要求航空公司配置自家的发动机；在销售发动机时，会向飞机制造商提供"研发资助"。这套"产融结合"模式形成了协同效应。在美国工业走向没落的年代，通用电气以可观的金融业务利润弥补了工业利润损失。

韦尔奇为通用电气提出四项管理原则：全球化、服务、数字化和质量计划。他认为这套法宝可运用于所有业务。但遗憾的是，在这四个原则中找不到"顾客"和"创新"。

伊梅尔特接班后，继续依赖多元化的原有发展路径。但不幸的是，彼时旧工业时代已走入尾声。秉持旧工业时代管理思维的多元化公司，在新时代无一不陷入没落。

伊梅尔特在上任之初，也曾试图将更多资源投入技术创新，但金融业务的庞大销售和利润贡献让他难以割舍。伊梅尔特接手 3 年后，通用电气仍保持着复杂的多元化业务：有三大类行业板块、13 个经营单位。

工业相关业务有 9 个：飞机发动机、消费产品、设备管理、工业产品和系统、医疗系统、塑料、动力系统、特种材料和运输系统。

金融相关业务有 3 个：商业金融、消费金融、保险。

还有一个是与主业八竿子打不着的娱乐媒体行业：NBC（全国广播公司）。

2003年通用电气各业务销售占比

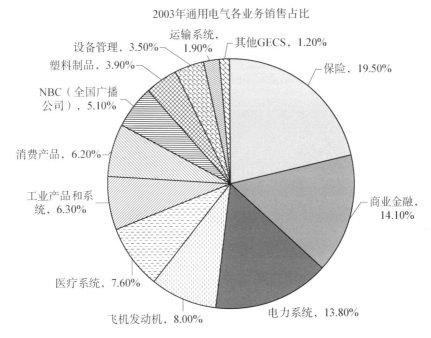

图 6.2　通用电气不同业务的 2003 年销售收入占比

资料来源：通用电气 2003 年报

从 2003 年的通用电气多元化业务结构来看，伊梅尔特并未扭转整体重金融、轻制造的倾向：金融业务比重达到 35％ 左右；原来起家的发电、航空等业务比重下降。当多数人认为通用电气是一家工业企业时，《财富》世界 500 强的行业分类将之纳入变成"多元化金融"类别。

骄傲的通用电气跨越了太多专业领域。

通用电气自己也承认,每个业务板块的关键成功因素其实各不相同:医疗系统业务中,技术能力和创新、出色的产品性能、服务质量和具有竞争力的价格是影响竞争的关键因素。塑料业务中,行业特点是技术创新和大量资本投资;设备管理部门业务中,经济条件、地理位置、价格和设备可用性则是该业务的重要因素。工业制造领域和金融领域的管理差异极大。工业制造的成功关键是持续创新、卓越运营。金融领域成功的关键是预判和管理风险。这种跨业务的能力共享和协同效应变得越来越难。

为了管理多元化业务,伊梅尔特专门设立了"GE 商店"(GE Store),期望在各项业务中分享知识、技术和能力。

"GE 商店"在通用电气内部创建横向平台,利用规模和经验优势、创建市场解决方案,传播智慧并扩展全球影响力。

"GE 商店"召集横向的委员会来传播智慧,由流程工具提供支持;通过克罗顿维尔学习中心提供现代领导力课程,在全球范围内为通用电气开发人才梯队。

"GE 商店"构想看起来很美,但实际上运行很困难。本质而言,多元化是通用电气对自身能力非常自信,觉得依靠资本、成功经验和人才复制到其他业务中去,可以创造新的成功。业务存在目的是赚钱,促进市值增长,而非与核心主业有多少协同效应。

事实上,大公司倒下不是因为没有机会,而是因为机会太多了,过于贪婪导致的"严重消化不良"进而危及生存。

对通用电气多元化扩张的致命一击,在 2008 年来临。金融危机后,美国政府加强对"非银行系统重要性机构"的监管。通用电气资本无法再进行高杠杆操作,反而变成公司的沉重负担,面临巨大的风险敞口。

2008 年 10 月,通用电气股价与上年同期相比几乎腰斩,伊梅尔特不得不开始精简业务,相继将旗下的家电、塑料、轨道交通、水处理、金融等业务剥离。

在之前变化缓慢的旧工业时代，只要有钱，买了多元化业务，有好的管理模式和人才加持，就能带来营收的增长，管理跨界有可能成功。但在科技变化加速的新时代环境下，持续生存和增长越来越需要依靠专业人才和科技创新驱动，而非资本和管理驱动。

同时，多元化发展容易将不懂行业的人配置到跨业务的核心岗位上去，"外行领导内行"。多元化分散的不是风险，而是经营资源。过于分散的多元化已经成为一套走不通的逻辑。如果再加上高杠杆，更容易把企业拖入"万丈深渊"。

旧世界必将让位于新世界。从通用电气最终结果来看，证实了分散多元化范式的失败。

2021年11月，通用电气宣布进行业务拆分宣告多元化传奇时代的结束。2021年11月12日，强生公司也宣布拆分计划，将利润率高但风险较大的处方药和医疗器械业务，与历史悠久但是增长缓慢的消费者业务彻底分开，成立两家上市公司。

未来企业扩大"长期护城河"、实现生存发展的动力来源之一在于对行业的专注和聚焦，而非规模。聚焦核心业务的高质量发展扮演着越来越重要的角色。

有了行业洞见和专注聚焦之后，企业扩大并保持"长期护城河"还需打造两件重要"法宝"，一是创新，二是精益运营。

加强创新引擎，创造伟大的产品和商业模式

创新是企业扩大"长期护城河"的加速器。创新不仅是技术上的，也包括管

理上、观念上,以及商业模式上的。

颠覆性创新之父——哈佛大学教授克莱顿·克里斯坦森认为创新有 3 种类型:持续式创新、效率式创新、开辟式创新。

持续式创新是对市场上现有解决方案的改进。但它本身是替代性的。

效率式创新,旨在保持基本商业模式和产品目标用户不变的前提下,尽可能地从现有和新获得的资源中"挤"出更多效益。流程创新就属于典型的效率式创新。

开辟式创新是开创新市场的创新。开辟式创新把原本复杂昂贵的产品变得更实惠、更容易获得,让更多的人买得起、用得上。这种创新常常带来巨大的市场机会。能活下来的颠覆性创新最终都成为"开辟式创新"。

今天还算得上是独特的产品和服务,明天就会变得毫无竞争优势可言。任何一家企业,要在短期和长期内都保持宽阔的"护城河",必须把持续创新作为增长主要驱动力之一。

伟大的"产品创新＋模式创新"

不得不再次提到苹果。

众所周知,乔布斯给苹果带来了伟大的创新产品。但很多人并不了解,当初蒂姆·库克的加入给苹果带来了商业模式创新,帮助扩大了苹果的"长期护城河"。

正如彼得·德鲁克所说,解决了商业模式中的瓶颈问题,则会出现巨大的跨越。商业模式创新,将带来非凡的竞争优势。

苹果在商业模式上吃过不少苦头。多年来,苹果一直无法准确预测计算机的市场需求。1993 年,苹果由于 PowerBook 的库存积压损失惨重。1995 年更加悲惨,苹果严重低估了市场对 PowerMacs 的需求,生产订单过度保守,供应链缺乏灵活性,产量严重不足,顾客购买后不得不等待两个月才能拿到现货。

在迫切需要业绩的时候，10亿美元的订单摆在眼前却无法交付。这背后根源是运营模式的问题：苹果坚持对很多产品组件定制化设计，外包给个别供应商来生产以体现苹果的设计意图，但这种模式灵活性严重不足，苹果自己需要花很多精力做生产管理，难以集中精力放到最有价值的产品设计上。

竞争对手康柏公司，在时任物料副总裁库克的帮助下，短短半年内就过渡到按订单生产的制造模式。这赋予康柏公司非常大的灵活性，而且降低了成本，把计算机价格降到1000美元以下，这样苹果公司的麻烦更大了——价格昂贵的电脑卖不出去，库存堆积如山。

1997年乔布斯重返苹果时，决心变革苹果的运营模式。乔布斯想找的，是具有迈克尔·戴尔那样经验的人。他对戴尔在建立准时生产工厂和供应链方面的能力十分钦佩。这种专长，当时极少人具备。库克在推动康柏运营变革中的出色表现，使之进入了乔布斯的视野。

在乔布斯的积极劝说下，1998年3月，37岁的库克加入苹果，担任苹果全球运营高级副总裁。库克要挑起的重任是，全面整顿苹果制造和分销的艰巨任务。乔布斯要求彻底变革苹果的运营部门，他认为这是苹果未来成功的关键因素之一。

库克是一个有"商业头脑"的人，不会局限于一板一眼做运营，这也是乔布斯喜欢他的原因。加入苹果的短短7个月后，库克就将产品库存期从30天缩短到了6天。在加入苹果的第一年，苹果就发生了翻天覆地的变化。1997年，苹果净亏损超过10亿美元，到了1998年年末，苹果就扭亏为盈了，整个财年利润达到3.09亿美元。这不仅超出苹果自己的预期，更让华尔街的分析师们感到吃惊。"本季度是苹果近5年来第一次增速超过行业水平。"

库克对苹果的运营体系进行了彻底的改革。他践行乔布斯的专注精神，疯狂关注细节，削减苹果的供应商，精选少量几家来合作。尽管对价格要求极为苛刻，但依然搞定了这些供应商。供应商搬到苹果工厂附近，组件交付效率大幅提高，准时生产流程实现容易多了。将生产外包给外部合作伙伴，帮助库克解决了苹果最大的问题之一——库存。库克对过量库存的厌恶，就如同乔布斯对拙劣设计的厌恶。"如果产品过了保鲜期，你就有麻烦了。"库克说。

在库克的领导下，苹果的库存管理效率有了大幅提升：Mac 电脑的库存从 4 亿美元直线下降到 7800 万美元。在供应链管理的关键环节，苹果击败了一直作为行业黄金标准的戴尔。

> 创新不仅包括产品上的创新，也包括商业模式上的创新。如果产品创新和商业模式创新有效组合，将能构建起非常强大优势的长期"护城河"。

库克对苹果商业模式的革命性改造不仅减少了对自有工厂的需求，还为持续增长作出了巨大贡献。苹果将精力和资源更多聚焦于最核心环节中，获得了巨大的竞争优势。而索尼当时生产绝大部分都是自建，每年有巨大的资本支出，一旦产品过时，投资就变成"沉没成本"。资本支出带来的债务成本对利润率也有负面影响。

下面这组苹果与索尼的长期经营数据变化，说明苹果商业模式创新带来的领先"竞争优势"是压倒性的。

苹果 VS 索尼：库存占销售收入比重

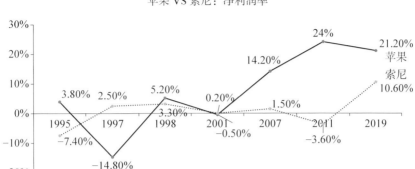

图 6.3　苹果与索尼的相关财务和经营质量数据比较

数据来源：苹果公司和索尼公司 1995—2019 年报

库存占销售比是体现库存周转速度、反映经营质量的核心指标之一。

从数据可以看出，苹果在 1995 年库存占销售比高达 16％，1997 年库存占销售比重下降到 6.2％。1998 年库克加盟对商业模式进行改造之后，苹果的库存占销售比重急剧下降到 1.3％，不到索尼库存占销售比的 1/10。2001 年更是下降到惊人的 0.2％。从 2004 年起，苹果净利润率基本上就是索尼公司的 2 倍以上，到 2019 年时，苹果的净利润率为 21.2％，而索尼的净利润率为 10.6％。

反观索尼，虽然 1997 年库存占销售比重为 15％，好于苹果的数据。但在 1998 年后发生逆转，库存占销售比大大高于苹果，这意味着索尼的经营质量已被苹果远远抛在了后面。后期虽然索尼的库存占比一直在努力下降，但相比苹果，仍有较大差距。

由此可见，苹果不仅在产品创新上取得了重大胜利，商业模式创新也为苹果的持续增长扩充了"长期护城河"。

不幸的是，随着时代的加速变化，没有任何创新优势可以保持长久不衰。一旦苹果自身的创新能力减弱，缺少伟大创新的产品时，增长动力必将随之减弱，"长期护城河"也将从宽变窄，甚至消失。

与常规创新相比，更不寻常的是加速度创新，**AI** 时代的胜利者一定是创新加速者。**GPU** 巨头英伟达就是其中的代表。

加速创新，才能竞争制胜

最近几年，随着人工智能技术的不断兴起，黄仁勋和他领导下的英伟达成为新时代大潮中万众瞩目的"明星"。而在 30 年前创立之初，英伟达还是一个名不见经传的小公司，但目标远大——创造加速运算技术。

英伟达的崛起速度很快，短短几年内就从名不见经传发展成为 GPU 的市场主导者，近几年更是光彩夺目，成为人工智能领域的先行者，这背后有英伟达独特的加速创新策略。理查德·鲁梅尔特在《好战略，坏战略》一书中透露了英伟达的加速创新秘诀。

半导体产业的重要定律是"摩尔定律"：在整个半导体产业中，集成电路上可容纳的晶体管数量每隔 18 个月便会增加一倍，性能也将提升一倍。但对于英伟达，这个速度还是太慢了。

英伟达提出了一个与众不同的路线图：以高于"摩尔定律"预测的速度推动 3D 图形技术的发展。要实现这一点，需要有两个至关重要的因素：

第一，提高单个芯片上的晶体管数量能够大大提高芯片性能；

第二，由于惯性和熵的影响，英特尔等大多数生产商并没有尽力提高芯片上的晶体管数量，而是努力通过提高晶体管密度来降低芯片成本。

为了超越"摩尔定律"，英伟达计划利用多余的密度增加并行处理器。这样做有利于性能提高。市场需求方面，英伟达管理层判断，无论提供多少图形处理器，市场几乎都能消化掉。

当时英伟达面临着一个强大对手——3dfx 公司。英伟达管理层认为如果使用竞争对手 3dfx 公司的 Glide 语言，将永远无法超越对手，最终出局的只能是自己。因此必须另辟蹊径。他们预判微软公司新推出的 DirectX 可能会成为高性能的图形处理工具，于是立马行动，与微软公司的 DirectX 团队见面，双方一拍即合，很快建立了合作关系。

英伟达的创始人兼 CEO 黄仁勋有一个坚定的信念：英伟达可以通过打破业内 18 个月的开发周期来建立自身的优势，为此设计了一系列的具体方案，期望实现创新的加速度。

第一步，建立 3 个相互独立的研发团队，每个团队遵循常规的 18 个月研发周期。但由于工作日程的叠加效应，3 个团队每 6 个月就能推出一款新产品，创新速度大大提速。

第二步，就是重新设计芯片设计过程，大幅减少研发过程中的延迟和不确定性。

第一个影响因素是设计差错。为了避免延迟，英伟达投入巨额资金，研究模拟与仿真方法，重新组织芯片设计过程。

另外一个可能引起延迟的因素就是软件驱动程序设计。

传统上，驱动程序是由电路板制造商编写的，他们只是在从芯片制造商那里收到芯片之后才开始设计驱动程序。同一个芯片，不同的电路板制造商可能设计出不同的驱动程序，用户更新驱动程序更为麻烦。

为了解决这些问题，英伟达自行承担芯片驱动程序的设计和管理工作，创造了统一驱动架构。英伟达的所有芯片都使用同一种驱动软件，这种软件可从互联网上轻松地下载，还可自动"询问"芯片所支持的功能，然后根据芯片类型自动调整命令。

这种做法大大减少了错误和延迟，加快了速度。在第一批真正的芯片出现前的 4—6 个月，就可以开始驱动程序的研发工作了。

加速创新、缩短研发周期一个非常关键的好处就是产品在大部分时间内都保持领先地位。与研发周期为 18 个月的竞争对手相比，英伟达为期 6 个月的研发周期，就意味着其产品在绝大多数时间内都是领先的，同时新产品的宣传也能节省昂贵的广告费用。

英伟达的加速度创新策略取得了成效，在 1997 年 8 月发布的 RIVA128 显示芯片得到了一致好评。仅仅一年之后（突破 18 个月的研发周期），英伟达就发布了下一个新型芯片 RIVA TNT 显示芯片。英伟达进入最佳的竞争状态。

黄仁勋快马加鞭：RIVA TNT2 推出 7 个月之后，又发布了 GeForce 256 显示芯片，将 3D 图形行业推向了一个新境界。款显示芯片拥有将近 2300 万个晶体管，复杂程度是英特尔奔腾二代处理器的两倍，其浮点计算能力是每秒 500 亿次。

在接下来的 5 年中，英伟达的新产品一直都是用加速度推进，不断推动 3D 图形处理技术的突破。1997 年至 2001 年，英伟达取得了非凡的成就，其显示芯片性能的年平均增长率为 157％。

· 3个并行团队都遵循常规性的为期18个月的研发周期。由于工作日程的叠加效应，3个团队每6个月就能推出一款新产品
· 通过重新设计芯片设计过程，大幅减少研发过程中的延迟和不确定性
· 英伟达投入巨额资金，用于研究模拟与仿真方法，并借助这些方法组织芯片设计过程，避免设计差错
· 英伟达自行承担芯片驱动程序的设计和管理工作，创造了统一驱动架构。在第一批真正的芯片出现之前的4—6个月，就开始驱动程序的研发工作

英伟达的研发周期缩短为6—12个月，新产品一直都是用加速度在发布，不断推动3D图形处理技术的新发展。即使是行业霸主英特尔公司，也难以在高性能的3D图形市场同英伟达公司展开竞争

图 6.4 英伟达的加速创新策略

2002 年至 2007 年，图形芯片性能的年平均增长率是 62％。在同一时期内，英特尔公司生产的中央处理器的处理能力也大体上保持了同样的增长率，不同的是，各种硬件瓶颈和软件瓶颈大大弱化了英特尔产品性能提高产生的影

响,而英特尔对这些瓶颈也是无可奈何。

2000 年下半年,竞争对手 3dfx 公司无力应对英伟达的加速创新冲击而无奈倒闭,其专利、品牌和存货全部卖给了英伟达,很多天才的工程师也加盟英伟达。

即使世界级的英特尔公司,也很难在高性能的 3D 图形市场同英伟达公司展开竞争。因为英特尔的灵活性不足,研发周期是 18—24 个月,而不是 6—12 个月,无法适应那么短的研发周期。2007 年,英特尔宣布了进入高性能图形业务的跟进计划,但很快在 2009 年 12 月取消了这个项目,主动败下阵来。

> 天下武功,唯快不破。在变化迅猛的互联网时代乃至人工智能时代,在方向正确的前提下,快鱼吃慢鱼。要想取胜,跟着竞争对手走是没有出路的,需要努力打破原有传统定律,用加速创新的方式,来创造独特的竞争优势。

英伟达选择的领域是世界上变化最快、竞争最激烈的领域之一,但通过加速创新策略取得了重大优势,建立了一个很深的"长期护城河"。2006 年,革命性的 CUDA 计算模型诞生,成为重大里程碑。2012 年,AlexNet 使用 CUDA,利用英伟达 GPU 强大的并行计算能力,加速深度卷积网络的训练,超越了机器学习的成果,带来了深度学习的大爆发。2016 年,英伟达发明了 DGX-1 超级计算机,8 个 GPU 连接在一起,这也是世界上第一台 AI 超级计算机。黄仁勋亲手将第一台 DGX-1 交付给了一家位于旧金山的初创公司,就是现在大名鼎鼎的 OpenAI 公司。

最近 3 年,随着 AI 技术对图形芯片的大量需求,英伟达的增长进入了加速阶段。从 2019 年到 2022 年,英伟达的销售收入从 109 亿美元快速增长到 270 亿美元,创新加速度带来了增长的加速度。2023 年英伟达业绩更是再次大爆发:销售收入增长 125.8%,达到 609 亿美元,净利润接近 300 亿美元,平均市值一年增长 56.4%。2024 年公司市值突破 2 万亿美元。

未来 AI 将给英伟达和众多企业带来巨大机遇和挑战。正如黄仁勋所说,每个行业都将被革命和重生,反应敏捷的企业将利用 AI 技术提升竞争力,而未能善用 AI 的企业将面临淘汰。

"无论是什么,像我们一样全力以赴去追求它,跑吧! 不要慢慢走。不论是为了食物而奔跑,或不被他人当作食物而奔跑。你往往无法知道自己正处在哪一种情况,但无论如何,都要保持奔跑……"黄仁勋说道。

卓越运营,创造极致

在创新之外,卓越运营也是创造出差异化竞争优势、扩大"护城河"的有力武器,特别是在传统行业。

卓越运营是指通过运营过程的精细化管理,提升生产力,降低成本和价格,创造与同品类其他企业差异化的领先价值。关键点在于对每一个环节的关注。但难度在于:能否持续把精力聚焦关键的一件事或一个点上,专注努力,将卓越运营做到极致。

"我们发现,长期胜出的系统通常都会在一个或者几个变量方面处于极致水平,要么最大化,要么最小化,就像开市客的打折仓储商店,着重使运营成本最小化。"

巴菲特的老搭档查理·芒格对于长期胜出的优秀企业有深刻的洞察。他极度喜爱并长期担任董事的开市客,在集约经营上做到极致,创造出了强大的增长"长期护城河"。

开市客创立之初,除了前面所说的"14%"原则之外,同时专注于持续的运

营改进,永不满足。创始人兼任 CEO 詹姆斯·辛格内尔始终认为费用控制是
公司持续经营增长最大的挑战,致力评估和挑战整个公司的成本费用,一直质
疑各个层面费用,将节省的成本放入公司利润中。

2001 年,开市客运营费用占营收的比重从 2000 年的 8.71％略增到
9.17％。同一时期,沃尔玛的运营费用占营收的比重则为 16.5％,几乎是开市
客的一倍。

辛格内尔并不满意,做了详细分析:这是多种因素引起的,包括雇员的每小
时入门级工资水平的提高、公司联名信用卡计划的继续扩大、公用事业和能源
成本更高、与新商店开张相关的费用增加(2001 年净增 32 个商店)。他希望在
保持质量的前提下,不断提升运营效率。

2002 财年,开市客销售额为 380 亿美元,增长 11％。净利润达到 7 亿美
元,增长 16％。增收更增利,表现优秀。尽管取得良好增长,但辛内格尔仍不
敢对费用控制有丝毫放松。"我们一直认为费用控制既是未来几年增长收入的
最大挑战,也是最大机遇。"

开市客努力在扩张增长与费用控制之间找到平衡。"扩张计划虽然仍然很
积极,但不应干扰我们的成本削减计划。开市客建立在节省成本的效率之上,
我们致力通过创新解决方案,不断降低成本。"

新仓库开设之前,开市客的营销团队亲自联系该地区的潜在批发商。即将
开业前,开市客通过直接邮件与潜在会员联系,借助员工协会等机构分发。开
市客大多数新会员来自口碑广告,而非大规模广告促销。

开市客从不主动宣传,也没有公关部门,主要靠口碑和外部主动宣传,这样
节约大量营销费用。例如,当地新闻记者评论开市客的药房或汽油价格是全市
最低价;或者名人分享他们对开市客购物的喜爱程度。

库存一直是零售行业面临的大挑战。辛内格尔认识到库存控制对长期成
功至关重要:保持高库存周转率和低库存损耗率。开市客持续库存损耗限制在

销售额的 0.2％左右，远低于典型的折扣零售业务店的损失，达到了极致水平。

2006 年之后，开市客从全球第九大零售商成长为第七大零售商，没有自我满足，而是追求运营效率上的极致；继续强调成本控制和费用减少，持续改善损耗率，极其"抠门"。

> 开市客通过极致的成本费用控制和精细化的运营管理，能够以更有竞争力的价格为会员提供高品质的商品，不断给会员创造惊喜，持续打造长期的生存力和竞争力。

但对于扩大"长期护城河"的基础架构，开市客一点不"抠"，舍得花大钱。

先进的商品配送设施是开市客提高运营效率的关键。2003 年，开市客利用当时最先进的仓库系统，建立了"快速接收"系统，提高接收和储存货物的效率和速度，节省大量人力，抵消为提高会员服务而增加的前端人员成本。2007 年，开市客的资本支出 14 亿美元，专门用于新仓库，改建和扩建开市客"跨码头"仓库设施，提供了重要的竞争运营优势。

2008 年，开市客面临金融危机和通货膨胀加剧的严峻挑战。从供应商处获得的价格，上涨幅度超出 25 年历史纪录。开市客争取在价格上涨之前购买大量产品，尽可能晚点向会员提价。面临挑战，辛内格尔认为不该退缩，而应将之视为扩大"长期护城河"的一个机会，提高市场份额。开市客追求双赢，是强硬但公平的谈判者。在困难时间，开市客与 Godiva Chocolates（歌帝梵巧克力）、Martha Stewart（食品）、Kenneth Cole（手袋）等优质品牌建立起合作，在 2008 年将之摆上开市客的货架。

开市客凭借极致的运营效率和强大的资产负债表，不断扩大"长期护城河"，安全度过金融危机。2008 年净利润为 12.8 亿美元，2019 年净利润为 10.9 亿美元，无一年出现亏损。

追求极致的开市客不仅能够有质量地生存，更是在充满挑战的时期内积蓄成长力量。

2010 年经济一有好转，开市客重新腾飞。2012 年营收突破 1000 亿美元大关，利润提高到 12 亿美元。在新冠疫情期间，开市客不仅没有面临生存危机，反而实现了持续增长，2020 年营收超过 1600 亿美元，净利润为 40 亿美元；2022 年营收达到了 2270 亿美元，净利润达到 58 亿美元；2023 年营收超过 2400 亿美元，净利润超过 60 亿美元。

卓越运营带来的极致效率给开市客带来了巨大的战略优势。面对行业巨头沃尔玛和互联网巨头亚马逊的冲击，开市客不仅活得好，而且保持了稳健的持续增长，继续留在竞技场上"叱咤风云"！

看重公司长期价值增长，再造绩效评价体系

绩效评价是一个指挥棒，期望得到什么，就要考什么。

不同企业有不同的评价指标，有的用销售收入，有的用利润、有的用活跃客户数增长，有的用 EVA（经济增加值）。选择不同的指标，也带来了不同的结果。

如果嘴上喊的是扩大"长期护城河"，但考的都是短期财务指标（销售和利润），实际追求短期利益最大化目标，那最后必将落入平庸之中。

利润表提供了很有价值的财务视角，帮我们看到公司竞争优势是否仍然强大，但同时也会产生误导，促使管理者更多基于短期利益考虑做出错误的决策。尤其当管理层的奖金和股权激励与短期利润表绑定之后，就常常发现管理层为实现承诺的短期利润目标，忽视长远投资创新和核心战略能力建设，将公司带入错误的境地。正是"人无远虑，必有近忧"。

驱动"长期护城河"扩大的创新需要持续投入,但短期内未必有利润产生,反而可能产生可观的亏损。纯粹以利润为目标的绩效评价方法,可能会引致可怕的错误,类似"杀鸡取卵"。**绩效评价既考虑眼前的经营产出,同时考虑未来的战略成长。**

要解决这个难题,就必须打破对短期财务指标的过分关注。建造长期护城河,实现有质量的生存和持续增长,不仅仅看销售、利润等传统财务指标,更需要体现高质量生存发展、导向未来长期成功的评价指标。

亚马逊将反映长期股东价值增长的指标作为衡量公司长期成功的基本标准。

在创业之初,贝佐斯根据最能反映市场领导地位的指标衡量公司:客户和销售收入增长、客户的重复购买率、客户满意度,以及亚马逊品牌的实力。

贝佐斯深受巴菲特的影响,他认为衡量股东长期价值增长的财务指标,是每股自由现金流,而非账面利润。为了说明这个道理,在 2004 年报中,他举了一个运输业务的例子:

一位企业家发明了一种可快速将人们从一个地方运送到另一个地方的机器。但这台机器价格昂贵——1.6 亿美元,年载客量为 10 万人次,使用寿命为 4 年。每次旅行的售价为 1000 美元,需要 450 美元的能源和材料成本以及 50 美元的人工和其他费用。

如果生意兴隆,第一年有 10 万次旅行,完美地利用一台机器的容量。扣除包括折旧在内的运营费用(净利润率为 10%)后的收益为 1000 万美元。该公司主要关注点是收益增长,根据运营结果,企业家决定投入更多资金来推动销售和盈利增长,并在第 2 年至第 4 年增加额外的机器。

令人印象深刻的是:100% 的复合收益增长和 1.5 亿美元的累计收益。只考虑上述损益表的投资者会很高兴。但不幸的是,运输业务在商业模式的现金流上存在根本缺陷。在四年中,运输业务产生了－5.3 亿美元的累计自由现金流。这是因为资本支出大大高于利润,甚至所有的利润都填进投资,也还不够。一旦外部环境不好,融不到资、现金流崩掉,公司就完蛋了。

表6.1　贝佐斯假设的运输业务现金流量表

贝佐斯假设的某运输业务财务数据表现					
科目	第1年	第2年	第3年	第4年	合计
利润（万美元）	**1,000**	**2,000**	**4,000**	**8,000**	**15,000**
折旧（万美元）	4,000	8,000	16,000	32,000	60,000
经营净现金流（万美元）	5,000	10,000	20,000	40,000	75,000
资本支出（万美元）	16,000	16,000	32,000	64,000	128,000
自由现金流（万美元）	**-11,000**	**-6,000**	**-12,000**	**-24,000**	**-53,000**

正如贝佐斯这个实例所示,单独查看利润,无法确定地评估股东价值的损失或长期增长。

亚马逊的评价重点是每股自由现金流的长期增长。自由现金流主要是通过增加营业利润、有效管理营运资本和资本支出来推动的。提高营业利润是通过坚持创新、专注改善顾客体验的各方面来增加销售额,并保持精益成本结构实现的。而持续创新、改善顾客体验和保持精益经营,则是亚马逊扩大"护城河",持续增长的关键所在。

亚马逊认为,作为一家坚持不懈地追求发明和创新的公司,利用一些短期财务或运营绩效指标是不恰当的,这些措施可能会使公司管理人员只关注孤立计划的成功,而非公司长期成功。亚马逊不会提供与短期绩效标准相关的现金或股权激励措施,因为这可能导致员工只关注短期回报而牺牲长期增长和创新。

正是贝佐斯基于公司长期价值增长,帮助亚马逊建立了长期的价值判断标准,促进了亚马逊不迷失于短期利润,更着眼于未来长期生存和成功。

在索尼的出井伸之时代,由于过度重视短期财务指标上的改善,人事评价过度倾向成果主义,索尼陷入急功近利的状态。

作为出井伸之管理逻辑的一部分,索尼在 2000 年导入了 EVA 评价指标,用作索尼集团绩效的内部评估工具,这在一定程度上加重了绩效评价上的短期主义。

EVA 是经济增加值(Economic Value Added)的简称,计算公式是:经济附加值=税后净营业利润—资本成本。相比净利润更准确地评估企业的业绩。但缺憾在于,EVA 只考虑了短期资本成本,而忽视了客户体验和长期创新,也忽略经营现金流。

EVA 首先被应用于电子业务,协助评估电子业务的业务计划、绩效监控、投资和薪酬激励。之后索尼将 EVA 推广至游戏、音乐和电影等领域。索尼还将 EVA 与薪酬体系联系起来,以使索尼集团员工的行动与公司价值的增长息息相关。

事与愿违,当 EVA 评价与管理者的薪酬激励链接起来,就会导致管理层追求短期效益和稳定性,降低长期资本支出。管理者要求技术人员短期交出成果,技术人员就不会去承担风险。与其做出创新的东西,还不如做些短期但没有难度的开发。最后就变成去模仿其他公司的人气产品,然后加点功能就推出去,创新的光芒逐步黯淡。

短期绩效主义误导了索尼的发展,忽视顾客价值,放弃必要的长期创新投入,竞争优势被削弱,"长期护城河"被慢慢"侵蚀"。

对公司管理团队绩效的评价逻辑需要站在顾客价值和体验评价,包括顾客资产增长、顾客重复购买率、顾客满意度等;同时从公司长期价值增长角度评价,看重每股自由现金流增长,看重战略能力的提升,看重创新突破成果,避免过于局限于表面的销售和利润增长。

"考什么",比"是否容易考"更重要! 能量化要量化,不能量化要细化,做难而正确的事情,可根据每年战略重点有所侧重。我们需强化考核与长期增长间的紧密关联,既关注短期经营成果,也看重"长期护城河"扩大,保持 7∶3 或者 8∶2 的比例,确保高质量地生存发展。

自我反省进化,在"冬天"里保持韧性

任何一个企业的发展过程中,如果没有"冬天"的磨砺和淬砺,没有持续的自我反省进化,不可能真正成为长期生存和增长的企业。

春天充满希望,夏天热情火热,秋天瓜果飘香。但面对冬天时,一家企业如何应对,决定了能否向死而生、重获生机。只有熬过漫漫寒冬、穿越周期获得持续增长,才能说"长期护城河"度过了考验。激发危机意识,自我反省则是应对"冬天"的"预警器"。

2000 年,互联网经济泡沫破灭,欧美大公司陷于困境,华为也经历了空前的销售下滑。面对严峻挑战,任正非开门见山:如果有一天,企业减薪裁员甚至关门,我们该怎么办? 他写下了《华为的冬天》,发表在 2001 年 3 月的《华为人报》上,激发员工的危机意识。

"公司所有员工是否考虑过,如果有一天,公司销售额下滑、利润下滑甚至会破产,我们怎么办? 我们公司的太平时间太长了,在和平时期升的官太多了,这也许就是我们的灾难。泰坦尼克号也是在一片欢呼声中出的海。而且我相信,这一天一定会到来。"

"面对这样的未来,我们怎样来处理,我们是不是思考过。我们好多员工盲目自豪,盲目乐观,如果想过的人太少,也许就快来临了。居安思危,不是危言耸听。"

任正非在《华为的冬天》中如此开头。

任正非具有远远超乎常人的危机感。他说："十年来，我天天思考的都是失败，对成功视而不见，也没有什么荣誉感、自豪感，而是危机感。也许是这样，才存活了十年。我们大家要一起来想，怎样才能活下去，也许才能存活得久一些。失败这一天是一定会到来，大家要准备迎接，这是我从不动摇的看法，这是历史规律。"

如何度过"冬天"、扩大"护城河"，任正非指出了几个策略：

首先是均衡发展，抓短板改进。电子产品价格下降幅度一年不止 15％，如果效率不提高，卖的产品越来越多，而利润却越来越少。如果不多干一点，可能保不住今天，更别说涨工资。不能靠没完没了的加班，一定要改进管理。在管理改进中，一定要改进木板最短的那一块。

另一个策略则是具有华为特色的自我批判。任正非认为，自我批判是思想、品德、素质、技能创新的优良工具。自我批判不是为批判而批判，也不是为全面否定而批判，而是为优化和建设而批判。总目标是要提升公司整体核心竞争力。自我批判不光是个人进行自我批判，组织也要进行自我批判。通过自我批判，各级骨干努力塑造自己，逐步走向职业化、走向国际化。

任正非说，磨难是一笔财富，没有经过磨难，这是最大的弱点。任何企业的"冬天"，都会表现出人心涣散、业务衰退、现金流断裂。如果没有充分准备，渡过难关是不可能。

"冬天"的预言不幸被言中。2001 年到 2003 年，华为受到了狠狠的打击。通过牺牲非核心业务来保全公司整体业务，华为保住现金流、渡过难关；2001 年 10 月，华为将下属优质资产电气部门以 7.5 亿美元售予爱默生公司，作为"过冬的棉袄"，补充现金流。

危机熬过，春风又回。

2012 年，华为成为全球五大通信设备商之首，销售收入超过 2200 亿元人民币，相比 2006 年，增长了近 2.3 倍。在任正非看来，华为只算是一个正在成长的孩子。

"什么叫成功？像日本那些企业那样，经过九死一生还能好好地活着，这才是真正的成功。华为没有成功，只是在成长。"

经历 6 年快速成长之后，华为在 2018 年销售额增长到 7212 亿元人民币，相比 2012 年增长 2.28 倍，营业利润达到 732 亿元人民币。

此刻，一场巨大挑战再次来到华为面前。华为的快速增长引起了对手侧目和打压，面对外部严厉打压，华为保持着坚强韧性，一方面大量地储备芯片，保证业务的连续性；另一方面下更大功夫投入研发创新上。在国内市场的支撑和海思芯片的支持下，2019—2020 年华为销售额依旧保持增长，2020 年达到了 8913.68 亿元人民币。

> 罗马不是一天建成的，长期护城河也并非一日建成，一劳永逸。
>
> 不经历严峻攻击和"洗礼"的护城河，将很难证明自己的强大。只有预想各种冲击并提前做好充分准备，不断审视，自我批判，持续进化，强化短板，才能经受住重大考验，构建起又宽、又深的"长期护城河"。

2020 年 5 月之后，华为受到的制裁进一步升级——美国之外的全球半导体厂商不能给华为代工芯片。此外，美国向其他国家施压，要求禁止使用华为设备。为了应对可能出现的更糟糕情形，华为做出一个惊人的决定：2020 年 11 月 26 日，华为宣布剥离荣耀业务。这是一条断臂求生、分头突围的道路，也是提前为过冬做好现金和资源储备，不断完善长期护城河的行动。2021 年华为收到了处置荣耀股份的一笔收益——574 亿元人民币，这给过冬提供了宝贵的资源。

为了强化核心竞争力、拓宽"长期护城河"，华为不断优化产业组合，增强增长的韧性，加速自主研发芯片和 5G 技术，降低对国外芯片的依赖。2021 年 9

月，在华为中央研究院创新先锋座谈会上，任正非提出，华为要聚焦在 5G＋AI 的行业应用上，未雨绸缪，在全球范围领先开发 6G，要在一个扇形面上引领世界，大力支持海思团队研发高端芯片，提升核心能力。

2022 年华为实现营业收入约 6369 亿元人民币，其中数字能源和华为云业务快速增长。华为将"核心技术的自主研发和创新"作为突破寒冬关键抓手，化危机为动力，持续扩大长期护城河。

在经历了 2022 年的寒气之后，2023 年华为业绩再次增长，营收超过 7000 亿元人民币，同比增长 9.6％；净利润超过 860 亿元人民币，同比增长 145％，账上现金及等价物达到 1929 亿元人民币。新业务持续突破，云计算业务同比增长 21.9％，智能汽车方案解决业务同比增长 128％，为公司未来的生存和持续高质量增长打下坚实基础。

烧不死的鸟才是火凤凰，前途艰难，但善于自我批判、持续进化的华为将再次走入春天。"新的一年，华为将继续凝心聚力，坚持战略投入，增强公司持续生存能力，提升综合竞争力，通过为社会、客户和伙伴持续创造价值，实现经营稳定健康发展。"华为董事长梁华在 2023 年致辞中写道。

思考与启示

近 20 多年来，技术的生命周期不是拉长而是缩短了，有些新技术从开始到结束有时还不到 10 年的时间，甚至更短。这不是市场上简单的产品更替，而是新旧市场的兴亡。

随着 ChatGPT 的横空出世，互联网时代加速向 AI 时代过渡，各行各业将发生颠覆性的变化，很多以往支持行业领先者的竞争优势已经不再稳固，昨天看起来宽阔险要的"护城河"和"城墙"可能今天就会变得非常脆弱。

人类历史上有着类似的故事。

1453 年，拥有宽阔护城河和坚固城堡的君士坦丁堡经历 2 个多月的围困后，最终被奥斯曼帝国大军攻破。

君士坦丁堡位置险要，两面有大海保护，一面是陆地。城墙高大，塔楼众多，墙外还有深 100 英尺的壕沟，号称是中世纪最坚固的防御体系。在之前东罗马帝国 1000 多年的历史上，君士坦丁堡遭受了 23 次攻击，但是没有一次城墙被突破。但这次，奥斯曼大军的创新武器"乌尔班"重炮的出现，第一次在厚厚的城墙上打开了一个大口子，在这场改变历史的破城战中发挥了非常重要的作用。

曾有一个改变命运的机会摆在了拜占庭帝国皇帝的面前，但他没有珍惜：1452 年，一位叫乌尔班的匈牙利工匠来到君士坦丁堡，自荐帮皇帝造火炮，但君士坦丁十一世既缺乏远见卓识，相信自己的护城河和坚固城墙能像以往那样抵抗住"蛮族"的入侵，口袋里也没钱，最终拒绝了乌尔班的建议。乌尔班转头去找拜占庭皇帝的对手——奥斯曼的苏丹，立即被重用，获得高薪和技术支持。他用 3 个月造了一门重炮，置于鲁梅里要塞。苏丹又要求他造一门两倍大的重炮。1453 年 1 月，这尊重炮铸成，出动 700 人和 30 头牛才运得动。

1453 年 4 月 6 日，奥斯曼大军的围攻正式开始。在"乌尔班大炮"不断轰鸣声中，君士坦丁堡的坚固城墙多处破损，"护城河"也被填埋。1 个多月后，奥斯曼帝国大军攻入君士坦丁堡，千年帝国消失在历史的长河之中。

在巴菲特看来，完美的生意就像一个王国，拥有美丽坚固的城堡，周围是一条又深又险的护城河。护城河就像一个强大的威慑，使得敌人不敢进攻，或者进攻需要付出巨大代价。

在持续建设和扩大"护城河"的过程中，长期主义思维非常关键，但更重要的是努力方向是否正确。如果大势看错，方向搞偏，长期主义反而有害。

体现企业竞争优势的"长期护城河"不仅有常说的产品和服务优势、顾客资产优势、品牌优势、技术优势、规模与网络优势、成本领先优势等，还有商业模式优势和产业生态圈优势（如苹果、谷歌、微软等的产业生态圈）等等，但这些"长期护城河"背后有 2 个最重要的驱动：创新进化和卓越运营。

所有的竞争优势都不可能一劳永逸。如果没有持续创新和进化，产品和服务优势、品牌优势、技术优势、商业模式优势终将变得脆弱，很容易被摧毁。公司需要在对手之前掌握创新力量和人才，占据领先优势，驱动"长期护城河"的扩大。试想，如果君士坦丁十一世抢先雇用了乌尔班造出新式大炮，历史很有可能是另一个结局。

同时，公司需持续不断追求极致，提升运营效率、减少成本浪费，将创造的价值转移给顾客，创造出更多的忠诚顾客资产。

中国时代发展的趋势已从"量"转为"质"，更需要高质量的增长、以"质"取胜。

中国企业在建设和扩大"长期护城河"的过程中，不能有明显的短板，需要更多的创新进化、更高的经营质量和经营效率。摆脱以往的"加法"思维，敢于"断舍离"，聚焦顾客价值最大的关键细节上做到极致，方能实现有质量的生存和行业领先。

公司在扩大"长期护城河"时，特别要警惕的是绩效评价上的短期主义，这将损害企业"护城河"的根基。企业更需看重体现公司"长期护城河"扩张的指标。正如任正非先生所指出的，不仅要"多打粮食"，也需要增加"土壤肥力"，保证企业的持续健康增长。

对于期望持续扩大"护城河"、追求持续生存增长的企业，必须清楚地了解哪些是体现短期经营成果的评价指标，哪些是体现长期战略能力建设的评价指标，需要找到其中的平衡组合，例如 7 : 3 的比例关系。

体现短期经营成果的指标	体现"长期护城河"建设的指标
财务维度: • 销售收入增长 • 利润增长 • 成本费用占比控制 • 经营性现金流占销售比 • 净资产收益率(ROE) 运营维度: • 库存周转提升 • 门店数增长 • 线上业务增长 　　　……	顾客维度: • 活跃会员数量增长 • 顾客流失率降低 • 顾客复购率提升 • 顾客满意度/净推荐度提升 • 顾客人均消费额 创新维度: • 新产品销售占比提升 • 新渠道/新品类占比增长 • 战略重点市场的新增量 财务维度: • 自由现金流增长 • 总资产回报率(ROA)增长 组织核心能力建设提升维度: • 品牌力、商品力、供应链能力、数智化能力 运营精进维度: • 人均销售/人均利润/人均产值提高… 人才维度: • A类人才的吸引、保留、发展 • 高绩效人才主动离职率 风险控制维度: • 风险管理水平评价、经营合规性评价等

在企业发展过程中,不可能都是阳光明媚的春天,也会有充满黑暗彷徨的生死"寒冬"。在冬天要保持战略定力和韧性,更需要聚焦核心业务、持续创新、极致运营。

在华为面临极限挑战时刻的 2022 年报上,封面照片别有深意地用了"傲雪梅花"。轮值董事长徐直军解释道,

"今天的华为,就像梅花,梅花飘香是因为她经历了严寒淬炼。我们面临的压力无疑是巨大的,但我们也有增长机会,有组合韧性,有差异化优势,有客户和伙伴的信任和敢于压强式投入。因此,我们有信心战胜困苦,实现持续生存和发展。"

AI 时代加速而来，未来的生存和发展将面临更多不确定性，只有在正确的长期方向上，聚焦核心、加速创新进化、追求极致的经营效率，坚持自我反省进化，努力扩大"长期护城河"，才能为有质量的生存和持续战略增长打下坚实基础。

第七章 小心并购增长的陷阱

"2只火鸡合在一起,不会成为一只雄鹰!"

——维克·宫多拉,

谷歌副总裁

"收购与婚姻非常相似:收购当然是从一场欢乐的婚礼开始,而随后的现实往往与婚前的期望有所不同。

有时,新的结合为双方带来了美妙的、希望之外的幸福。但在其他情况下,期望则很快幻灭。

将这些景象应用到公司收购时,我不得不说,通常是在公司求爱时很容易做梦,最终买家将遇到不愉快的'惊喜'。"

——沃伦·巴菲特

前一章我们更多关注企业如何提升生存发展能力，推动内生增长。

但在解决有质量的生存之后，我们往往开始考虑如何更快、更好地增长。

并购增长是企业实现快速增长的一种方式。相比内生增长，它的最大特点是"快"，可以迅速扩大规模、迅速获得品牌、迅速获得研发技术和人才等。

但风险在于这种快速结合未必带来持续高质量的增长。少数人赢得很爽，更多时候则是输得很惨。并购稍有不慎，就会面临巨大损失，甚至影响企业生存。今天看似光鲜亮丽的并购，明天也许就会变成一场可耻的失败。

并购增长是容易的，有钱就能买；但并购增长也是困难的——残酷的现实是，70％的并购并不成功，付出太多，陷阱太多，回报太少……并购增长是极具诱惑力的，小心并购增长的陷阱是企业实现坚韧增长的第六个法则。

10个"陷阱"

并购整合有 5 个阶段，分别是并购战略设计、目标筛选、尽职调查、交易执行、公司整合。并购整合非常复杂，在并购增长过程中，充满了各种"陷阱"。总结下来，主要有以下 10 个方面：

1. "看错大势"的陷阱：对行业大势研判错误，追求市场热点，收购标的公司所在的市场需求未能达到增长预期甚至出现萎缩，外部市场和政策环境发生急剧变化（如金融危机、国家宏观调控等）对企业增长造成重大负面影响。

2. "麻袋装土豆"的陷阱：期望通过并购实现规模优势，市场份额看起来增

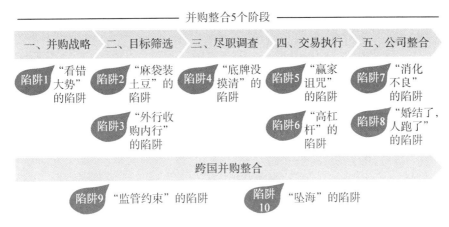

图 7.1　并购增长面临的"十大陷阱"

加了,但未能形成独特的竞争力优势和高质量的战略增长点。麻袋里还是土豆,不会变成"金豆"。

3."外行收购内行"的陷阱:"金主爸爸"高估自身管理能力和资金实力,董事会和管理团队里缺少相关行业经验和管理经验,在不熟悉的行业领域大肆收购,外行指挥内行,管理整合失控。

4."底牌没摸清"的陷阱:前期尽职调查不充分,导致标的公司重大风险未被发现。

5."赢家诅咒"的陷阱:追逐风口,在市场和行业高点期间急于购买,为标的资产付出过高的价格,造成巨大的成本费用和商誉。最终无法实现这些资产的价值,承担资产减值相关的高昂费用(商誉减值风险)。

6."高杠杆"的陷阱:收购时采用了过高的杠杆,承担了过高的债务,造成巨大的债务负担,对公司盈利和现金流造成负面影响,最终被"玩死"。

7."消化不良"的陷阱:业务、客户、运营、财务、流程、人员、系统、文化难以整合,没有整合工作表或无法按照预期的工作表执行整合,难以达到预期协同效应,也没有在整合的基础上推动效率提升和创新,最终咽下失败的"苦果"。

8."婚结了，人跑了"的陷阱：收购标的公司的关键人员和核心客户大量流失，业务的稳定性和持续性遭到破坏，知识产权和专业能力无法吸收。

对于更加复杂的跨国并购而言，还面临另外两个方面的"陷阱"。

9."监管约束"的陷阱：并购面临多种监管风险，有些并购由于国家安全等方面的考虑，最终失败。

10."坠海"的陷阱：海外并购存在文化、语言、当地政策、汇率等多种约束，稍有不慎，就会掉入"大海"。

渴望快速增长的企业都难以拒绝并购的诱惑，尤其当传统业务发展出现停滞时。大型并购交易更容易受到很多关注，但"规模大"并不意味着"胜率大"。具有讽刺意味的是，越是大型的并购，就越容易成为各类"陷阱"的"集中受害者"。企业的利润表可能被一桩失败的大型并购交易完全摧毁。市场并购失败有很多因素，但最常掉入、最要命的陷阱就是"麻袋装土豆""没摸清底""看错大势""赢家诅咒"这 4 个陷阱，也是本章重点讲述的内容。

对于造成并购失败的主要陷阱了解越清楚，未来就越有可能提高并购增长的胜率。

曾迷失在收购陷阱中的惠普

2005 年 2 月 8 日，市场传出一个惊人消息：

卡莉·菲奥莉娜的董事长及 CEO 职务，被惠普董事会宣布解除。惠普首席财务官罗伯特·韦曼临时当选为 CEO。

这位之前屡被《财富》杂志评为"全球商业最具影响力女性"的标志性人物，突然出局，多少令人感到意外。有分析指出，菲奥莉娜下台的重要原因之一是力主惠普并购康柏，但这最后被证明是一场豪赌，陷入了"麻袋装土豆"的陷阱，股东付出巨大代价未达到预期目标。

3年多前的2001年9月，是菲奥莉娜的高光时刻：惠普通过换股，以超过200亿美元的天价并购康柏，合并后的两家公司营收超过戴尔，成为世界排名第一的计算机制造商。

加盟惠普之前，菲奥莉娜曾在AT&T和朗讯科技有将近20年的工作经历，她是销售和营销专家，而对惠普的业务运营没有太多经验。1997年，她担任朗讯科技消费品部总裁，主导了朗讯消费品部和菲利普电子的合并，合并后的新公司迅速失败了，60亿美元的投资打了水漂。

1999年底，菲奥莉娜正式出任惠普CEO。上任首年，净利润上涨15.9%，达到31亿美元。2000年，惠普营收增加到489亿美元，净利润为37亿美元，看起来进展良好。

好景不长，2001年急剧转折，互联网泡沫破灭，市场需求快速下降。惠普传统主业受到挑战：在计算机领域，惠普与戴尔电脑差距越来越大。在打印机市场，原有市场份额被日本佳能和爱普生不断蚕食。惠普市值从2000年最高的1599亿美元，2001年最低下跌到286亿美元。

要挽救增长下滑的颓势，夺回市场份额，最根本的办法是聚焦公司核心业务，在研发创新上狠下功夫，打造"长期护城河"，但这需要真本事和长期投入。但菲奥莉娜选择了一条看起来更快更容易的路，就是买入一家公司。但看起来容易的事，往往是最难的事情。

菲奥莉娜看中当时占据个人计算机市场份额第二、但江河日下的康柏公司。当时戴尔占美国个人计算机市场的31%，惠普和康柏加在一起，年营收达到870亿美元，占37%的市场份额。

菲奥莉娜的如意算盘是：通过合并打造世界最大的计算机公司，形成对戴尔的规模优势。根据她的规划，两家公司合并后，将在计算机服务、软件、服务器等市场超越戴尔，且每年可省下 25 亿美元的经营支出。

但事实上，在与戴尔的竞争中，惠普处于劣势的 2 个根本原因在于：

一是当时戴尔的商业模式优于惠普。戴尔电脑直销模式的资金周转速度远超惠普，资金一年可周转两次以上，惠普只有一次。

二是在惠普两位创始人离开之后，惠普就缺乏伟大创意和创新产品。

惠普落后并非因为规模问题，而是商业模式和产品创新问题。

惠普收购康柏并不能解决这 2 个核心问题。

合并设想遭到了创始人家族第二代的强烈反对。时任惠普董事的沃尔特·休利特是惠普创始人之一休利特的长子，他宣布，他的家族和休利特基金会反对惠普和康柏合并，因为惠普作为一个独立的公司能为持股人创造更大的价值。

但惠普公司董事会发表声明，除沃尔特·休利特外，其他董事均对合并计划表示强烈支持。为使方案得到通过，菲奥莉娜做了很多工作，动员中小股东投票。最后股东们以 51％对 48％的微弱优势批准了收购康柏的决定。

2001 年，这项收购终于完成。但市场并不买账，新惠普在交易完成当天，股票下挫近 20％。几天后，"911"发生，美国经济形势急转直下，新惠普的生意随之一落千丈。

并入康柏后，惠普并没有得到想象中合并的市场份额。在商业历史上，类似的事情也时常发生，两个在竞争中处于劣势的公司合并后，往往很难得到累计的市场份额。理由很简单，竞争中处于劣势的公司必定存在经营管理和产品的问题。"麻袋装土豆"的所谓规模优势在很大程度上靠不住的，反而是巨大陷阱。如果核心能力问题得不到解决，合并后问题只会翻倍，竞争中变得更弱，从而进一步丢失市场份额。

通过并购创造的规模优势在很大程度上是靠不住的。尽管短期内看上去很美,如果没有商业模式上的创新、伟大的产品创新、精益化的运营管理,仅靠规模是无法形成真正的竞争能力的。

两家在竞争中处于劣势的公司合并后,往往不可能得到累加的市场份额。合并后可能使问题翻倍,随着规模的增加,进一步增加管理复杂度,在竞争中更加处于劣势,从而进一步丢失市场份额。

2002 年,惠普和康柏合并后营收达到 566 亿美元,但亏损 10 亿美元,这是惠普十几年来的首次巨额亏损。

2004 年,惠普营收增长到 799 亿美元,但净利润仅有区区 35 亿美元,甚至低于合并之前 2000 年的 37 亿美元。到了 2005 年,净利润率则从 7.6％下跌到 2.8％。菲奥莉娜选择的这条急功近利道路,最终走进了死胡同,也断送了她的前程。尽管在自传中,菲奥莉娜辩护道,惠普和康柏的合并最终节约了 35 亿美元的成本。但现实的数据打了菲奥莉娜的脸,无法掩盖她的失败:在任职期间,缺乏技术背景的她,难以为战略创新提供清晰可信的指导,也没有开辟出任何重大的创新业务和伟大产品。菲奥莉娜获得了一大笔离职补偿,惠普却需要收拾烂摊子。

除了"麻袋装土豆"的陷阱之外,还有经常坠入的陷阱是"没摸清底"和"赢家诅咒"。

不少并购交易是在缺乏精准详细的财务调查基础上急吼吼完成的。在寻找并购机会时,很多 CEO 就像一个刚拿到压岁钱、走进糖果店的小朋友。鼓鼓的腰包,让他们迫不及待想抢下眼前"包装精美"的糖果,出多高价都不在乎,就是看不到背后的重大风险。

在 2002 年首次亏损的 10 年后，2012 年惠普再次"爆雷"，亏损金额达到了惊人的 127 亿美元：这次掉入了"没摸清底"和"赢家诅咒"的并购陷阱。

这次巨亏与惠普在 2011 年 10 月以 111 亿美元收购的英国软件公司 Autonomy 相关。惠普认为在交易中，Autonomy 涉嫌会计作假。消息公布后，惠普股票盘前暴跌超 11％。

2011 年 8 月，刚上任不久的惠普 CEO 李艾科公布了业务重组计划，重头戏之一是收购软件开发商 Autonomy，押宝企业应用软件市场以追赶 IBM 等竞争对手。李艾科在商业软件巨头 SAP 工作了 20 年，但只有 7 个月的 CEO 经验。而在短短的 11 个月惠普 CEO 任期内，他一手促成了这项并购，最大问题之一在购买价格：除了李艾科本人外，惠普内外部都认为 Autonomy 不值这个价。

时任惠普 CFO 雷斯贾克曾旗帜鲜明地表示不满。她的反对理由是，这个收购价相当于 Autonomy 营业收入的 11 倍，也就是 11 倍的市销率估值水平，实在太高。她对董事们说："我不能支持它。我们还没有做好准备。我觉得它太贵了。我反对，这不符合公司的最大利益。"

遗憾的是，雷斯贾克的反对没有奏效。最终惠普以高昂的价格买入 Autonomy。甲骨文公司 CEO 拉里·埃里森事后透露，Autonomy 老板林奇曾试图将公司卖给甲骨文，但甲骨文对这一交易不感兴趣，因为林奇狮子大开口，要价 60 亿美元。荒谬的是，这个价格大大低于惠普的出价。只因为李艾科太急切想通过并购实现增长，匆忙中付出了巨大的代价。

据称在收购前夕，Autonomy 干了三件事。首先，亏本出售了低毛利率的硬件产品，然后将硬件的销售额计入毛利率更高的软件销售业务上。部分产品的成本被计入营销费用中。其二，Autonomy 将软件卖给了增值经销商而不是最终用户，粉饰营收。其三，将一些长期的托管交易转化为短期授权交易。登记未来的软件订阅收入，而不是计入递延收入。

仅仅一年时间，惠普收购 Autonomy 的 100 多亿美元已损失八成。受害的股东对惠普发起了集体诉讼。惠普最终付出了 1 亿美元的赔款。2013 年惠普的股票市值跌到了最低 221 亿美元。

> 对于期望得到的标的公司付出太高的价格，将会陷入"赢家的诅咒"，而没有做好充分的尽职调查，会进一步"雪上加霜"，不仅获得期望的增长，反而给公司带来巨大的灾难。

经过两次重大挫折，惠普的并购增长策略暴露出很多问题：过度看重"规模增长"，急于成交、出价过高。更糟糕的是，为了提高利润，惠普不惜降低研发投入和大举裁员，违背了惠普创始人提出的"惠普致力于创造根本性的改变，而不是模仿性的产品"持续发展原则，使得惠普失去了持续创新增长的动力。

当前乃至未来，外部环境变化之快超乎想象，领导者的短视和急于求成将陷入并购增长陷阱，只能破坏价值，不能创造价值。

工业通用电气梦的破灭

杰夫·伊梅尔特从杰克·韦尔奇手中接班 CEO 后，从 2000 年到 2007 年，通用电气的增长相对一帆风顺，营收从 1299 亿美元增长到 1727 亿美元，复合增长率 3.5%，净利润从 127 亿美元增长到 222 亿美元。

但 2008 年爆发的金融危机打破了通用电气的平稳增长之路。金融危机之前，通用电气的风险就已悄然累积：2007 年底，通用电气资产负债率达到惊人的 84%。在狂暴的金融危机冲击下，通用电气股价在 2008 年急剧下跌，从 2007 年的 42.15 美元/股，下跌到 12.58 美元/股。

2008 年 10 月，借助巴菲特的"助攻"（购买 30 亿美元的通用电气优先股、每年获得 3 亿美元的股息，并获得 5 年内以每股 22.25 美元的价格购买通用电气普通股的权利）、美国联邦存款保险公司伸出的援手，通用电气勉强渡过金融危机。但公司为此付出了巨大的代价。

2008 年之后，通用电气金融业务收入不断下滑，2013 年只贡献了 424 亿美元的营收，相比 2007 年顶峰时期下跌了 40%。之前赚钱的商业地产金融业务也开始亏钱：2009 年亏损 15 亿美元，2010 年亏损 17.4 亿美元。通用电气的股价持续低迷，2009 年到 2014 年期间没有再超过 30 美元/股。市场不是按照工业巨头对通用电气进行估值，而是按照金融企业那样估值。

这一切让伊梅尔特坐不住了，他决定逐步退出金融业务。但要维持庞大业务规模，必须另寻增长之路。

为了让华尔街印象深刻，伊梅尔特意图将通用电气带入一个新增长模式：减少对金融的依赖，重新成为全球新工业巨头。他选择了一条看上去很美的快速增长之路：2014 年发起一次超级并购，以 123.5 亿欧元并购法国电力设备巨头阿尔斯通的电力和电网业务。

伊梅尔特对收购寄予厚望：

"2014 年 5 月，我们宣布了收购阿尔斯通电力和电网业务的协议，这是通用电气历史上最大的业务。这种高度战略性的投资带来了互补的产品和服务，大大加强了通用电气在电网领域的地位。阿尔斯通将受益于通用电气在技术，服务和增长市场方面的实力。"

"我们将通用电气重新定位为一家更具针对性，高价值的工业公司。在此期间，我们完成了超过 1000 亿美元的收购和处置。这包括加强我们基础设施组合的重大投资，大幅减少金融服务和销售我们缺乏竞争优势的业务。展望未来，通用电气建立在符合我们实力和目标的企业之上。"

这其实是缺乏远见的 CEO 经常会掉入的并购增长陷阱：为扩大收入和盈利规模，饥不择食地去收购，在追逐规模增长的过程中，即便是质量低劣的收购对象也会变得楚楚动人。对于他们，交易本身是否合理已经不再重要，只要没拿到自己的目标，他们就绝不会停火。

长期报道通用电气的《华尔街日报》2 位记者在《熄灯》一书中揭露，那时的阿尔斯通 CEO 帕特里克·克朗急于找到买家，在阿尔斯通的光鲜表面之下，商业前景已经灰暗：在将新涡轮机系列推向市场方面，阿尔斯通远远落后于通用电气和西门子。更糟糕的是它在售产品几乎无利可图。在电力市场上，阿尔斯通积极竞标任何可能赢得的新业务，提供很低的价格，以至未来不可能盈利。但阿尔斯通的销售团队并不关心这些——他们获得首付就算完成任务。

对于伊梅尔特来说，重要的是完成交易，即使阿尔斯通这个业务实际上并不健康。他急切期望完成收购。好大喜功的伊梅尔特喜欢占领市场份额，他最喜欢的比喻之一是承诺通用电气准备"赢"——收购阿尔斯通将促使通用电气的市场占有率越来越高。

更令人惊诧的是，为了满足伊梅尔特的交易欲望，通用电气交易团队所制定的交易价格，并非基于阿尔斯通业务本身的商业价值判断，而是为了让阿尔斯通的大股东——家族控制的布伊格股份公司（Bouygues SA）愿意坐到谈判桌上来。在对阿尔斯通的最终报价中，通用电气购买价值预估一半以上来自"成本协同效应"，换言之，就是交易完成后大幅削减员工、工厂和其他人员带来的收益，而非真正内生增长带来的价值。

人算不如天算，通用电气又遭遇到了跨国并购增长中常见的"监管约束"的陷阱。在法国政府的强烈抗议下，再加上西门子等对手的竞争压力，心急的伊梅尔特为了促成这笔买卖，附加承诺为法国工人提供工作保护，设立合资企业架构，将法国作为其生产涡轮机的国际中心，以换取政府的认可，这意味着，为做成这笔交易，通用电气支付了更高的代价，但获得的资产比想要的更少，原有计算的"成本协同效应"实际上不可能实现。

尽管如此，伊梅尔特依旧嘴硬：他说计划在五年内产生 30 亿美元的成本协同效应。阿尔斯通在 2016 年为通用电气增加 0.05 美元的每股盈利，2018 年增加 0.2 美元的每股盈利。

"通过将通用电气燃气轮机与阿尔斯通工厂相结合，将获得效率提升……通过阿尔斯通，我们成为世界上最大的可再生能源企业。与阿尔斯通的结合使通用电气成为更强大的竞争对手。我们相信阿尔斯通的投资将产生强劲的回报。"

2015 年 11 月 2 日，通用电气完成了对阿尔斯通业务的收购。尽管那时候通用电气的资产负债率仍在 80% 左右，处于财务杠杆的高位，当年并购使用现金达到 120 亿美元。

理想总是很丰满，现实总是很残酷。

短视的伊梅尔特并未预见到：世界会以多快的速度从天然气燃料电力转向可再生能源和电池存储。全球对新建燃气发电厂的投资放缓，对气候变暖的担忧，引发了对化石燃料发电未来的真正质疑，可再生能源替代品的成本也在稳步下降，伊梅尔特习惯以过度乐观的态度从线性视角看待未来。遗憾的是，这次他对未来大势的乐观判断错了。

并购之后的整合没有按照伊梅尔特所设想的那样，发挥规模效应，带来营销优势和成本优势，推动真正的产品和服务创新，只是规模看起来更大、风险更大、增长陷阱更多而已。

这项大赌注没有让通用电气获得预计中的增长，反而背负了 220 亿美元的会计减值。

2015 年通用电气营收为 1152 亿美元，亏损 61 亿美元。

2016 年营收为 1197 亿美元,盈利 88 亿美元,其中工业产品业务营收为 754 亿美元,工业服务营收为 349.8 亿美元。这意味着完成收购后,通用电气整体营收相比 2015 年只增加了 45 亿美元,大大低于原来的期望。

此刻,一个非常危险的信号出现了:通用电气的经营净现金流从 2015 年 199 亿美元,直接下跌到 2016 年的 - 2.44 亿美元。这是通用电气从 21 世纪以来从没有发生过的事情,看起来坚不可摧的财务状况变得异常脆弱。

屋漏偏逢连夜雨,电力和石油天然气市场此刻变得艰难,进一步加剧了通用电气收购阿尔斯通带来的痛苦。

2017 年通用电气亏损达到 58 亿美元。并购三年后,通用电气不得不在 2017 年 12 月削减 1.2 万个电力业务岗位,占该部门员工总数的近 1/5。这意味着收购阿尔斯通的惨烈失败。

> 一旦对大势的研判发生错误,将会给战略并购带来巨大的灾难。
>
> 寄希望于大规模并购实现超常规的增长,虽然看起来很美,但忽视实质创新和内生增长,增加了过多的债务杠杆和并购商誉,将导致公司在经营发展和现金流上的困境。

事后,接任伊梅尔特 CEO 职位的约翰·弗兰纳里直言不讳,他认为通用电气过去债务太多,商誉也太多。2014 年商誉为 532 亿美元,2017 年上升为 840 亿美元,这与收购阿尔斯通直接相关。弗兰纳里完成了 200 亿美元的工业资产出售计划,同时减少通用电气股息,但这一切仍无法止住通用电气 2018 年后业绩快速下跌的势头。2018 年亏损达到惊人的 224 亿美元。

收购阿尔斯通成了压倒通用电气最重的一个石头,不仅导致了伊梅尔特的离开,也让曾经光彩耀眼的通用电气跌下了"圣坛"。

避开并购增长"陷阱"的 4 个规则

并购增长一旦做不好,非常容易赔钱,甚至可能让收购方付出沉重代价。即使是巴菲特,早期也曾遭遇收购失败的厄运。他在 1965 年以来投资的成败历史表明,以理性思维对并购和整合进行管理,是收购成功的出发点。

一名谨慎、明智的并购执行者,需要想方设法规避在失败交易中的常见"陷阱",避开那些表面看起来光鲜亮丽的大交易,关注并购能否匹配战略增长要求,耐心等待,精准出击,利用双方资产和业务的互补性,降低成本,提升效率和竞争力,增加合并后的总价值。

那如何才能避开并购增长"陷阱",提高胜率呢? 需要把握 4 个规则。

首先,明确并购标准、贵于知止。

《老子》说,"知足不辱,知止不殆"。巴菲特对于并购标的企业制定了相应标准,非常值得学习借鉴。在 2022 年 3 月致股东的信中,巴菲特说,"我们的目标都是对具有持久经济优势和一流 CEO 的企业进行有意义的投资……查理和我不是选股者,而是业务选择者。"

此前巴菲特阐述了伯克希尔公司投资收购标的公司主要有 6 个标准:

1. 大额购买(至少 7500 万美元的税前收益)

2. 表现出一致的盈利能力(巴菲特对未来的预测没有兴趣,也没有"转机"的情况)

3. 在承担很少或几乎没有债务的同时,公司也获得良好的股本回报

4. 管理到位(由具有长期股东心态的优秀经理人管理,具备卓越的管理模式)

5. 业务简单(如果有很多技术,我们将无法理解)

6. 一个出价("不为喜欢的东西付出过高的价格";当价格未知时,我们不

想通过谈论甚至初步谈论交易来浪费双方时间)

有意思的是,第 1 个标准是随着伯克希尔管理规模的扩大而变化的。1995 年,巴菲特期望投资企业的税前收益则不低于 2500 万美元,只有 2018 年的 1/3。其他 5 个标准基本一致。

这些收购企业标准是伯克希尔无数次收购中总结出来的,其中最核心的精神是"知止",明确哪些该做、哪些不该做。

聪明的企业应将投资锁定在那些自己了解的行业和标的企业领域上。行业经验和认知,是支撑企业高质量并购增长的前提。没有底层认知,收购者就不可能对目标企业进行合理估值和做出最优决策,很容易陷入并购增长的"陷阱"中。

其次,长期跟踪,把握时机、低谷买进。

时机很重要。最糟糕的并购交易往往出现在狂热的市场环境中。最佳交易往往发生在冷清甚至低谷的市场条件下,或者并购标的价值尚未完全被外界所认知的情况下。过早、过急并购通常缺乏足够多的信息,"底没摸清",最后一定是苦果。如果出手太晚,付出成本则可能过高。富有远见力、懂行的 CEO 和董事会的专业判断是提高胜率的关键胜负手。

其三,不超过自己的能力圈,更多采取"螺丝栓型"收购进行战略补充。

过于自信和乐观,急于交易、做大规模的愿望,往往让企业失去了理性的判断力,收购带来无法承受的财务压力,超过自身能力范围,或者"麻袋装土豆",最终难以为继而垮台。

懂行审慎的企业家冷静看待并购,清楚自己的边界,保守估计自己的能力,保持克制态度,不超出公司和 CEO 的能力圈。最好的策略之一能采取战略补充的"螺丝栓"式收购(规模不大,对现有战略业务的有利补充),复杂度低得多,财务压力小,成功胜率相对大得多,更容易整合。在保持资产负债表稳健的同时,不断"积小胜为大胜",与公司核心能力增长和董事会的认知程度形成同步匹配,避免失控。如果看到绝佳机会,也要确保是在自己的认知和能力圈内,才能下手。

其四，长期思考，推动创新和并购后内在增长，而非仅仅通过降本裁员来获得协同效应。

并购增长不能完全解决公司"长期护城河"拓宽、长期价值增长的问题，尤其是依靠裁员和降本来获得协同效应时。这种协同效应往往是短期的，甚至可能会对公司长远发展和核心人才保留起到负面作用。在行业快速增长时期，"跑马圈地、增加规模效应"是并购优先策略。在行业盘整甚至下行阶段，钱得用到刀刃上，更需更注重核心竞争优势提升，并购后需要加强精益管理，提高运营效率，扩大"长期护城河"，实现并购后的内生增长。丹纳赫和吉利德并购增长的成功故事都证明了这一点。下面将详述这两个案例。

严格标准、精益管理，内生增长和并购增长双轮驱动

并购增长的精髓在于价值发现和增量价值创造。

在并购问题上，成功的交易者必须像长期投资者那样去思考，必须以"详尽的分析、本金的安全和满意的回报"为基准。事实上，并购实现理想回报的前提非常苛刻，不仅收购价格需要低于其内在价值，符合高标准；更要在并购之后善于有效整合，推动持续改善和创新，创造更大的价值增长。丹纳赫的发展就是一个很好的并购增长故事。

经过40多年的发展，丹纳赫从一家名不见经传的投资公司，成功转型成为全球最大的工业品综合管理集团。公司营收从1995年的15亿美元增长到2022年的315亿美元，总市值超过2000亿美金。

这些神奇增长背后的法宝是丹纳赫高质量收购＋赋能型的并购增长模式。

丹纳赫并购的目的并非未来赚差价,而是把买来的企业融入自己的业务平台中,加以赋能、推动创新增长,有很多自己的独到之处。

20 世纪 80 年代,史蒂文·拉莱斯和米切尔·拉莱斯兄弟两人成立了初期的投资引擎——证券集团控股,一开始就明确了目标并购业务的 3 个特征:

1. 特定利基市场下可理解的业务;

2. 能带来现金利润的可预测收入;

3. 有企业家精神、经验丰富的管理团队。

拉莱斯兄弟并购业务的以上 3 个特征,与巴菲特颇为相似,强调收购的业务要容易理解、并购标的企业要能自己造血,同时具备"有企业家精神、经验丰富的管理团队"。建立明确的收购标准之后,虽然不可避免还会有可能失败,但胜率将大大提升。

1983 年,拉莱斯兄弟获得了房地产投资信托公司 DMG 公开上市交易的控制权,之后将公司名字改为丹纳赫公司。

从那时起,拉莱斯兄弟就把丹纳赫公司作为并购增长的业务平台。

尽管成长速度很快,但丹纳赫公司的并购战略却始终清晰,不肯放低标准。追求的目标是成为所提供的产品中最具创新意识和最低成本的制造商,寻求的市场地位是每个产品线都是第一、第二或是非常独特的利基市场。

丹纳赫在经营中严格遵循巴菲特的名言——"当一个行业处在困难条件下,即使遇到一位声名昭著的卓越的经理人,也完全无法改变原来的困境"。业务选择受"市场第一、企业第二"的信念驱动,先确保大势判断准确,方向正确,避开"看错大势"的陷阱。

丹纳赫并不是先识别出有潜质的目标,然后评估它的市场潜力,而是采取自上而下的分析方式,即从市场分析开始到公司评估,再到尽职调查、定价、谈判,最后是整合。

丹纳赫选择的行业需要满足 6 个标准。

1. 市场规模应足够大,超过 10 亿美元。

2. 核心市场成长率应至少 5％至 7％,没有不适当的周期和波动。

3. 寻找参与长尾市场的分散行业,有 2500 万到 1 亿美元的销售额,可以获得其产品而不用付出必要的管理开销。

4. 尽量避免行业中优秀的竞争对手,如丰田等。

5. 目标领域要有适用 DBS(丹纳赫业务管理系统)的可能性,这样可发挥丹纳赫公司精益管理优势。

6. 以实际产品为中心的企业。金融服务业就不符合这些原则。

这套标准有个简单的前提:"寻找有规模的市场,而且是可以赢的市场。"这个投资逻辑与巴菲特的投资逻辑极其类似,这些标准与巴菲特的并购标准也有相通之处。

选好合适的收购标的之后,丹纳赫选择终止交易的唯一原因是:不能确定自己的管理能否填补预期差距。即便最终未能成功,但前期所做的充分准备,也能在机会到来时,精准把握。

丹纳赫公司的并购团队是由交易员组成的一个小团队,该小组与公司业务拓展部、战略发展部进行广泛合作。业务拓展部门旨在发现和培养其行业内和邻近行业的潜在目标,而战略发展部门则将重心关注在潜在的新平台上。

在丹纳赫看来,并购只是业务发展的工具,不是业务增长最终的目的。发展良好的业务,关键在于专注为客户提供创新产品和解决方案的业务,推动并购后真正的内生增长。

> 并购只是增长的工具,不是增长的目的。
>
> 并购之前以行业大势分析为先,经营增长的关键在于专注为顾客提供创新产品和解决方案的业务,目标是预测并满足顾客对质量、交付、成本和创新的需求。

丹纳赫并购整合成功的核心法宝是丹纳赫精益管理体系。在1980年代,丹纳赫的一个子公司基于Kaizen(来自日语"改善",意思是"不断进步")的原则发展了一整套的创新管理方式。丹纳赫用后觉得非常有效,因此在整个公司范围内推广。DBS(丹纳赫业务管理系统)是丹纳赫精益管理体系的核心,通过专注于提高质量、交付、成本和创新,实现持续精进。目前,丹纳赫精益管理能力在西方企业中排名第一,全球排名第二,仅次于丰田汽车。

更重要的是,在整合过程中成功执行DBS,对并购业务进行赋能,促其快速地实现内生增长。福禄克(Fluke)就是一个很好的例子。

福禄克是一个知名且受人尊敬的品牌,在丹纳赫DBS的支持下逐年增长,创建了最广泛的手持式电子测试产品系列,服务于全球的工业、电气、通信、医疗和计量客户。

2005年,福禄克的核心收入实现了良好的增长,一个重要驱动因素是,它在便携式热成像领域建立了领先的份额。

3年前的2002年,丹纳赫收购了雷泰克公司,使之成为福禄克下属子公司。雷泰克是用于工业的非接触式红外热成像产品的制造商,但产品比较复杂,笨重且昂贵,无法实现广泛的商业化。与福禄克客户交流后,丹纳赫意识到一种易于使用且价格便宜的手持式热成像产品将具有巨大的市场潜力,40%的福禄克顾客表示会购买这种设备。

有了顾客需求的输入,福禄克的工程师们努力缩小雷泰克产品的尺寸,赋予其设计、耐用性和成本效益。然后,丹纳赫使用完整的DBS工具包将雷泰克的生产时间和产品成本降低到实现商业化的水平。2005年,福禄克推出了Ti30手持式热成像仪,2006年推出了Ti20。这些产品解决了先前"使用难"和"价格昂贵"的问题,受到顾客极大的欢迎,促成了福禄克增长。

丹纳赫进行的每笔收购都像福禄克那样,努力确保将这些业务和员工成功整合到丹纳赫中,并通过导入DBS进行赋能,实现有能力的有机增长。

> 在收购中更需强调"螺丝栓"型的收购，而非"蛇吞大象"型的并购，实现更加稳健的增长。另外，新产品创新是公司持续经营增长的最大机会。两者组合能实现更健康发展。

在收购中，丹纳赫不强调"蛇吞大象""一口吃成个胖子"，而是更强调在其熟悉的战略业务领域，通过"螺丝栓型收购"方式，扩大战略业务的基石地位。同时，在并购中也注重以合理价格买入，避免"麻袋装土豆"和"赢家诅咒"的陷阱，实现稳健的增长。另外一些情况下，丹纳赫的目标是获得关键新技术，为突破创新的内生增长奠定坚实的基础。

丹纳赫以精益管理体系为核心，不断迭代，并购增长和内生增长双轮驱动的功力越来越炉火纯青。以 2022 年为例，丹纳赫收购了 10 项业务，是对公司四个业务板块的补充，总对价 6.37 亿美元现金（对应收购业务的年销售额约为 0.9 亿美元），核心业务内生增长达到 9%。

3 次改变命运的并购：从 1 亿到 10 亿，再到 100 亿美元

富有深刻行业洞察力的领导者，在长期跟踪的基础上看准标的、把握好并购关键时机，对并购增长的成功至关重要。

吉利德科学以创新和并购见长，巅峰时期高达 60% 的收入都来自新药，这个比例比其他同行高出了两倍还多。

成立 30 余年，吉利德在全球上市了超过 25 款创新药物，为患者带来革命性的治疗方案，并实现了很多疾病领域的"第一"，甚至被评为制药界的"苹果"。比如全球首个用于艾滋病毒预防的药物，全球首个获批的泛基因型丙型肝炎单

片药物等。

吉利德科学能在不长的时间内实现快速增长,赶上医药巨头,数次成功的重大并购和有效的投后整合管理发挥重大价值。在吉利德的发展历程中,有 4 个改变命运的重大腾飞点,第一个是自己创造的,其他 3 个都是由并购促成的,帮助吉利德突破了 1 亿美元、10 亿美元、100 亿美元的销售大关。

吉利德创立后,前 8 年发展惨淡。

当时行业最热门的研发领域集中心血管、糖尿病等,但吉利德另辟蹊径,选择了相对冷门的抗病毒领域,在这个领域持续深耕,寻找独特、革命性的治疗方案。1992 年吉利德在纳斯达克上市,融资 8600 万美元,但一直拿不出产品。1995 年,吉利德的收入依然主要只来自各大药厂的项目合作费用,营收只有 492 万美元,亏损 3100 万。

第一次腾飞:吉利德的新药产品从无到有。

这次腾飞由吉利德自己创造的——1995 年 10 月,第一个新药产品 VISTIDE(西多福韦注射液)申请上市。这款产品用于治疗艾滋病患者的巨细胞病毒视网膜炎。与当时市场竞品相比,VISTIDE 具有重大优势,竞品需要手术插管给药,而 VISTIDE 只需要静脉注射。1996 年 6 月,VISTIDE 获得美国食品和药物管理局(FDA)批准。早已做好上市筹备工作的吉利德在收到批文后迅速向各大经销商发货。

依靠刚上市不久的 VISTIDE,吉利德的产品销售收入从 1995 年的 0 美元增长到了 1996 年的 847 万美元。

吉利德的发展是由研发驱动的。在 248 名全职雇员中,高达 60% 的员工从事研发活动,69 名拥有博士学位或医学博士学位。

按照常规的增长逻辑,吉利德应继续自己的自主研发之路。但有战略远见的 CEO 会全面思考有创造公司价值增长的各种方法,发现不为其他人关注的机会,尽力去收购可能加速实现梦想的目标公司,推动商业化和创新,促进战略增长。

1996 年 4 月，未来引领吉利德实现跨越式增长的约翰·马丁博士被任命为总裁兼 CEO。他拥有芝加哥大学的有机化学博士学位，金门大学的 MBA 学位和普渡大学的化学工程学士学位。1990 年加入吉利德，之前在制药公司百时美施贵宝担任抗病毒化学总监。马丁博士是更昔洛韦的共同发明人，对于行业创新方向有深刻的洞见，在其操盘下，吉利德走上加速腾飞的道路。

第二次重大腾飞由并购推动，帮助吉利德实现 1 亿美元营收的突破。

1999 年 3 月，马丁博士上任 3 年之后，吉利德对外宣布，以 5.5 亿美元的价格收购年销售额 1 个多亿美元的 NeXstar 医药公司。从市销率的角度来看，这样的并购价格并不算昂贵。但从吉利德当时的体量来看，则是一个惊人的数字。就在前一年（1998 年），吉利德的营收还只有 3200 多万美元，亏损超过 5600 万美元，总资产为 3 亿美元。此时 NeXstar 医药公司的营收已有 1.19 亿美元，盈利 1100 万美元。5.5 亿美元的交易价相当于吉利德 1998 年营收的 13.75 倍。

这张并购之后被验证是一个好牌。通过以小吃大，吉利德营收一下子突破 1 亿美元，并从 NeXstar 获得安必素（AmBisome）和柔红霉素脂质体（DaunoXome）两大拳头产品。这两款产品都是抗病毒产品，与吉利德的战略方向高度匹配。

1999 年，吉利德营收 1.69 亿美元，2000 年达到 1.96 亿美元，超过合并前双方营收总额。

2001 年，吉利德首个抗艾滋病药物替诺福韦酯（Tenofovir）获得 FDA 批准，这个产品成了吉利德发展壮大的主要财源之一。此时吉利德的上市产品已增加到了 5 个。这一年实现了创立 14 年来的首次盈利：净利润 5200 万美元。

成为翘楚企业,要勇于设定大胆的目标,长期聚焦重点领域,抓住时机,联合强者,借船出海,高质量的并购增长能大大加速自身的成长速度。

同时既要做加法,也要敢于做减法,集中资源做自己最有优势、最需要突破的事。

吉利德不仅做收购的加法,也做减法:一只手买业务,另一只手卖业务。

为了集中资源、聚焦抗病毒药物研发,吉利德将研究多年的肿瘤业务卖了出去。2001 年 11 月,吉利德宣布与 OSI 药品公司签订一项协议:吉利德将肿瘤临床治疗药物资产出售给 OSI,获得了 1.578 亿美元的收益。

吉利德第 3 次腾飞还是由并购推动,收购三角(Triangle)制药公司实现 10 亿美元营收的突破。

2003 年 1 月,吉利德以 5.252 亿美元出资收购三角制药公司。此时的三角制药还是一家处于发展阶段的公司,重点关注抗病毒的潜在疗法,包括艾滋病毒和乙肝病毒,这是吉利德长期的核心聚焦领域。

通过这次收购,吉利德的抗病毒管线得到加强。2003 年,收购初现回报——从三角制药获得的恩曲他滨(Emtriva)得到 FDA 批准。这是吉利德以后十多年重要的财源之一,也是革命性抗艾滋病毒鸡尾酒疗法的重要组成部分。

并购需围绕核心聚焦领域,将患者(顾客)价值放在中心位置,寻找能创造重大突破的关键"拼板",促进内外部创新。

2004 年,吉利德成了一家拥有 8 种拳头产品的跨国公司,营收超过 13 亿美元,研发费用总计为 2.236 亿美元,占营收的 17%,与同类型的制药企业处于同一水平线上。这年 8 月,吉利德推出艾滋病联合用药疗法(别称"鸡尾酒疗法")——舒发泰(Truvada),这是全球首个抗艾滋病毒的每日一片二联疗法,树立了吉利德在抗艾滋病领域的绝对霸主地位。2012 年,舒发泰被批准作为全球首个艾滋病预防药。

2006 年吉利德更进一步,推出了艾滋病的鸡尾酒疗法药物阿曲普拉(Atripla),让患者用药从每天 20 多粒减少为每天 1 粒,病毒抑制率较高、不良反应较小。

吉利德的收购并非简单的并购加总,不仅强调对创新药物和技术的收购,同时对基础设施大力投资,扩大"长期护城河",为未来的持续内生增长提供有力支撑。

2006 年 11 月,吉利德以总价 1.33 亿美元完成了对雷洛化学品公司的收购。雷洛化学品公司位于加拿大,是德国特种化学品公司德固赛公司的全资子公司。吉利德利用雷洛工厂进行工艺研究,扩大临床开发候选产品,制造用于研究和商业产品的活性药物成分,增强制造能力。

> 不仅需要收购创新技术,也需对基础设施进行长远投资。大规模收购之后需要适当放慢脚步,加强整合,做好"消化",扩大"长期护城河",为持续增长提供有力支撑。

2011 年,吉利德已经完全突破了之前的弱小状态,营收达到 84 亿美元,净利润 28 亿美元,市值 300 多亿美元。但此时吉利德销售增长已经放缓,同比增长只有 5%,净利润还略有下降。要获得增长,必须有新的突破点。

第 4 次腾飞是在 2012 年,吉利德打出第三张并购大牌——以 110.5 亿美元收购丙型肝炎病毒治疗药生产商 Pharmasset 公司。这次并购帮助吉利德突破年度营收 100 亿美元大关。

Pharmasset 是一家公开上市的临床阶段制药公司,重点发现、开发和商业化病毒感染治疗的新型药物,拥有刚进入三期临床阶段的丙型肝炎病毒治疗药物,离上市为期不远。当时市场上丙肝主流的治疗方案是通过注射剂治疗,而 Pharmasset 研发的药物,主要是口服治疗,非常方便。根据在研新药数据显示,接受治疗的 40 名患者在 12 周后有治疗效果,约有一半的患者延后至 24 个星期有效果,不但患者全部治愈,且没有显著的不良反应。

完成这次收购后,Pharmasset 成为吉利德的全资子公司,吉利德由此获得 3 个潜在的丙型肝炎治疗药物。这次收购为吉利德增长提供了一个绝佳的增长机会,同时带来巨大压力。

根据 Pharmasset 第三季财务报告,公司仅有 82 名员工、9120 万美元的净亏损,且没有产品上市。吉利德科学在一份声明中坦诚相告,收购 Pharmasset 公司是该公司历史上最大的并购案,收购完成后,公司盈利将减少,直到 2014 年后利润才有所增加。吉利德总裁兼首席运营官约翰·米利根说:"我们在丙型肝炎病毒药物领域有一些优良项目,但不是这个领域的领导者;这次收购行动对吉利德科学十分重要。"

公布收购行动当日,吉利德科学公司的股价下跌了 9.1%。有分析家表示,吉利德买贵了,牺牲了未来 3 年或以上的盈利,只为收购一两个还没成功上市的药物,如果投入 110 亿美元,自身可以做大量的研发工作。

很多人认为这是一次胜率很低的大赌博。但如果把时间轴往回拉,就会看到吉利德的这次收购并非心血来潮,而是一个长久布局、有较大胜率的战略举措。

首先,吉利德在抗病毒领域已经聚焦耕耘了 25 年之久。

其次,从 2003 年开始,吉利德加强在丙肝领域投入,前期已有近 10 年的准备和摸索。

2003 年开始,吉利德与凯龙公司(Chiron)、基因实验室技术(Genelabs)公司和阿咯林制药公司(Achillion)在丙肝项目上合作。医学博士约翰·麦克哈奇森于 2010 年 7 月加入吉利德,担任肝脏疾病治疗学高级副总裁,领导推进肝脏疾病领域的发现和开发计划。

到了 2012 年时,吉利德对于丙肝治疗药物的研究有了更深刻的洞察。吉利德认为,产品之间的竞争将基于产品功效、安全性、给药方便性、可用性、价格和专利地位等因素。

吉利德当然可以继续按照自己的计划节奏走,但一旦新药被竞争对手提前研发出来推向市场,并且具有革命性价值的话,那意味着之前的研发投入全部打了水漂。

在这种背景下,如果看准买进来,将大大加速推出新药的速度,同时也消灭一个潜在的强劲对手。吉利德购买的时机非常关键,是在 Pharmasset 研发的产品进入三期临床阶段,有了充分的治疗数据之后,具备很大的胜率,但外部资本市场还没有完全认知其价值时买的。虽然价格可能会高一点,但胜率大大提高。吉利德在前期的充分准备,也有助于加快整合及商业化的推进速度,相比 Pharmasset 自己推动商业化要更有优势。这个并购是优势互补的天作之合。

> 并购增长成功的重要前提是对未来市场发展趋势有长远的眼光和专业洞察,敢于突破现有市场的局限。在重大并购之前,需在这个赛道上有长远布局和深刻研究,这样才能确保胜率,降低风险。
>
> 并购的时机非常重要,一定要有耐心,等到最佳的时机才出手。懂行、有远见力的 CEO 的专业判断是精准把握时机、提高胜率的关键胜负手。

后面一系列的结果证明了这次并购的正确和精准,成为吉利德跨越 100 亿营收的加速器。

2013 年 12 月,吉利德收购获得的索非布韦以索华迪(Sovaldi)的名义被批准上市,作为每日一次的口服方案治疗。这变革了丙肝的临床治疗方案路线,一上市就引起了巨大的轰动。

2013 年吉利德的营收首次突破 100 亿美元大关,达到 130 亿美元。

2014 年,吉利德营收突破了 200 亿美元大关,达到 249 亿美元,利润超过 100 亿美元,创造了一个增长奇迹。吉利德不仅成功进入全球制药巨头收入前 10 名,而且凭借 179.75 亿美元的处方药销售一举击败强生、辉瑞、罗氏、诺华等巨头,夺得"2014 年美国处方药销售 TOP15 制药公司"状元。

1995年,新药产品由无到有	1999年,收购NeXstar医药,实现销售突破1亿美元	2003年,收购三角制药,实现销售突破10亿美元	2012年,收购Pharmasset,实现销售突破100亿美元
·1995年10月,吉利德第一个新药产品VISTIDE(西多福韦注射液)申请上市。用于治疗艾滋病患者的巨细胞病毒视网膜炎。与当时市场竞品相比,VISTIDE有重大优势。 ·1996年6月,VISTIDE获得批准。依靠刚上市不久的VISTIDE,吉利德的产品销售收入从1995年的0美元增长到1996年的847万美元。终于摆脱了以往没有自己产品销售收入的困局。	·1999年3月,吉利德以5.5亿美元的价格收购年销售额1个多亿美元的NeXstar医药公司。 ·通过以小吃大,吉利德销售额突破1亿美元,并获得安必素和柔红霉素脂质体两大拳头产品。这两款产品都是抗病毒产品(吉利德长期聚焦领域)。 ·1999年,吉利德营收首次达到1.69亿美元,2000年达到1.96亿美元。	·2003年1月,吉利德以5.252亿美元出资收购三角制药公司,此时的三角制药还是一家处于发展阶段的公司。 ·吉利德的抗病毒管线得到很大的加强,2003年,收购初现回报——从三角制药获得的恩曲他滨得到批准。这是吉利德以后十多年重要的财源之一,也是吉利德革命性抗艾滋病毒鸡尾酒疗法重要组成部分。 ·2011年,吉利德销售收入达到84亿美元,净利润达到28亿美元。	·2012年,吉利德以110.5亿美元收购丙型肝炎病毒治疗药生产商Pharmasset公司。 ·Pharmasset是一家公开上市的临床阶段制药公司,重点发现、开发和商业化病毒感染治疗的新型药物。那时正开发口服丙型肝炎病毒治疗药物,拥有刚进入三期临床阶段的产品。 ·2013年12月,吉利德收购获得的索非布韦以索华迪的名义被批准上市,作为每日一次的口服方案治疗。这是一款重大革命性的丙肝明星药物,变革了丙肝的临床治疗方案路线,2013年吉利德销售收入达到130亿美元。

图 7.2 吉利德科学内生增长与并购增长路径图

从公司价值来看,从 2012 年到 2014 年,吉利德的平均市值从 467 亿美元增长到 1485 亿美元,增量达到 1000 多亿美元,相比 110 亿美元的收购价,在 3

年时间内获得巨大的回报。2015 年，吉利德的营收达到 326 亿美元顶峰。2016 年 3 月，马丁博士正式从 CEO 退位，担任执行董事长，COO 约翰·米利根博士接任 CEO 一职。

马丁离开后，吉利德通过并购整合推动增长的道路并没有停止。吉利德提出未来增长战略目标：到 2030 年为患者带来 10 多种变革性疗法，以可持续和负责任的方式实现股东价值长期增长。在增长路径上，吉利德仍坚持走并购增长和内生创新增长 2 条道路，期待通过科学突破创新，打破更多的不可能。

回顾吉利德 37 年发展过程中的并购增长历史，有 3 个特点非常值得关注：

第一是聚焦重点、长期布局。

吉利德的并购并非四处开花，而是始终聚焦战略核心领域，切入竞争相对较小的细分领域。在重大并购实施之前，吉利德已大量投入进行多年研究，自身也有商业化尝试、长期布局，这样提高长期胜率，避免陷入"看错大势"的陷阱。

第二是目光远大，突破不可能，创造非同寻常的增长。

吉利德从创立之初就致力于无药可愈的细分领域，创造可改变下一代生活的药物，突破各种不可能，一开始，吉利德便将主战场定在了当时无药可愈的艾滋病和丙肝。收购都是瞄准市场上创新领先的新技术和潜在的新药物，而非成熟药物。只有创新药才有可能获得巨大的增长，才能给患者带来巨大的医疗价值。

第三是专业操盘，具备经营思维，精准并购。

制药行业回报巨大，风险同样巨大。新药进入临床后还有 90％ 的失败可能。能否精准确定最终成败。值得关注的是，吉利德的创始人和 CEO 大多有科学家背景。

创始人迈克尔·里奥丹博士从约翰·霍普金斯大学医学院获得博士学位，

并在哈佛大学商学院拿到了 MBA 学位(工商管理硕士)。传奇 CEO 约翰·马丁博士获得过美国化学学会的伊斯贝尔奖和国际抗病毒研究学会的科学卓越奖。

2015 年约翰·马丁利在接受福布斯记者采访时曾说,吉利德成功的关键是对技术的重视,公司最高层的三个人都可以看懂化学结构、理解药物和酶的相互作用以及药物的科学基础。

创始人和 CEO 的制药背景更能从本质了解行业发展大势,更能摸清标的企业的"底牌",减少与研发部门沟通障碍,更能精准判断创新药物的发展前景和难点,大大提高胜率。

同时,他们经过系统的商业化训练,并非纯粹的科学家,也是商人。这样更有经营思维,更能判断商业化前景,在并购之后也能更有效整合,保留人才,推动创新,扩大"长期护城河",这可能是吉利德成功并购增长的关键秘诀。

思考与启示

并购是短期内实现增长最快的方式,但从长期看,也是实现高质量增长最难的方式。

成功收购之前,要对行业发展大势和目标企业进行前瞻性的判断、理性的估值,在收购后进行有效整合,促进真正的产品和服务创新,提升经营效率,创造协同效应,从而推动未来的持续增长,而不能随波逐流、跟风并购。

过去 10 年里,在中国红火的并购市场环境里,不少中国企业在未经深思熟虑的情况下,就发起轰轰烈烈的海内外并购。这些企业对自身所在行业和并购行业的发展大势不甚了解,甚至无法对收购目标公司的价值做出正确判断,很多是跨界并购,在海外并购上表现得尤为明显。多数并购只是在追逐风口的跟风型收购,而非理性的价值增长型并购整合。风口过去,留下不少跌落在地面的"猪"。

在这么多海外并购中,2008 金融危机后吉利汽车对沃尔沃汽车的收购,10 多年后被验证是一个重大的战略并购增长成功。

1999 年,福特收购沃尔沃汽车的价格是 64 亿美元,后期又持续投入数十亿美元。但收购之后,沃尔沃常年亏损。2008 年金融危机席卷全球,为了避免破产,福特汽车在 CEO 艾伦·穆拉利的领导下断臂求生,考虑卖掉沃尔沃等豪华品牌。极富行业洞察力的李书福敏锐地抓住了千载难逢的行业低谷机遇。2010 年 3 月,吉利以 18 亿美元的价格收购了 100% 的沃尔沃汽车股权,仅相当于福特收购价的 28%,前大众汽车北美区 CEO 斯蒂芬·雅克布加入沃尔沃并担任沃尔沃总裁兼 CEO。

如果比较一下当初交易背后两家公司的财务状况,就会知道福特为何急于卖出、吉利为何那么有底气。福特汽车在 1999 年大举并购沃尔沃时,资产负债率已高达 90%,陷入"高杠杆收购"的陷阱,2007 年资产负债率高达 98%,亏损 27 亿美元,2008 年资产负债率达到 106.5%,亏损 148 亿美元,当时沃尔沃汽车也同样陷入亏损之中。

而吉利汽车的港股上市公司在 2008 年时,总资产只有 100 亿元人民币多点,但资产负债率保持在健康的 52.9%,盈利水平也不错,净利润率为 20.2%。即使 2010 年完成对沃尔沃收购之后,吉利汽车资产负债率仍在 62.6%,保持在健康线内。抓住时机、低价买入,是吉利汽车并购增长成功的关键基石之一。

在成功收购沃尔沃汽车之后,李书福快速将两家公司进行了紧密协同,优势互补,推动创新合作,共享成长,这是吉利汽车成功并购增长的另一个关键基石。2011 年 11 月,"沃尔沃——吉利对话与合作委员会"成立,双方正式开始技术合作,沃尔沃就安全性能方面和前瞻性技术研发为吉利提供相应支持,对吉利汽车的品牌形象有正面提升价值;同时吉利帮助沃尔沃进一步把握中国的消费市场需求,降低采购成本,提高效率,扩大中国市场份额。2022年,吉利汽车控股有限公司总收益达到1480亿元人民币,相比2010年的201亿元增长了6倍多;净利润为46.5亿元人民币,相比2010年的15.5亿元增长了2倍。同时,沃尔沃汽车在2022年的营收为3301亿瑞典克朗(约2186亿元人民币),净利润为155.77亿瑞典克朗(约103亿元人民币),早已扭转了10多年前的困境。这次成功的并购给双方带来了双赢。

无论是推动内生增长,还是并购增长等,最终追求的目标一定是企业内在价值的保值增值,而不是资产、营收或者利润规模的短期增长。

不可否认,并购增长存在固有的巨大风险,但并购增长并不完全是输家的游戏,从过往企业的教训中寻找成败原因,可以帮助更好地识别和把握并购增长机会。

在不确定性更多、增长速度放缓的时代,站位长期投资者角度、避开并购陷阱是企业实现高质量增长的关键一步,但同样至关重要的,在整合之后推动协同效应和具有转型意义的创新,提升经营效率,促进整体性的内生增长,才能让并购成为高质量战略增长的重要推手,而非成为毁损企业价值的罪魁祸首。

第八章　打造懂行创新的公司治理

俗话说:"瓶颈通常都处在瓶子的顶端。"

——彼得·德鲁克

"除了独立性之外,董事还应具有商业头脑,股东导向,以及对公司的真正兴趣。最稀有的品质是商业头脑——如果这项品质缺乏,其他两个都没什么帮助。

许多聪明、善于表达的人对商业没有真正的了解。那不是他们的罪过;他们可能会在别处闪耀,但他们不属于公司董事会。"

——沃伦·巴菲特

在现代企业中,董事会处于战略管理和重大经营决策的顶端位置。

以往过于看重 CEO 的重要作用,忽视了公司治理和董事会对企业高质量增长甚至生存的重大价值。

在加速变化、知识爆炸、不确定性越来越高的当今复杂世界中,CEO 或者创始人即使个人再优秀,也不可能做到无所不知、无所不能。因此,需要一个更强大的资深团队帮助 CEO 来预判和控制风险、洞察行业发展大势、坚守并不断进化根本原则,以顾客价值和体验为中心,推动持续创新甚至加速创新,打造"长期护城河",避开并购增长的陷阱,以及关键时刻扮演"红队"角色。

这依靠传统的"花瓶式"或者监督型董事会是根本无法实现的。这一切都对董事会能级和公司治理提出了更高的挑战。在解决了生存问题后,企业要追求高质量的坚韧增长,必须遵循的第七个法则——打造懂行伟大创新的董事会。

不同的董事会和公司治理将影响同一个企业前后的不同命运。平庸的董事会必将导致平庸的公司,只有行业专精、伟大创新的董事会才能造就伟大的翘楚企业! 我们下面再看看苹果的故事。

重组苹果董事会，实现底部大逆转

"苹果收购 NeXT,乔布斯重回苹果!"

1996 年 12 月 17 日,被董事会"流放"11 年之久的斯蒂夫·乔布斯再次回到了苹果。乔布斯个人身价已暴涨超过 10 亿美元，此时的苹果公司却已"干瘪"，失去了往日的光彩。

很多人知道 1985 年乔布斯被董事会赶出了自己创立的苹果公司，但很少人知道乔布斯重返苹果后，如何成功再造了苹果董事会。

当初被逐出苹果之时，乔布斯异常痛苦。他告诉亲妹妹莫娜·辛普森，美国总统设宴招待了 500 位硅谷企业家。曾是硅谷明星的他，并不在被邀请之列，一刹那感觉坠入了人生低点。

2005 年 6 月，乔布斯在斯坦福大学毕业典礼演讲时回忆被解雇那一刻时说，

"我们工作得很努力，十年之后，这个公司从车库中的两个穷光蛋发展到了超过 4000 名雇员、价值超过二十亿的大公司。在公司成立的第九年，我们刚刚发布了最好的产品，那就是麦金塔。我也快要到三十岁了。在那一年，我被炒了鱿鱼……在这么多人的眼皮下我被炒了。在而立之年，我生命的全部支柱离自己远去，这真是毁灭性的打击。"

塞翁失马，焉知非福。事后看来，那段痛苦的经历也许是乔布斯一生中的幸事。乔布斯曾说，后来获得的一切都要归功于当年被苹果开除的经历。有时候生活会迎头痛击，但不要灰心，始终相信并坚持真正热爱的事业。

NeXT 被苹果收购不到 3 个季度，乔布斯在 1997 年被董事会任命为代理 CEO。

重新掌握权力的乔布斯大力改组了董事会，注入了硅谷的企业家精神和创新活力。

让我们看看乔布斯回归之前的苹果董事会，此前的董事会由一群经历不同、背景各异、简历光鲜的人组成。

在苹果公司董事会的 6 名外部董事中，既有欧洲化工企业的董事长、国家公共广播电台总裁兼 CEO、体斯电子公司高管、投资银行的董事总经理，也有

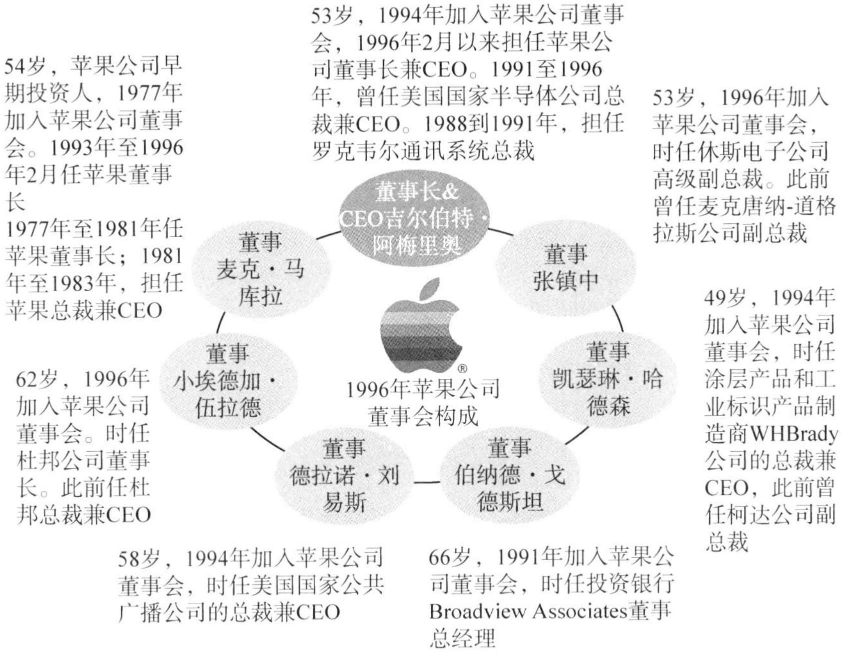
53岁，1994年加入苹果公司董事会，1996年2月以来担任苹果公司董事长兼CEO。1991至1996年，曾任美国国家半导体公司总裁兼CEO。1988到1991年，担任罗克韦尔通讯系统总裁
54岁，苹果公司早期投资人，1977年加入苹果公司董事会。1993年至1996年2月任苹果董事长
1977年至1981年任苹果董事长；1981年至1983年，担任苹果总裁兼CEO
53岁，1996年加入苹果公司董事会，时任休斯电子公司高级副总裁。此前曾任麦克唐纳-道格拉斯公司副总裁
董事长&CEO吉尔伯特·阿梅里奥
董事麦克·马库拉
董事张镇中
董事小埃德加·伍拉德
1996年苹果公司董事会构成
董事凯瑟琳·哈德森
49岁，1994年加入苹果公司董事会，时任涂层产品和工业标识产品制造商WHBrady公司的总裁兼CEO，此前曾任柯达公司副总裁
62岁，1996年加入苹果公司董事会。时任杜邦公司董事长。此前任杜邦总裁兼CEO
董事德拉诺·刘易斯
董事伯纳德·戈德斯坦
58岁，1994年加入苹果公司董事会，时任美国国家公共广播公司的总裁兼CEO
66岁，1991年加入苹果公司董事会，时任投资银行Broadview Associates董事总经理

图 8.1　苹果董事会 1996 年人员构成

资料来源：苹果公司 1996 年股东代理报告

工业标识产品公司总裁兼 CEO。

但除了马库拉出身硅谷，是苹果早期的投资人、对苹果有巨大的经济和感情投入之外，其他人都没有硅谷工作经验，没有一个从事过个人电脑行业，更不是创业企业家出身。

更糟糕的是，苹果董事长阿梅里奥博士自己也没有什么个人电脑行业经验，他之前的职业经历是担任美国国家半导体公司 CEO 和罗克韦尔通讯系统总裁。

这样的董事会虽然看起来背景不错，但很难给苹果公司提供前瞻性、创新性的行业洞见。同时，这些外部董事也没有多少股权，很难想象他们会认真履行所有者的责任。这就不难理解，董事会为何两次选择了糟糕的人选（欧洲人迈克尔·斯平德勒和阿梅里奥博士），那两人都更适合葬送企业前景，而不是凭

借丰富的创造力带领苹果奋勇前进。

　　1997 年 8 月，乔布斯果敢地对董事会进行了大换血。大部分旧董事离开了，只保留了其中两位：休斯电子公司高级副总裁张镇中和杜邦公司退休董事长小埃德加·伍拉德，同时拉来了老朋友——劳伦斯·埃里森和威廉姆·坎贝尔，还有财务专家杰罗姆·约克，在公司最顶端的决策机构——董事会层面，进行战略和创新上的同频。

　　重组后的苹果董事会焕然一新：

　　乔布斯的年龄比阿梅里奥博士足足年轻了 10 岁，对苹果充满了无与伦比的激情，更有创新精神和活力。董事会规模从 7 人缩减为 6 人，决策效率更高。

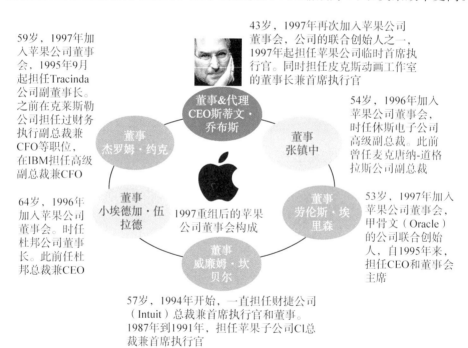

图 8.2　苹果公司董事会 1997 年人员组成（重组后）

资料来源：苹果 1997 年股东代理报告

　　除了乔布斯之外，在新加盟的 3 位外部董事中，埃里森是个关键人物，他不仅懂行，更重要的是他是一个白手起家的企业家。他的加入给苹果公司带来了勇于创新、挑战不可能的企业家精神。坎贝尔也是一个牛人,橄榄球教练出身,最早在苹果公司子公司担任 CEO,后面成为硅谷最著名的"创业教练",他先后辅导过谷歌的施密特、亚马逊的贝佐斯和脸书的扎克伯格。

在新一届董事会的强力支持下,苹果公司满血复活,推出了一系列革命性的新产品。

1999 年,乔布斯将时尚服装品牌 GAP 的创始人米勒德·德雷克斯勒拉进了苹果董事会。他从德雷克斯勒那里获得了苹果专卖店的灵感。

2000 年,乔布斯把极具创新精神的生物科技公司基因泰克公司 CEO 亚瑟·莱文森博士请进了董事会。很巧的是,莱文森同时还是谷歌公司的董事。

2001 年,在 iPod 推出的同年,苹果在距亚特兰大海岸几英里远的地方开了第一家零售店。这个专卖店开了先河,看起来像是一场赌博,因为除了时装和化妆品,电子产品零售商鲜见成功案例。苹果开专卖店的做法是受到 GAP 的影响。在专卖店里,电脑、软件和电子消费品巧妙陈列,创造出别致一格的清新氛围,还特别设立了"天才吧",给消费者提供专业使用培训和建议,这个创新吸引了大量的消费者,获得了巨大成功。

在引进富有创新精神的企业家之外,乔布斯还引进政坛上富有影响力的人物来增强董事会能级:2003 年,他邀请了美国前任副总统小阿尔伯特·戈尔进入苹果董事会。

2006 年,谷歌董事长埃里克·施密特博士成为苹果董事,进一步增强了董事会创新基因。

2008 年,直销龙头公司雅芳董事长兼 CEO 钟彬娴加入苹果董事会。她是美国企业界的传奇女性,40 岁临危受命担任 CEO,带领雅芳成功底部反弹,同时担任世界直销协会联合会主席。

2011 年,迪士尼公司 CEO 罗伯特·艾格加入了苹果公司董事会。

一系列高手加盟之后,苹果董事会的能级不断提升,强力支持乔布斯的创新和苹果的发展，成为世界上最出色的公司董事会之一。

2011 年乔布斯离开人世时，苹果公司已经从接手时的萎靡不振变成了拥有一系列伟大产品、营业收入超过千亿美元，市值超过 3000 亿美元的公司。

> 不同的董事会影响同一个企业前后的不同命运。
>
> 由一群简历光彩照人、但不懂行的"花瓶"董事组成的董事会将公司带向平庸。只有懂行、创新和专业的董事会，才能推动企业的持续创新和进化，创造出伟大的公司。

乔布斯去世之前，蒂姆·库克加入了董事会，接过了乔布斯的权杖。苹果公司董事会保持了基本稳定，继续指引和支持库克的前进。

从 2011 年至 2023 年，苹果的营收从 1081 亿美元增长到 3833 亿美元，净利润从 259 亿美元增长到 970 亿美元。更难得的是，这一期间苹果的人效也保持着稳健增长，人均销售额从 170 万美元增长到 238 万美元，人均利润从 40 万美元增长到 60 万美元，自由现金流从 333 亿美元增长到 1215 亿美元，库存占营收之比的均值仅为 1.7%，保持着非常高的增长质量。

对于公司高质量的战略增长而言，高能级董事会和高效的治理模式必不可少。再优秀的第六级领导者也需要一个强大的懂行专业董事会持续支持，保持高昂的斗志，坚守根本原则，持续打造"长期护城河"，促进企业的持续健康增长。

什么样的董事才能对高质量增长贡献价值？

公司治理和董事会建设的真正目的其实只有一个：推动公司高质量的持续

战略增长。

面对日益复杂且风险益增的全球化竞争和 AI 时代的来临,缺乏行业洞见和长期股东心态的董事经常束手无策,只能听任管理层或大股东行动安排。对很多股权高度分散的美国大型上市公司来说,股东选举董事都可能变成为管理层挑选出来的董事盖上"橡皮图章",更别说对管理层进行监督和指导、防控经营风险,公司治理成了 CEO 一个人的独角戏。

如何建立一个促进公司持续战略增长的高效公司治理呢?

完善公司治理有很多方面,包括设计董事会最佳规模、明确股东、董事会和经理层之间的权责分工、董事选择与任命、任期安排、行为和责任标准等等。

但重中之重是明确董事标准、选到正确的人。没有选到正确的董事,董事会运作的流程规则设计得再完备、再科学,也只能看起来漂亮,无济于事。

一个"花瓶式"的董事会看不清行业大势,缺乏公司长期生存发展的立场,只会取悦 CEO 和大股东以保住自己的位置,放大 CEO 决策中的问题;或者选错人,给公司发展带来灾难。一个由专业董事组成的高效董事会,对于制定前瞻战略决策、选对人才、促进创新,推动公司长期突破增长上起到重大作用。

在成功投资众多公司、经历多年董事会生涯的沃伦·巴菲特看来,选择董事有 4 个标准:

第一,以股东利益为导向。

第二,精通业务,有商业头脑。

第三,对公司业务感兴趣。

第四,真正独立。

这 4 个标准,看起来很容易,但同时做到实际上很难。

对于第 1 条标准,更完整的说法应是以股东长期利益为导向。当下很多董事从公司拿现金津贴,并未持有公司股权,或者持有的股权微不足道,个人利益与股东长期利益并无多少关联,从人性的角度上要实现"以股东长期利益"的难度实在要求太高。

在第 2 项标准测试中,巴菲特重点寻找商业头脑和业务的专业度,这是一种远非普通人所具备的能力,而且真正的商业头脑还需要有创业创新精神。

"许多聪明、善于表达和钦佩的人对商业没有真正的了解。那不是罪过;他们可能会在别处闪耀,但他们不属于公司董事会。同样地,我在医学或科学委员会上也没用(尽管我很可能会受到希望按照自己方式行事的主席的欢迎)。我的名字会打扮成董事名单,但我不太了解评论提案。而且,为了掩饰我的无知,我会闭嘴(如果你能想象的那样)。实际上,我可以被一盆植物替换,而不会失去什么。"巴菲特充满睿智而又幽默地说。

第 3 项标准稍微容易一点。找到对公司业务感兴趣的人并不很少,尤其当成为上市公司董事意味着身份地位,还能享受不菲的津贴时。

第 4 项标准,在现实中实现真正的独立性则不那么容易。巴菲特说,被许多权威机构视为独立的董事并非真正独立。不少外部董事严重依赖董事津贴来维持他们的生活水平。这些董事津贴以多种形式出现,每年在 15 万到 25 万美元之间,薪酬可能接近甚至超过"独立"董事的所有其他收入。

在伯克希尔,巴菲特希望董事津贴对董事毫无意义,只需支付微薄的费用。此外,巴菲特也不希望将董事与可能遇到的任何公司灾难隔离开来,因此不提供高级职员和董事的责任保险(这种非正统做法,多年来为伯克希尔的股东节省了数百万美元)。伯克希尔希望董事能够真切感受到他们的决定对家庭净资产的影响,而不是他们的薪酬,这样利益更加紧密相关。

伯克希尔有 11 位董事,每位董事都与家人共同拥有超过 400 万美元的伯克希尔股票,其中 6 名董事的家庭所有权至少达到数亿美元。这些董事自动满足巴菲特提出的两项测试:他们具有强烈的长期股东导向,并对伯克希尔业务感兴趣。

"什么才是真正的独立?"巴菲特自问自答,"意味着在出现错误或愚蠢时,仍有挑战强势 CEO 的意愿,这是董事中非常有价值的特质。"

在选对董事、确保独立性之后,还要在董事会建立起敢于合理挑战管理层的精神。董事会的最重要职责之一就是选聘、评价和激励 CEO,并在 CEO 不称职时问责甚至解雇他。巴菲特认为,在过去的时代里,问责制逐渐枯竭。为什么看起来体面的董事会不能阻止这种情况的恶化?答案并非在于法律不充分,而是缺少所谓的"董事会氛围"。

一个由彬彬有礼的绅士们组成的董事会,在会议室里几乎不可能提出是否应该更换 CEO 的问题。对 CEO 认可的收购提议提出质疑,也同样令人尴尬。在讲究礼节的董事会中,董事专注细枝末节,却忽略了真正重要的三个问题:

首先,公司是否拥有合适的 CEO?

第二,他/她在薪酬方面是否过度支付?

第三,拟议的收购创造还是摧毁每股价值?

在这些关键问题上,CEO 的利益可能与股东长期利益大不相同。另一个关键问题是,董事们可能缺乏推翻 CEO 提案的专业经验或能力。

保持稳健增长的摩根大通董事会,对董事的选择标准有不少与巴菲特的考虑相似。

在摩根大通董事会中,只有 CEO 一名内部董事,其他都是外部董事。摩根大通对董事会成员的行业经验与专业组合要求中,第一条就是金融行业经验,此外还有几点很有特色,包括在管理层发展和继任者计划、科技创新、风险管理方面的丰富经验。

其中,与公司战略增长要求匹配的行业专长是最重要、同时也是非常稀缺的外部董事资格。只有外部董事在行业和专业领域中积累了足够多的丰富经验,对行业大势有更深刻的洞察,才能有效指导和监督管理层,才能发现不良管理层提供信息中的"猫腻"。

此外,摩根大通还有 2 点对董事的特质要求很有价值:

一是深入探究和客观的视角，二是适当挑战管理层的意愿。

深入探究是因为外部董事与公司管理层之间存在大量的信息不对称。许多CEO反感董事会的"干预"。董事要想获得充分精准的一手信息，需要花费更多时间深入探究，而不是停留在表面和汇报上。

"适当挑战管理层的意愿"非常重要，确保董事会里不是CEO"一言堂"、不是你好我好大家好的氛围。董事会的被动和胆怯是许多臭名昭著公司丑闻的罪魁祸首。外部董事要敢从客观专业的角度，对管理层的战略决策提出合理的质疑，合理评估CEO及高管层的绩效。

如果我们再去观察保持长青的传统翘楚及新兴翘楚的董事选择标准，就会发现很多公司的标准与伯克希尔和摩根大通有异曲同工之妙，有不少共通之处。而巴菲特提出的4个特征是选择正确董事的4个基本特征。

与董事人数相比，更为重要的是董事专业经验和质量。而且公司要能基于战略增长的发展要求，基于行业特点和自身特点及根本原则，主动选择合适正确的董事，建立起一个战略增长型董事会。

基于战略发展，主动选择专业、创新的董事

那么，如何创建一个专业高效的战略增长型董事会并使之发挥真正价值？公司应如何改造董事会，与自己的战略和未来发展匹配呢？

简历光鲜但不懂行、不专业的董事看起来很具观赏性，但对帮助公司"打胜仗"毫无用处。如果董事会由CEO的亲信好友和不懂行的人员组成，将很难实现其核心使命——为创造公司长期价值提供指引并有效监督。

看看迪士尼董事会前后的变化，能给我们很好的借鉴和启发。

2005 年 10 月,在迈克尔·艾斯纳退任 CEO 之时,迪士尼董事会还是一个传统意义上的董事会,由各行业高管和专业人士和政府官员组成,但与娱乐媒体行业相关的董事为数甚少。

12 位董事中,除了迈克尔·艾斯纳和罗伯特·艾格以外,只有 1 位来自媒体行业——莫妮卡·C. 洛萨诺,她是洛杉矶都会区最大的西班牙语报纸 La Opinion 的总裁兼 CEO。

2 位来自科技行业,一位是曾任思科系统首席技术官兼高级副总裁的朱迪思·埃斯特林,另一位是担任赛贝斯(Sybase 公司)CEO 的程守宗。

3 位来自消费和零售行业,分别是雅诗兰黛公司全球事务主席弗雷德·朗汉默,零售行业凯马特公司总裁兼 CEO 艾尔温·刘易斯,57 岁的私人股权投资者罗伯特·马舒拉特,他曾任西格拉姆公司(从事娱乐和饮料业务的全球公司)董事会副主席/CFO。

其他 4 位董事来自不同背景,但与迪士尼的行业以及董事会需要的创新与企业家精神没有太多关系。1 位是律师和政府官员背景——73 岁的乔治·米切尔。他从 2004 年 3 月担任迪士尼董事会主席;之前曾任一家律师事务所的董事长;1980 年至 1995 年还当过美国参议院多数党领袖。1 位是大学校长——70 岁的里奥·奥多诺万,曾任乔治敦大学校长,被任命为神学教授。1 位来自航空业——64 岁的西北航空公司董事会联合主席加里·威尔逊。最后 1 位来自电力公用事业——61 岁的公司爱迪生国际的首席执行官约翰·布赖森。

此前艾斯纳在董事选择上做得更过火,把董事会变成了充斥亲信和熟人的"乡村俱乐部":甚至有他孩子就读的学校校长,还有一位为迪士尼和他自己设计酒店和豪宅的设计师。在董事会专业委员会中担任要职的人也对专业知识了解甚少。如 1994 年加入迪士尼董事会、担任薪酬委员会委员的西德尼·波蒂埃,是一位出色的演员、导演,是首位获得奥斯卡最佳男演员奖的黑人,但对高管薪酬相关的复杂专业知识(如期权定价的 B-S 模型)缺乏了解，很难发表专业的建设性观点。可见那时迪士尼董事会更看重的董事特征是"熟悉和可控"，而非专业懂行。如此董事会很难对管理层提出客观挑战，更别说战略上的指导。

创始人迪士尼的侄子罗伊·迪士尼不久前从董事会辞职，标志着艾斯纳刚愎自用的管理风格走到了顶点：清除了董事会中所有反对者，同时也彻底丧失了外部的信任。彼时迪士尼董事会被一家咨询机构评为美国上市公司的最差董事会。

在接任 CEO 之后，罗伯特·艾格深知，迪士尼的转型和复兴需要更多的创新和现代科技加持，他对董事会进行了大胆改造，增加董事会中的科技创新和企业家精神元素，这也是强化迪士尼创造力文化的根本原则。

2006 年 5 月，艾格第一位引进也是最重量级的董事是苹果 CEO 斯蒂夫·乔布斯，那年乔布斯 50 岁。

第二位重量级董事是在宝洁公司有 40 年工作历史的小约翰·佩珀。他在 2006 年加入迪士尼董事会，之前他在宝洁担任过多个职位：1986 年至 1995 年担任总裁，1995 至 1999 年担任 CEO 兼董事长，2000 年至 2002 年担任董事长。

第三个董事是星巴克公司的总裁兼 CEO 奥林·史密斯。他在 1990 年加入星巴克担任副总裁兼首席财务官，1994 年成为总裁兼首席运营官。他是打造星巴克创新成功模式的关键角色。加入星巴克之前，史密斯在德勤工作了 14 年。

艾格致力于促进科技和内容的融合，在董事会建设中持续体现这一重点，不少拥有硅谷公司背景的明星人士受邀加入了迪士尼董事会。

2010 年 3 月，艾格邀请脸书公司(Facebook)的首席运营官谢丽尔·桑德伯格加入公司董事会。桑德伯格自 2008 年 3 月起担任脸书的首席运营官。从 2001 年至 2008 年 3 月，她曾担任谷歌公司的全球在线销售和销售副总裁。

内部 董事	·罗伯特·艾格：59岁，自2005年10月2日起任迪士尼总裁兼首席执行官，之前 曾担任迪士尼总裁兼首席运营官
科技 背景	·斯蒂夫·乔布斯：55岁，苹果公司创始人和CEO，皮克斯公司董事长 ·谢丽尔·桑德伯格：41岁，自2008年3月起担任Facebook公司的首席运营官 之前曾担任谷歌公司全球在线销售和销售副总裁 ·朱迪思·埃斯特林：56岁，曾任思科系统首席技术官兼高级副总裁，还共同 创立七家技术公司 ·程守宗：55岁，1998年11月起担任软件开发公司赛贝斯（Sybase）的董事长、 CEO兼总裁
媒体 背景	·莫妮卡·C.洛萨诺：54岁，美国最大西班牙语新闻报纸的发行人兼首席执 行官
消费 零售 背景	·奥林·史密斯：55岁，星巴克前任总裁兼首席运营官，之前曾任星巴克总 裁兼首席财务官 ·小约翰·佩珀：72岁，曾在宝洁担任过首席执行官兼董事长，耶鲁大学财务 与行政副总裁 ·苏珊·E.阿诺德：56岁，曾担任宝洁全球业务部门总裁，宝洁美容与健康部 门副主席等职位 ·艾尔温·刘易斯：56岁，曾任西尔斯控股总裁兼CEO、凯马特公司总裁兼 CEO。之前曾担任YUM的首席多品牌推广和运营官、必胜客的首席运营官等 ·弗雷德·H.朗汉默：67岁，雅诗兰黛公司全球事务主席，曾任雅诗兰黛公司 CEO ·罗伯特·马舒拉特：63岁，私人股权投资者，之前曾任西格拉姆公司（一家从 事娱乐和饮料业务的全球公司）董事会副主席、CFO。此前是摩根斯坦利的全 球投资银行业务主管
其他 行业	·约翰·布赖森：67岁，私募基金KKR的高级顾问，之前曾任爱迪生国际的董事 长兼CEO

图 8.3　迪士尼 2011 年董事会行业背景构成

资料来源：迪士尼 2011 年股东代理报告

　　从 2011 年的迪士尼董事会构成来看，相比 2005 年已经发生了翻天覆地的
变化。

　　来自科技背景的董事增加到了 4 位，科技创新背景大大增强。

　　乔布斯在担任迪士尼董事的 5 年时间里，给迪士尼注入了伟大的企业家精
神。2014 年，艾格把年轻的创业企业家、推特（Twitter）创始人、37 岁的杰克·
多尔西招募进了迪士尼的董事会。多尔西是个传奇人物，他从 2007 年开始担
任推特总裁兼 CEO，2009 年起担任支付创新处理服务提供商 Square 公司的联

合创始人兼 CEO。多尔西在面向消费者的技术开发方面、应用程序以及技术型企业管理方面拥有丰富的经验。

2018 年 2 月，甲骨文公司 CEO 萨夫拉·卡茨加入迪士尼董事会。她自 2014 年起担任甲骨文 CEO，给迪士尼带来快速变化技术方面的了解。

与此同时，艾格把一些实业界以创新而闻名的顶尖人物拉进了董事会。

2018 年，通用汽车公司董事长的玛丽·巴拉进入迪士尼董事会。她自 2014 年起担任通用汽车 CEO，2016 年起担任通用汽车公司董事长。此前曾担任通用汽车全球产品开发、采购和供应链执行副总裁。玛丽一直推动通用汽车创新，经验重点是基于技术、面向消费者的产品开发和营销。

同样在 2018 年，生物技术公司因美纳(Illumina)总裁兼 CEO 弗朗西斯·德·索萨加入迪士尼董事会。因美纳是全球基因组学研究领域的技术与市场领导者。

> 公司战略转型，需要董事会的相应转型。有远见的优秀 CEO 和公司，需要根据战略转型需求，选择富有创新精神、优秀的行业大牛加入公司董事会，不断提升董事能级，促进董事会的持续更新和进化，给高质量的战略增长注入活力。

经过艾格的精心打磨，迪士尼的董事会从传统的"熟人俱乐部"变成了充满创新精神和科技元素的"专业精英"型董事会，给迪士尼的业务增长注入了巨大的创新活力。

骄傲自大、故步自封、陷于惯性是企业持续高质量增长的大敌。具有丰富行业洞见和企业家精神的董事会能帮助公司领导层打开一扇窗，拓宽远见，带来更创新的洞察和技能，发现更广阔的业务前景，帮助正确的根本原则不断进化，帮助管理层认知到未来重大机遇和风险，促进企业价值的持续增长。没有董事会的战略转型，就无法有公司的真正战略转型。

新锐翘楚董事会：企业家精神与风险资本相互成就

优秀企业的公司治理能突破常规套路，高能级的董事会成为企业持续高质量突破增长的有力"武器"。

我们仔细观察亚马逊、谷歌、网飞这三家新锐翘楚的董事会发展史，发现三个共同点：

第一，创始人长期管理和掌控着公司和董事会；

第二，风险资本大牛从创业初期就一直紧紧相随、荣辱与共。在企业发展过程中，风险资本家分享众多行业领先经验，助力创新和战略成长；

第三，董事会一直保持着非常精简的结构。

同时，这三家新锐公司的董事会各有特色，选择董事的标准在巴菲特的 4 个基本标准上也有自己的补充和丰富。

亚马逊董事会：战略导向、规模精简、代表股东长期利益

先看看亚马逊公司的 2000 年董事会。

此时亚马逊刚成立 6 年，成功上市，在互联网大泡沫破灭之前抢到了宝贵的资金。

不同于传统大公司规模庞杂、动辄 10 个人以上的董事会，亚马逊的董事会非常精简，包括创始人贝佐斯在内，只有 5 名董事。但 4 名外部董事都大有来头，能级非同寻常，不容小觑。

其中，约翰·杜尔和汤姆·阿尔伯格是资深风险投资人，富有创新精神。杜尔在英特尔工作过 5 年，他把大名鼎鼎的 OKR 技能带给了亚马逊和谷歌。

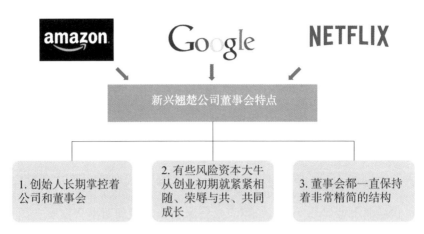

图8.4　新兴翘楚董事会构成3个共同点

阿尔伯格则曾担任蜂窝通信公司高管，他的马德罗纳投资集团专门投资利用技术创造和破坏巨大市场的种子公司和早期公司。

另外两位董事也很有故事。

斯科特·库克是财捷（Intuit）公司的创始人兼任董事长。成立于1983年的财捷以创新而闻名。在理财软件的细分市场上，它成功战胜过微软。1988年，财捷的主要产品Quicken成了市场上同类产品中最受欢迎的产品。微软想要收购，但被财捷拒绝。一怒之下，微软下决心用自己的Microsoft Money软件打压财捷，一场强与弱的战争拉开序幕。当时财捷只有50名雇员，年销售额1900万美元。但出人意料的是，5年之后，财捷拥有60％的市场占有率，微软束手无策。主要原因是微软设计人员经验不足，设计周期过长；财捷利用经验优势、加快创新、缩短产品升级周期，最终击败了微软，创造了以弱胜强的典型案例。当时亚马逊面临着巴诺连锁书店、沃尔玛等大公司的围追堵截。库克的加入能带来以弱胜强的宝贵经验和企业家精神。

在唯一的女性董事——帕特里夏·斯坦丝菲的身后，站着比尔·盖茨。她当时担任盖茨图书馆基金会主席，之前是微软互动媒体部门的高级副总裁，对互联网行业有深入的研究和洞见。

图 8.5 亚马逊 2000 年上市时董事会构成

资料来源:亚马逊 2000 年股东代理报告

上市之后,亚马逊的董事会规模没有大举扩张,而是保持非常精简。在董事的选择上小心翼翼,只接纳与亚马逊战略愿景高度相关的顶尖人才。

2001 年,47 岁的马克·汉森加入了亚马逊董事会。他曾任零售商弗莱明公司的董事长兼 CEO,之前还担任沃尔玛山姆俱乐部总裁兼 CEO,拥有丰富的零售行业经验。

2004 年,64 岁的施乐公司首席科学家兼帕罗奥多研究中心主任约翰·西利·布朗加入亚马逊董事会。帕罗奥多研究中心在科技创新历史上大有来头,是许多现代计算机技术的诞生地,包括个人电脑、激光打印机、鼠标、以太网等。乔布斯就是在帕罗奥多研究中心看到了鼠标原型,获得了灵感。

2009 年，经历了业务的爆发增长之后，亚马逊的提名与治理委员会中，首次明确对董事人选的 7 个标准：

（1）承诺代表股东的长期利益；

（2）具备好奇心和客观的观点；

（3）愿意承担适当的风险；

（4）领导力；

（5）个人和职业道德、诚信和价值观；

（6）具备实践智慧和合理判断；

（7）在运营、技术、金融或营销等领域拥有业务和专业经验。

亚马逊关于董事的 7 个标准与常规公司的董事标准非常不同。

常规公司会更看重董事个人简历的光彩程度，一般会将领导力、个人职业道德、专业领域经验，放在前三条标准中。而亚马逊却别具一格，将代表股东长期利益、好奇心和客观的观点、愿担适当风险这 3 个标准放在前三名，反映出了亚马逊董事两个本质上的要求：

第一，董事的利益要与股东长期利益保持一致；

第二，好奇心是创新的重要来源，作为亚马逊董事要敢于创新和冒险。

第一条标准与巴菲特选择董事的第一条基本一致。第二条标准则是高科技行业必须具备的特征。明确董事标准之后，2010 年 12 月，"iPod 之父"乔纳森·鲁宾斯坦作为新董事加入了董事会。之前，他曾是苹果公司硬件技术业务高级副总裁、iPod 部门总经理，还是美国国家工程学院成员。亚马逊董事会选择他的主要理由是，看中他在大型科技公司担任高管的领导力和新兴技术创新经验，以及重要的客户体验技能，敢于创新和冒险。

2012 年，亚马逊董事会提名与治理委员会对董事人选标准的要求做了微调，增加了 2 个特征，前三个特征变成：

（1）承诺代表股东的长期利益；

（2）客户体验技巧；

（3）互联网精明（Internet Smart）。

第一个特征保持不变，第 2 个特征强调客户体验技巧与亚马逊推崇的"痴迷客户需求"一脉相承。第 3 个特征强调互联网精明，这意味着不仅仅是对互联网行业的一般理解，而且非常懂行，能洞察互联网行业发展的本质。

亚马逊选择新董事，注重与战略紧密匹配，持续更新董事经验组合，扩大董事会能力圈。

2017 年 6 月 16 日，亚马逊宣布将以每股 42 美元、总价约 137 亿美元的价格收购美国的全食超市（Whole Foods Market）。贝佐斯说："有数百万人喜欢全食超市，因为它提供最好的天然有机食品，让人们吃得更健康。"就在 2019 年，亚马逊董事会引进了罗莎琳德·布鲁尔。她曾担任沃尔玛山姆俱乐部的总裁兼 CEO，还做过星巴克公司的首席运营官。布鲁尔在零售和连锁餐饮行业有非常丰富的运营管理领导经验和客户体验技巧，给董事会增加了行业经验。

> 随着公司经营不断增长，亚马逊选择董事的标准也在不断进化，最重要的是代表股东长期利益，第二是与"痴迷客户"相匹配的客户体验技巧，第三是深刻理解互联网行业。其中，代表股东长期利益始终保持在第一位。同时，董事的选择与公司的战略增长路径紧密关联。

同时，亚马逊董事会邀请 63 岁的英德拉·诺伊加盟。英德拉在美国企业界是传奇人物，她在 2001 年加入百事可乐。作为首席战略官，她一手促成必胜客、肯德基和塔可钟（Taco Bell）从百事公司剥离出来，独立为百胜全球公司。在 2006 年至 2018 年担任百事董事长兼 CEO 期间，她坚持"健康理念"，推动了百事的健康转型和平衡发展,这一点与全食超市的理念高度契合,英德拉的消费产品开发和消费者体验给亚马逊贡献了重大的智慧和经验。

2023 年,亚马逊市值突破万亿美元,但董事会仍保持精简,包括贝佐斯在内,只有 11 位董事。精简高效、专业创新的董事会为亚马逊的持续增长提供了远见卓识和高瞻远瞩的指引。

谷歌董事会:科技创新导向

2004 年上市时,谷歌的董事会规模比亚马逊上市时略大,有 9 位董事。彼时谷歌营收已有 32 亿美元,净利润达到 3.99 亿美元,股票市值最高达到 500 亿美元。

谷歌董事会有 3 位内部董事:两位 31 岁的创始人——拉里·佩奇和谢尔盖·布林,以及他们两人从外面请来的 CEO,49 岁的埃里克·施密特。

谷歌外部董事成员则很有意思——也许是巧合,他们与亚马逊和苹果有千丝万缕的关系。

约翰·杜尔既是谷歌的董事,同时是亚马逊的董事。另一位董事拉姆·史里拉姆担任过亚马逊的业务开发副总裁。

基因泰克董事长兼 CEO 亚瑟·莱文森既在谷歌担任董事,同时也在苹果公司担任董事,而红杉资本大佬迈克尔·莫里茨也与乔布斯和苹果公司渊源很深。

毕业于牛津大学的莫里茨在加入红杉资本之前,曾经是美国《时代》周刊的记者,写过一本关于乔布斯的早年传记《小王国》,被誉为“苹果史学家”。1986年,32 岁的莫里茨加入了红杉资本。1995 年,莫里茨带领红杉资本投资了雅虎,最终以 400 万美元的投资,赢得了 40 亿美元回报。4 年后,莫里茨又投资了谷歌。他的洞察给谷歌董事会带来了非同一般的远见。

同时,谷歌的董事会也打上了英特尔的印记:除了约翰·杜尔之外,保罗·

欧德宁是英特尔总裁兼首席运营官。英特尔的创新管理思想给谷歌的发展提供了很大的内在驱动力。

谷歌董事会中有一个非常特别的人物——约翰·轩尼诗,轩尼诗是佩奇和布林母校——斯坦福大学的校长,此前曾担任斯坦福大学工程学院院长和计算机科学系系主任。

这个汇聚了科技创新顶尖人才、非常强大的董事会给了谷歌巨大的发展动力源。

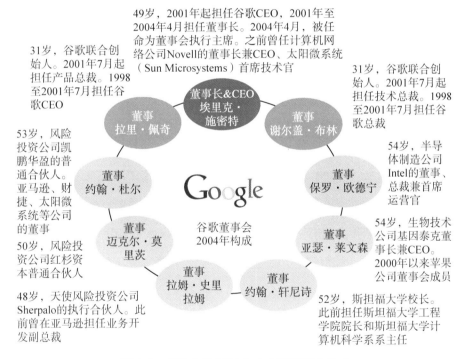

图8.6 谷歌公司2004年上市时董事会构成

资料来源:谷歌公司2004年股东代理报告

上市第二年,也就是2005年,谷歌董事会明确了董事候选人的7条标准:

(1)专业经验,包括上市公司现任或前任CEO或首席财务官,或大型国际组织负责人

（2）了解公司业务

（3）正直

（4）专业声誉

（5）独立性

（6）智慧

（7）代表股东最大利益的能力

从董事的标准来看，谷歌非常看重董事的专业经验和懂行，以及代表股东最大利益的能力。但董事标准的排序与亚马逊有所不同。

> 技术驱动的谷歌公司选择董事时更看重专业经验和懂行，同样强调代表股东最大利益的能力，注重董事会层面的传承和更新。

上市之后，谷歌公司的业绩保持快速增长。

从 2005 年至 2010 年，谷歌的营收从 61 亿美元增长到 293 亿美元，增长了 380%；净利润从 14.7 亿美元增长到 85.1 亿美元，增长了 479%。市值在 2010 年超过了 2000 亿美金，相比上市时增长了 3 倍。谷歌董事会也保持基本的稳定，2004 年上市的 9 位董事会成员中，除了亚瑟·莱文森离开之外，其他 8 名董事都一直留任，并增加了 2 名重量级的女性董事。

2005 年，安·马瑟加入谷歌董事会。她与苹果和乔布斯皆有深厚渊源——她曾是皮克斯全球执行副总裁兼首席财务官。从 1993 年至 1999 年，在迪士尼公司担任过各种高管职务。同一年，普林斯顿大学校长雪莉·蒂尔格曼加入了谷歌董事会。

2011 年，埃里克·施密特 55 岁，拉里·佩奇 38 岁。经过 7 年的历练，佩奇"操盘"谷歌已经得心应手，他从施密特手上接过了 CEO 重任，保持董事会稳定的同时，注入新的血液。

2017 年至 2018 年期间,发生了两件对谷歌非常重要的事情:

一是 45 岁的谷歌 CEO 桑达尔·皮查伊加入董事会。在董事会层面,谷歌领导者实现了传承。皮查伊 1972 年出生在印度,先后获得印度理工学院学士学位、斯坦福大学硕士学位、沃顿商学院 MBA。2004 年,他加盟谷歌。工作 9 年之后,皮查伊接替安迪·鲁宾担任谷歌安卓总裁,担任 Chrome 和 Apps 的高级副总裁。2014 年 10 月至 2015 年 10 月,皮查伊担任谷歌产品高级副总裁,2015 年 10 月,正式成为谷歌新任 CEO。

二是从 2018 年 1 月起,斯坦福大学校长约翰·轩尼诗从施密特手上接任谷歌董事长。不同于亚马逊的贝佐斯同时兼任董事长和 CEO,谷歌董事长和 CEO 由两人分别担任。此前,从 2007 年 4 月至 2018 年 1 月,约翰担任谷歌的首席独立董事。施密特则转任谷歌母公司——字母(Alphabet)公司的技术顾问。

到了 2023 年,此时谷歌已经变成了营收超过 3000 亿美元、净利润超过 700 亿美元、市值超过 1.5 万亿美元的巨头。但非常难得的是,谷歌的董事会仍保持一个精简结构——11 人。更令人感到惊讶的是,2004 年上市之初的 9 位董事中,一直陪伴在佩奇和谢尔盖旁边的还有 3 位——约翰·杜尔、约翰·轩尼诗和拉姆·史里拉姆。他们的持续投入和支持,保持了董事会的基本稳定,是谷歌持续增长背后的关键要素之一。

网飞董事会:极具创新冒险精神

CEO 与董事会的匹配度非常有意思。

人以群分。高能级的董事会与优秀的 CEO 既有相互吸引的化学反应,又能形成能力经验互补,推动公司的战略增长,实现创新破局。

网飞董事会构成非常值得琢磨。在人才选拔上,网飞坚持挑选行业中最优秀的 A 级人才。在董事会建设中，网飞坚持选择最有创业精神的董事。

2002 年 5 月 23 日，网飞带着 60 万的订阅用户成功登陆了纳斯达克。

上市时网飞董事会只有 7 位董事，除了创始人兼 CEO 里德·哈斯廷斯之外，6 名外部董事中，有 3 名是风险投资人，2 名是娱乐行业专家，1 名是创业企业家。

这 3 名风险投资人都曾创立过公司，有着丰富的创业经验。

第一位风险投资人是杰伊·霍格。他在 1995 年与他人共同创立了 TCV（Technology Crossover Ventures）风险投资公司，专注信息技术领域，目标是将被投企业转变为塑造未来的行业领导者。此前，霍格拥有 12 年的风险资本家和基金经理工作经验. 在哈斯廷斯的上一家创业公司 Pure Software 中，霍格与哈斯廷斯结缘——他是 Pure Software 的投资人，对哈斯廷斯有深刻的了解和信任。

第二位风险投资人蒂莫西·海利同样传奇，他创立了高科技行业高管猎头公司——海利合伙人（Haley Associates）并担任总裁。之后担任风险投资公司红点创投（Redpoint Ventures）的联合创始人、董事总经理。他的高管招聘背景为董事会提供了人才选拔和管理方面的深刻见解。

第三个风险投资人迈克尔·舒创立过英灵莎公司（Intrinsa Corporation），核心业务是为软件开发组织提供生产力解决方案。

创业企业家是理查德·巴顿，他是在线旅游公司智游网（Expedia）公司的创始人。巴顿曾在微软担任高级主管，他与另一位微软高级主管劳埃德·弗林克共同创办了智游网。1999 年，智游网从微软分拆出来在纳斯达克独立上市，后来发展成全球最大的在线旅游公司之一。巴顿有基于互联网向消费者提供产品和服务的经验，这与网飞业务高度匹配。

罗伯特·皮萨诺是哈斯廷斯找来的行业"老法师"，曾任美高梅公司的副董事长、高级执行副总裁，后面又担任美国电影演员公会的国家执行董事兼

CEO，他的能级足够镇得住场子。

最后一位董事迈克尔·拉姆齐则有极强的技术背景，他担任个人电视服务提供商 TiVo 公司的董事长、CEO 兼总裁。此前曾担任图形计算机制造商硅图形（Silicon Graphics）公司子公司高级副总裁。

这 6 个外部董事与哈斯廷斯一起组成了极具创新冒险精神、既有高科技背景又有行业背景的网飞董事会，赋予网飞穿越周期的远见、关键时刻的决断能力和不断进化的路径指引。

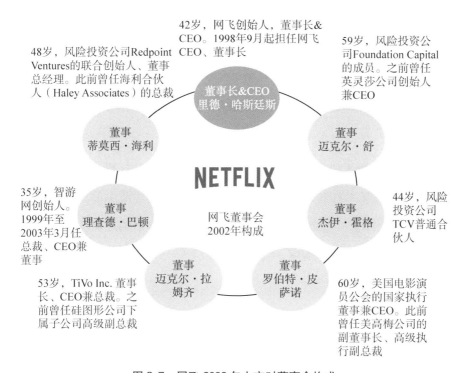

图 8.7　网飞 2002 年上市时董事会构成

资料来源：网飞 2002 年股东代理报告

2005 年，网飞董事会发生了一些小变动。61 岁的乔治·巴特尔加入网飞董事会，之前他是美国著名搜索引擎公司 Ask Jeeves 公司董事会执行主席。2007 年，49 岁的查尔斯·吉安卡洛担任网飞公司董事。此时，他在银湖资本

(Silver Lake)担任董事总经理，早前曾任思科执行副总裁兼首席开发官。他不仅为董事会带来管理和运营经验，还精通技术问题。

2011年网飞从DVD租赁向流媒体转型，打破了用户数的天花板。网飞特地挖来了皮克斯和迪士尼前高管加入董事会。2010年，49岁的安·马瑟担任公司董事。马瑟是个厉害角色，她曾任皮克斯全球副总裁兼CFO以及迪士尼高管职位，还同时担任谷歌董事、米高梅控股公司董事等，对娱乐媒体行业和科技创新非常精通。

2013年，网飞从购买版权逐步转向自制剧模式，推出的第一部自制剧就是《纸牌屋》，收视一炮而红。但自制内容也带来了知识产权方面的法律风险。2015年，56岁的布拉德福德·史密斯被邀加入网飞董事会。这位老兄是微软法律总顾问兼执行副总裁，为网飞董事会增加了政府事务和公共政策事务的广泛视角。

网飞也从老对手迪士尼的退休高管中招募董事。

2015年，安妮·斯明加入网飞董事会。斯明曾担任迪士尼媒体网络联席主席和迪士尼/ABC电视集团总裁。她在媒体内容方面的经验为网飞建立全球业务提供了独特的业务洞察。

2015年的网飞董事会规模有所增加，从7人董事会变成9人董事会。此时，网飞的营收达到68亿美元。2016—2018年网飞的增长持续迅猛，营收增长到158亿美元，净利润从1.9亿美元增长到12.1亿美元，市值最高冲到了1900亿美元以上。

> 网飞选择董事时最关注三个方面，一是技术大牛；二是创业企业家；三是随着公司业务增长和业务结构的战略转型，选择行业中的A类人才加盟，持续提升董事会的专业能级和活力。

2018 年的网飞董事会扩充为 11 人。2020 年,网飞董事会增加到 12 人,55 岁的公司联席 CEO 兼首席内容官泰德·萨兰多斯加入董事会,他是带领网飞从 2013 年转型原创内容制作的核心人物之一,作为制作人推出了《纸牌屋》《发展受阻》等系列,是公司战略增长不可或缺的人员。2023 年,网飞董事会增加的一个新面孔是 52 岁的格·皮特斯,他从 2023 年 1 月起担任网飞联席 CEO,之前曾任首席运营官和首席产品官,获得耶鲁大学物理学和天文学学位。就在此时,哈斯廷斯已逐渐退出日常运营,担任董事会执行主席。

与谷歌很类似的是,在网飞的董事会中有 3 位董事一直在陪伴成长,就是杰伊·霍格、蒂莫西·海利、理查德·巴顿。这三位高能级的智囊团成为网飞持续战略增长的"压舱石"。

在打造高能级的董事会过程中,网飞不仅考虑董事会多样化和董事年限构成,更看重战略协同性,要求董事具有与战略要求相匹配的特质经验,组建战略增长型董事会。

网飞的长期增长战略有 3 个重要方面——"创新""国际化"和"内容领先"。对应"创新",董事需要拥有预测消费者需求变化和技术趋势的知识。对应"国际化",董事需要在全球业务发展、文化和消费者偏好方面具有专长。对应"内容领先",董事需要拥有娱乐媒体行业方面的丰富行业经验。

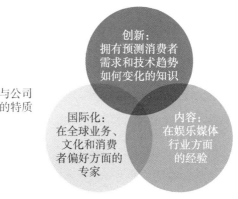

★ 战略协同性:
我们的董事要求具有与公司长期战略要求相匹配的特质和经验

图 8.8　网飞董事会成员的战略协同性要求

　　网飞董事会有几项特别规定，促使董事和管理团队保持信息的一致性，鼓励前瞻性思考。董事会可以不受限制地接触管理层、并能直接从全球各地的员工那里获取信息的方式；董事会和管理团队直接与股东接触；鼓励管理团队投资建立自己的制作工作室并开发自己的动画制作能力。

　　同时网飞建立起规范的董事选聘与轮换制度，确保不断有新生力量进入董事会。在网飞的董事服务年限结构分布中，服务年限大于10年的董事占比接近50％，5年以下的董事占比约为25％。这样既保持一定的稳定性，同时也不断吸纳前沿新鲜的思考，不断汲取新观点、新技能需求和新知识。

　　凭借与战略增长匹配、不断迭代，网飞董事会能从容应对运营中不断变化的竞争环境，持续创新进化，领导网飞从一家美国DVD邮寄公司发展成为一家全球流媒体公司，成为世界领先的娱乐公司之一，并有效监督管理业绩和管理增长风险。

失败的董事会：缺少行业专家和创新精神，内部人控制

　　事实上，成功伟大的董事会难得一见，失灵的董事会屡见不鲜。

　　在美国安然公司倒闭之前，《首席执行官》杂志还宣布安然的董事会是美国企业界五佳董事会之一，但这样的董事会却无法有效监督管理层的欺诈行为。

　　当柯达落后时代、走向衰落时，批评者提出了这样一个尖锐的问题："柯达公司的董事会在哪里？"那时柯达董事会缺乏对行业变革的真正远见，没有帮助公司成功过渡到数字化时代。

　　失败的董事会在构建和运作中往往具有以下9个特征：

1. 过多的企业内部管理人员，很难真正代表股东长期利益，更多代表管理层利益；

2. 多是大股东/CEO 的亲戚朋友、家族成员和熟人,缺乏必要的商业头脑和经验

3. 更多"花瓶董事":缺少匹配公司战略要求、具有丰富行业经验和远见的专业董事,外部董事只有开会时才来公司,对公司业务缺乏了解和深刻洞察

4. 外部董事多由管理通才——职业经理人(退休或现任的 CEO)、大学教授和退休政府官员,缺乏具有商业头脑和创业创新精神的企业家

5. 董事平均年龄过大,未能定期新陈代谢,缺乏活力

6. 董事会规模过大,内部沟通和决策效率很低

7. 董事不持有公司股权或持有极少量股权,难与股东长期利益保持一致

8. 董事被动胆怯,缺乏合理挑战管理层的动力、能力和主动性

9. 错误的董事薪酬(都是现金,没有股权),为保住董事职位而取悦管理层和大股东

前面 1—6 项是很多公司董事会构成过程中经常出现的问题。下面我们重点看看索尼董事会和摩托罗拉董事会的故事。

曾经的索尼董事会:更偏向于内部人控制、缺乏创新基因

日本公司的董事会很有自己的特点。1996 年时,索尼有一个非常庞大的董事会,高达 41 人,包括 20 名公司内部董事、17 名外部董事、4 名审计师。

本质而言,董事会,最重要的是质量而不是数量。

规模庞大的董事会,看起来声势浩大,但决策效率和独立性之低可想而知。

1997 年 6 月,索尼对董事会进行了重大改革,减少董事会规模。在继续保留索尼高管作为董事的同时,公司增加外部董事人数,加强董事会在业务方面的监督职能。

改革后的 2000 年索尼公司董事会规模缩减为 11 人,但令人遗憾的是,其中只有 3 位外部董事,8 位都是内部董事。

相比领先的公司治理模式，索尼董事会更偏向于内部人控制，难以充分行使董事会对管理团队的指引和监督功能。还有糟糕的一点是，引进的外部董事主要是投资、银行和学术背景，对电子行业并不了解，很难提出行业洞见和战略指引，自然就难以对管理层进行合理的挑战。

SONY 索尼董事会2000年构成

内部董事	· 大贺典雄：1995年起被正式任命为索尼公司董事长兼CEO，2000年退任董事长 · 出井伸之：1999年起担任索尼公司总裁兼CEO。2000年起，接任索尼公司董事长 · 森尾稔：索尼公司副董事长，主管EMCS业务，曾任索尼执行副总裁和首席技术官 · 安藤国岳：索尼公司COO，曾担任索尼个人信息网络公司总裁 · 德中照久：索尼公司CFO，曾任索尼电脑娱乐业务的总裁兼CEO · 正木辉男：索尼公司高级副总裁，主管法律事务和知识产权。曾任索尼美国公司的执行副总裁 · 霍华德·斯金格：索尼美国公司董事长兼CEO。曾担任Tele-TV公司董事长兼CEO、美国CBS广播电视集团总裁等职 · 健久良木：索尼公司电脑娱乐总裁兼CEO，之前曾担任索尼电脑娱乐总裁兼CEO
外部董事	· 彼得·彼得森：黑石集团创始人，曾任美国商务部长 · 松江健一：日本樱花银行的顾问 · 岩尾：一桥大学商学院教授，同时担任Sanwa研究所和咨询公司研究总监

图 8.9　索尼董事会 2000 年构成

资料来源：索尼 2000 年年报

出井伸之接任董事长之后，为了让索尼具备国际化的眼光，出井认为最重要的是让公司具有一个国际化的大脑，即改组董事会。他打了一个比方："如果要让韦尔奇为我们工作，我们必须先设立一个让他满意的董事会。"

在 2002 年至 2003 年期间，出井伸之参照西方公司治理模式，对索尼董事会进行了"改造"，大量增加外部董事，形成了 17 人的董事会，其中外部董事增加到 8 人，包括富士施乐有限公司董事长兼 CEO 小林洋太郎，日产汽车有限公司总裁兼 CEO 卡洛斯·戈恩，高管招聘公司光辉国际日本代表董事兼区域董事总经理福岛等。

虽然改组后的索尼董事会形式上看起来更具现代公司治理特征,云集很多外部公司高管和资深专业人员,但一个致命问题在于:这些董事大多缺乏电子行业经验。如果将 2003 年索尼的董事会与同时代苹果公司董事会作一个比较,就会发现有 5 点差异:

1. 规模:索尼董事会规模巨大,有 17 人;苹果公司董事会非常精简,维持在 6 位左右。

2. 董事构成:索尼董事会内部董事占了多数,更多是内部人控制;苹果公司只有 1 人是内部董事,其他都是外部精英,有更多的外部视野。

3. 外部董事背景:索尼的外部董事基本是由职业经理人、大学教授、政府官员组成,缺少创新科技企业的背景,也缺乏电子行业的经验,只是一些宽泛的管理经验。而苹果公司董事会中,威廉·坎贝尔是财捷公司的董事长兼任 CEO,还曾在苹果子公司担任过 CEO。阿瑟·莱文森博士是生物技术创新公司基因泰克公司的 CEO,米勒德·德雷克斯勒曾担任过 GAP 的 CEO,都是来自各行业创新企业的高管,他们给苹果董事会注入了创新基因。

4. CEO 背景:索尼董事长兼任 CEO 出井伸之是海外销售出身的职业经理人,欠缺索尼安身立命的产品研发经验;此时索尼的灵魂创始人物井深大和盛田昭夫已经离开索尼。而乔布斯则是苹果公司的创始人,以创新而著名。

5. CEO 年龄:2003 年出井伸之已经是 66 岁,活力和创造力很难与乔布斯相比。乔布斯只有 47 岁,正是年富力强。

从以上 5 个方面的比较不难看出,苹果公司董事会的决策效率、思考格局、行业精深程度、创新精神、活力都远远大于索尼董事会。在创新的高能级董事会指引下,苹果推出了一系列伟大的创新产品、吊打索尼,而索尼在电子产品上的竞争优势则逐步消失殆尽。

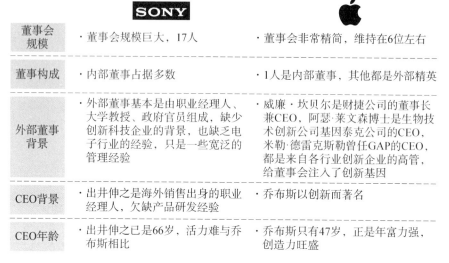

	SONY	**🍎**
董事会规模	·董事会规模巨大，17人	·董事会非常精简，维持在6位左右
董事构成	·内部董事占据多数	·1人是内部董事，其他都是外部精英
外部董事背景	·外部董事基本是由职业经理人、大学教授、政府官员组成，缺少创新科技企业的背景，也缺乏电子行业的经验，只是一些宽泛的管理经验	·威廉·坎贝尔是财捷公司的董事长兼CEO，阿瑟·莱文森博士是生物技术创新公司基因泰克公司的CEO，米勒·德雷克斯勒曾任GAP的CEO，都是来自各行业创新企业的高管，给董事会注入了创新基因
CEO背景	·出井伸之是海外销售出身的职业经理人，欠缺产品研发经验	·乔布斯以创新而著名
CEO年龄	·出井伸之已是66岁，活力难与乔布斯相比	·乔布斯只有47岁，正是年富力强，创造力旺盛

图8.10 索尼董事会与苹果董事会的比较

2005 年，68 岁的出井伸之将指挥棒交给了 63 岁的美国人霍华德·斯金格，斯金格对董事会进行了调整，但这种调整并没有解决根本问题。2007 年的索尼董事会规模缩减到 13 人。内部董事减少到 3 人，外部董事增加到 10 人。

斯金格新增加的 4 位董事依旧没有电子行业创新公司的背景，主要来自电信行业、会计师事务所、汽车行业和大学教授。更糟糕的是，索尼董事会董事的平均年龄达到了 65.3 岁，年龄最小的是 57 岁的井原克澄。这样的老龄董事会如何能洞察年轻消费者的需求，抓住年轻人的心？

　　一个由内部董事控制的董事会，尤其当创始人离开公司之后，很难对管理层有充分有效的监督，更难以有自我批判。

　　即使引入了很多光彩夺目的外部董事，但如果这些外部董事对行业不了解，也没有多少股权，将更多扮演"花瓶董事"角色，发挥不了外部董事应有的价值，不会对行业大势有真知灼见。更要命的是，为了保证自己收益和名声，还不敢合理挑战管理者的想法，更多是奉承和顺从。

董事会的定期更新也非常重要,一个年龄衰老、知识结构陈旧的董事会是无法应对外部形势的巨大变化,变得更加官僚化和程序化,组织的活力必定下降,退化将不可避免。

让人感到不齿的是,斯金格通过安插老朋友和亲信,牢牢地控制了索尼董事会。即使业绩很糟糕,也没有董事会跳出来强力挑战,主动提出解雇 CEO。一位退休的索尼高管对公司的萎靡不振总结道:"索尼已经成为一个无法承担风险的官僚组织。"

2012 年,70 岁的斯金格退出董事会,平井一夫担任索尼 CEO。52 岁的平井一夫更有活力,他发誓要"改变"索尼,在 2013 年引进了 3 个董事。其中 2 位董事有苹果公司工作的背景:

63 岁的原田泳幸,时任麦当劳控股日本公司董事长、总裁兼 CEO。另一个关键信息是她曾在苹果工作过 14 年,担任过苹果日本公司副总裁、总裁等职位。2004 年离职苹果前,她掌舵苹果日本业务长达 7 年,这给索尼董事会注入一点创新的血液。

54 岁的蒂姆·沙夫,2005 年进入索尼美国公司,担任高级副总裁,之后任索尼网络娱乐国际总裁。之前曾任苹果计算机公司副总裁,负责了 QuickTime 平台的开发和维护。

56 岁的伊藤穰一,是网络服务公司数据车库(Digital Garage)的联合创始人,麻省理工学院媒体实验室董事。之前曾任搜索引擎公司 Infoseek 日本董事长。数据车库与推特等建立了合作,还通过旗下投资业务持有脸书公司股票。他给索尼董事会带来了互联网和数字化基因。

索尼董事会因为新董事的加入而增加了创新动力。外部董事伊藤穰一和罗斯强调,索尼应该将重心聚焦在 AI 芯片上。为了匹配其新的技术战略,索尼的招聘方式也发生了转变。"我们希望雇佣来自世界各地渴望成功的年轻人，而不是广为人知的退伍军人。"

> 要改变公司、增强活力，必须改革董事会，加入新鲜、年轻、创新的血液，引入行业富有创新能力和企业家精神的董事，增加董事会创新动力，从头部促进组织创新进化。

2016 年 7 月，索尼公司首次赞助在纽约举办的国际人工智能联合大会，借此网罗一些新鲜的人才。索尼在招募网页中声明："现在，索尼准备迎接机器人和人工智能领域全新的挑战，我们正在寻找渴望通过各式产品、内容和服务来打动人心的独一无二的优秀人才。"

索尼董事会逐渐恢复了创新的精神，推动索尼公司恢复活力，重新赢得粉丝的拥戴。

相比非家族企业，面对急剧的外部环境和行业变化，家族企业董事会受到越来越大的冲击。传统行业的家族企业维持相对容易，如万豪、沃尔玛、希尔顿等。但面临颠覆性创新层出不穷的高科技行业，家族企业保持在董事会的主导地位和战略指引作用，是非常困难的，几乎成为不可能完成的任务。

父子董事会难以对抗高科技行业的颠覆性变化

1995 年到 1997 年，保持多年增长的摩托罗拉进入瓶颈期，营收从 270 亿美元小幅增长到 297.74 亿美元，利润却从 17.8 亿美元下跌到 12 亿美元。

1998 年摩托罗拉情况更糟，出现了 9.6 亿美元的亏损，但董事会仍在 1999 年 6 月将克里斯托弗·盖尔文选为董事长，延续着盖尔文家族对摩托罗拉的统治。那时克里斯托弗持有 0.5% 的摩托罗拉股权。他父亲有 2.5% 的公司股权。

在这背后,摩托罗拉董事会构成存在很大的缺陷:缺乏行业专家、较多内部人的董事会很容易被盖尔文家族控制着。

2000 年,摩托罗拉董事会共有 15 名董事,4 名董事来自公司内部:49 岁的克里斯托弗和 77 岁的罗伯特·盖尔文父子两人控制了 2 个席位,另有 2 个席位由摩托罗拉的高管层担任,一位是在摩托罗拉工作了 38 年、60 岁的前副董事长兼 CEO 加里·托克;另一位是在摩托罗拉工作了 34 年、57 岁的总裁兼首席运营官罗伯特·格罗尼。

11 个外部董事中,只有一个与摩托罗拉的通信行业有点关联。3 位董事是学者背景,6 位董事来自消费品、地产、制药、食品、能源、金融等行业,1 名董事来自律师事务所。与摩托罗拉行业有些关联的董事就是欧洲网络服务提供商 Netscalibur 的 CEO 弗朗西斯科·凯奥,他在 2000 年加入摩托罗拉董事会。之前是欧洲一家家用电器公司的 CEO,对电信行业了解甚少。

相比同期苹果公司的董事会组成,摩托罗拉董事会构成不仅臃肿,而且 11 个外部董事中,没有来自科技创新公司的董事,很难形成对公司业务发展的远见,因此很难对管理团队提出合理的挑战,也难以推动创新。重大决策上只能依赖管理层的判断,更多是一种"花瓶组合式"的董事会。

摩托罗拉董事会设立了执行委员会,负责管理、监督并向公司提供战略指导,由 77 岁的罗伯特·盖尔文担任执行委员会主席,扮演着实际掌舵者角色。在这个年龄段,想要敏锐洞察科技时代潮流和年轻消费者需求变化几乎是不可能的事情,只会更多陷于过往的成功路径和惯性之中。作为罗伯特的儿子,克里斯托弗也很难挑战父亲的权威和决策,更多是顺从。

2001 年,78 岁的罗伯特·盖尔文和 61 岁的加里·托克从董事会退休。这一年互联网泡沫破灭加上铱星事件的冲击,摩托罗拉积累的问题暴露无遗,造成巨额亏损。尽管业绩糟糕,摩托罗拉董事会还是保住了克里斯托弗的位置,

摩托罗拉2000年董事会人员构成

内部董事	·克里斯托弗·盖尔文：49岁，摩托罗拉董事长兼CEO。之前曾任摩托罗拉总裁兼首席运营官，直到1997年成为CEO，1999年6月出任董事长 ·罗伯特·盖尔文：77岁，摩托罗拉执行委员会主席。1959年开始了摩托罗拉高管生涯，1990年起任摩托罗拉执行委员会主席 ·加里·托克：60岁，摩托罗拉前任董事长。之前曾任摩托罗拉COO、副董事长兼CEO等职 ·罗伯特·格罗尼：50岁，摩托罗拉总裁兼COO
通讯背景	·弗朗西斯科·凯奥：43岁，泛欧洲IP服务提供商Netscalibur的CEO，并担任欧洲第三大家用电器制造商梅洛尼家用电器公司董事会成员，之前曾任该家用电器公司CEO
其他行业背景	·肯尼思·韦斯特：55岁，大型养老基金公司TIAA-CREF的公司治理高级顾问。之前曾担任哈里斯信托储蓄银行及其控股公司哈里斯银行董事长等职 ·萨缪尔·斯科特三世：55岁，玉米提纯公司-玉米产品国际公司董事长兼CEO ·劳伦斯·富勒：61岁，英国石油公司的联席主席。同时担任雅培、摩根大通等公司的董事 ·小约翰·佩珀：62岁，宝洁公司董事长及前任CEO ·朱迪·勒温特：50岁，默克公司的执行副总裁兼首席财务官 ·陈启宗：50岁，1991年起担任香港恒隆集团董事长。1986年，与陈乐宗创立了晨兴创投
学者背景	·尼古拉斯·尼古庞蒂：56岁，麻省理工学院教授。麻省理工学院媒体实验室联合创始人兼所长 ·约翰·怀特博士：60岁，阿肯色大学校长，曾任佐治亚理工学院工程系主任 ·沃尔特·马西博士：61岁，莫尔豪斯（Morehouse）学院的院长，曾任Argonne国家实验室主任和芝加哥大学研究副校长
律师背景	·安妮·琼斯：65岁，目前担任顾问。之前曾任律师事务所华盛顿特区办事处的合伙人。更早之前曾担任美国证券交易委员会证券交易投资管理司司长

表 8.11　摩托罗拉 2000 年董事会的构成

资料来源：摩托罗拉 2000 年股东代理报告

而不是另请高明。

　　面对华尔街和投资者的压力，克里斯托弗进行董事会改革。2002 年，一个重要变化是董事强制性退休年龄确定在 70 岁，但这似乎晚了一点。同时引入了 2 位外部董事和 1 位内部董事。

2 名外部董事分别是:百事可乐公司的总裁兼首席财务官英德拉·诺伊、摩根大通的前任董事长兼执行委员会联席主席道格拉斯·华纳三世。他们虽然在自己行业中非常优秀,但对于通讯行业知之甚少。

内部董事则是刚当选总裁兼首席运营官的迈克·扎菲洛夫斯基。他在2000 年 6 月加入摩托罗拉,2002 年 7 月就职总裁兼首席运营官。此前在通用电气工作了 24 年,曾任通用电气照明的总裁兼 CEO。他拥有光亮的管理履历,但缺少通讯行业的专业经验。

内部推动的治理变革治标不治本,不能解决根本问题。能不配位的克里斯托弗仍担任摩托罗拉董事长,新增的外部董事还是非科技行业的行业高管,这样的董事会难以谈得上有行业专精和创新精神。唯一的好处在于克里斯托弗更容易控制董事会。

2002 年,摩托罗拉营收下降了 10.7%,继续亏损 25 亿美元。2003 年,虽然实现扭亏为盈,盈利了 8.9 亿美元,但营收继续下降 13%。

2003 年年底,摩托罗拉投资者和董事会对克里斯托弗失去了耐心。他们从外部找来了爱德华·詹德,将克里斯托弗取而代之,盖尔文家族对摩托罗拉 75 年的统治三代而终。

在科技创新变化剧烈的大环境中,对高科技公司而言,家族企业的传承在董事会治理中越来越难以持续。保持家族对董事会的领导是非常困难的,甚至对长远增长是有害的。

一方面,由家族人员担任 CEO 职位的“玻璃天花板”难以吸引真正具有远见力和创业力的第六级领导者。最富有创新精神的顶尖人才会自己创业,或者自己掌控全局,而非听命于一个仅靠继承就获得掌舵权的家族成员。即使前两代都有很强的创业精神,但很难保证第三代能继续有企业家精神。

另一方面,为了强化对董事会的控制,家族企业更喜欢邀请熟人和亲信加入，而非有独立观点的行业高能级专家或者风险投资家。这样虽然容易控制，但董事会内部缺少不同观点的冲击碰撞，外部董事也很难有意愿挑战家族股东的不合理提案，更容易唯家族"大家长"的意志马首是瞻，最终错失发展机会或陷入重大风险。

未来需向战略增长型董事会转变

看了这么多公司的成败故事之后，我们不难发现，一个行业专精、具备创新精神、代表股东长期利益、既有稳定性又有活力的董事会是公司持续增长的关键驱动之一。建立一个懂行创新的董事会，与第六级领导者紧密配合，才能共同推动公司高质量的战略增长。

这 20 多年来，外部环境的复杂性呈指数级增长，传统的董事会更注重监督，无法适应这些变化。大多数公司的失败都可以归因于战略方向、管理和监督方面的失误和失效。要避免这种厄运，CEO/大股东个人专断的决策方式必须让位于依靠董事会集体智慧的民主决策方式，传统的董事会必须向战略增长型董事会转变。

总结下来，战略增长型董事会主要有四个核心职责：

首要的职责是"方向盘"。

董事会需要指引公司战略发展方向，选聘匹配战略增长要求的 CEO，推动组织的创新进化。首先，当下乃至未来，预见未来、紧跟甚至领先潮流趋势比以往任何时刻都更为重要。董事会要比公司内任何其他人都看得更远，在不确定性中把握清晰的增长方向和路径。其次，CEO 和高管团队的任期相对较短，一般是 3 年，较短的任期导致其看问题的眼光并不足够深刻和长远，更关注短期业绩达成。多数情况下，只有董事会有可能从股东长远利益考虑。董事会的核心职能之一就是帮助 CEO 跳出其短视思维定式。如果 CEO 本身有远见力，将成为更佳组合。

第二个核心职责是"加油站"。

董事会成员可以为公司战略增长提供各种赋能支持和服务，最常见的是提供专业建议和打通人际关系网，但避免过度干涉。外部董事利用自己的人脉，打通关系网，帮助公司获取稀缺资源及获得业务、吸引人才、与政府等外部利益相关者建立良好关系，在公司遇到困难时伸出援手。这对于初创公司尤其重要。董事会还是一个外部专家储备库，做复杂的商业决策，为公司管理层提供重要价值。

第三个核心职责是"红绿灯"。

巴菲特认为，从公司长期健康增长来看，管理层的能力和忠诚度需要长期监督。此外，由于"身在局中"管理层往往可能会对公司的长期战略持有偏见和盲点。董事会需要弥补管理者的认知偏差。董事会作为决策架构的顶端，需要强化必要的督导和风险控制，关键时刻对管理层提醒和"踩刹车"，必要时建立风险管理委员会，或者在审计委员会中增设风险管理的职能，建立有效的风险内控架构体系。

董事会的督导需要聚焦四个关键领域。

一是对战略执行的监督，必要时刻还要能"跳下水"与管理层共同完成"难而正确的事"。二是对战略收购的监督。三是对人力资本管理和高管薪酬的监督。四是对风险的监督。公司管理层评估和管理公司风险敞口，董事会监督公司风控工作，评估并确定公司最重大风险以及缓释措施的优先级。通过对战略、并购、人才、风险的督导，董事会确保公司增长是一个高质量、可持续的战略增长。但同时需要当心的是，督导也是有成本的，要防范过度监督。

第四个核心职责是发展接班人。

公司的高质量增长需要强大的管理梯队，不能仅仅把命运系于 CEO 一人身上。董事会需要对 CEO 和高管团队的接班人进行定期观察,明确未来接班人的核心标准,确保高管团队的持续平稳更替和根本原则的进化传承。继任规划已成为实现公司可持续增长的关键因素,确保人才辈出,应对未来的局势和挑战。

当然,每个公司都有独特的文化、传统和竞争环境。在企业发展的不同阶段,董事会在 4 项核心职责中扮演的权重可有所差异和侧重。

总之,董事会的重心是帮助公司实现持续的战略增长,为公司创造增量价值,而不仅仅是遵守标准和法规。

更长远的董事会决策和更专业的管理控制权才能使公司长期价值最大化,确保长期有质量地生存和发展。

思考与启示

机遇和运气,可以成就一家公司短暂或者一段时期的兴盛,但长期可持续的健康增长需要强有力的公司专业治理。

良好的公司治理是一种手段,而不是目的。

公司治理不懂行、不专业、不创新,就很难推动企业在正确的方向上不断进步;而不能创造高质量增长的公司治理,运作上的一切规范缺少真正价值。打造专业懂行的公司治理,要从建立、健全、强化、优化董事会做起。

就中国企业未来的发展而言,如果没有全球领先、行业专精的高能级董事会,中国公司不可能实现高质量的持续增长,更不可能成为真正意义上的全球行业领导者。

近 10 年来,中国的公司治理有了长足的进步,上市公司和进行董事会建设的国有公司几乎全部设立了外部董事任职的董事会审计、薪酬、提名、战略、风险等委员会,并且几乎都有成文的董事会规则和各个委员会章程等,董事会的结构和形式上向国际领先水平看齐,但在认知和实际运作上距离领先公司治理还有较大差距,战略增长型董事会未能真正到位。

要推动中国企业战略增长型董事会的建设,建议需要做好以下五件事。

首先,打开格局,适当减少内部董事和熟人董事,在更大范围内招募行业专精、有企业家精神、能代表股东长期利益的外部董事。

创始人/大股东、董事长/CEO要选择比自己在某些方面更专业、敢于提出不同意见和挑战的A类人才,增强董事会的专业能级。同时,随着战略业务的转型,定期吐故纳新,选择匹配未来战略发展需求的董事,避免董事会平均年龄过大,失去对时代趋势的敏感度。即使曾经长期领先创新,但一个长期不更新的董事会将缺乏应有的活力,变得暮气沉沉,惰性严重,导致路径依赖,难以应对当下加速变化的环境而大胆变革。

其次,创造机会让外部董事更了解公司业务和管理团队,减少信息不对称。

董事需要对公司的顾客和产品有充分的了解,否则发表的建议、做出的决策,往往与公司实际情形存在很大的脱节。苹果公司有一个很有意思的设备赠送计划,每位外部董事都有资格要求免费获得公司推出的每种新产品,并有资格以折扣价购买额外的设备。这样外部董事对公司新产品很了解。同时,创造更多机会让外部董事与管理层接触,对管理梯队有更多了解。

其三,明晰董事会与CEO之间的权限分工,明确"游戏规则"。

当今公司治理中,一个重大分歧并不存在于公司治理或董事会的重要性上,更多的分歧发生在董事会、高管团队、股东之间权力的相对分配问题上。董事会与CEO的关系往往非常微妙,经常充满利益博弈。在某些公司中,由于董事会与管理层的权限分工不明确,权力行使的先后顺序无明确规定,问题变得更加复杂,造成内耗。

一个小公司要想做大、做长,一个大型公司要持续突破增长,创业者或一把手的领袖魅力和乾纲独断需要让位于行业专精的董事会集体智慧，董事会和经理层之间要有一个清晰的权责划分。

在促进公司持续战略增长的前提下，将董事会 4 个核心职责落实到位，将授权规则细化、简化，根据 CEO 对业务熟悉度和个人成熟度、战略和组织变化进行动态调整。

其四，推动管理层持股和外部董事持股，促成长期利益更加一致。前面三项解决的是公司治理专业能力和规则问题。而促进高质量增长的有效公司治理需要建立动力机制。

中国企业越来越重视对管理层的股权激励，并且与绩效表现高度挂钩，未来步子可以迈得更大一点，将管理层的股权激励与公司创新、"长期护城河"建设链接更紧密。另外，也可以考虑推动外部董事持股，将现金支付转变成较大比例甚至全额的股权支付，约定最低持股额度，促进外部董事与股东长期利益一致。当然这需要在现有政策上实现突破。

最后，董事会将继任计划放到常规的重要议程上，确保"一代更比一代强"。目前中国的企业董事会建设中，主要聚焦于基本功能建设，对管理层发展和继任计划相对忽视。而一些领先的新兴翘楚企业中，薪酬委员会增加了管理层发展功能。例如亚马逊的董事会，1997 年上市时只有两个专业委员会：审计委员会和薪酬委员会。2001 年，设立了提名委员会，并将薪酬委员会扩展为"薪酬与管理发展委员会"。2003 年，进一步更名为"薪酬与领导力发展委员会"。主要职责有一点与继任计划紧密相关——"评估亚马逊与人才和领导力发展有关的计划和实践"。

对于中国家族企业，也需用新的视角来看待董事会和事业传承。大部分公司在创始人离开之后，将迅速衰落蜕变成一家平庸的商业公司。随着第一代创始人从中国企业逐步退出，未来公司高质量的增长无疑比以往难度更大、挑战更多。要想突破三代而衰的"魔咒"，需要大力吸引真正有创业精神的企业家作为外部董事,帮助发掘和培养内部有潜力的优秀经营人才和候选人。在有效的董事会治理和风险可控的前提下,敢于为人才打破"天花板",敢于把CEO岗位让给更优秀的非家族成员,家族成员更多扮演把控大方向、管控风险和传承文化的角色。

在大变革时代,中国企业的公司治理需要提高主导性和积极性,从传统监督型为主的董事会,转型成战略增长型为主的专业董事会,建立起高效的公司治理规则,促进公司走得更稳、更强、更远、更长。

第九章 正确地激励

"好的薪酬计划设计是网飞成功的重要贡献因素，并且与股东的利益高度一致。"

——蒂莫西·黑利，

网飞薪酬委员会主席

"很多时候,美国高管薪酬与业绩完全脱节⋯⋯一位平庸或更糟糕的CEO,在他精心挑选的人力副总裁和薪酬顾问公司的帮助下,往往能从设计不当的薪酬安排中获得大量钱财⋯⋯一旦被解雇,也成为CEO丰厚的发薪日。事实上他可以在一天'挣钱',同时清理桌子走人。"

见惯了各种风云起伏的巴菲特非常了解商界高管薪酬的各种小把戏:

"薪酬委员会已成为薪酬比较数据的'奴隶',因此经常出现巨额遣散费、奢侈津贴和薪资的慷慨支付。董事会开会之前,3个左右的董事(并非偶然选择)被连番'轰炸'了几个小时,薪酬数据在不断上升。同时,薪酬委员会还被告知其他公司高管正在享受的新福利。这是我们在小朋友时经常使用的版本,'妈妈,所有其他孩子都有一个'。当薪酬委员会遵循这个逻辑时,昨天的过高支付将成为今天的基准。"

巴菲特分享了伯克希尔旗下公司高管的薪酬激励策略:

"伯克希尔采用了许多不同的激励安排,具体方案取决于CEO所负责业务的经济潜力或资本密集度等因素。不过,无论薪酬安排如何,我都尽量保持简单和公平。当我们使用激励措施时,这些激励措施可能很大,但它们与CEO能掌控的运营绩效结果联系在一起。我们不会发行与业务绩效无关的收益'彩票'!"

探究苹果、亚马逊、网飞、特斯拉等新兴翘楚企业的高管薪酬模式,就会发现与传统高管薪酬模式有众多不同之处,有很多创新变化,也与巴菲特的高管薪酬策略有相通之处。

支付给谁固然重要,但如何支付同样重要! 高管薪酬的正确支付模式对促

进公司高质量生存增长和长期成功也有着重大价值。

质变：乔布斯重返苹果后的高管薪酬变革

1997 年，乔布斯重返苹果后，不仅重新注入了创新的灵魂，同时在高管和董事的薪酬激励模式上进行了大刀阔斧的变革。

乔布斯回归之前，苹果的高管薪酬策略与常规公司没有大的差别，有 3 个原则：

- 激励高管在竞争日益激烈的市场中力争并取得卓越业绩；
- 吸引高素质的关键管理人员；
- 以有竞争力的薪酬水平奖励，促成公司和个人卓越绩效的达成。

1996 年，面对惨淡的业绩，苹果董事会请来了阿梅里奥博士担任 CEO，签了一个 5 年的聘用协议。薪酬结构是职业经理人的常规薪酬套路，包括基本工资、奖金和股权激励。

阿梅里奥博士的基本工资定为每年 99 万美元。

他的年度奖金有两个部分（A＋B）：A 部分是目标奖金，相当于基本工资 100%。绩效目标包括 3 个方面的目标：收入增长和毛利率的财务目标；产品组合、平台战略和渠道战略的战略目标；建立新管理团队、确定信息系统战略和重组业务流程的管理目标。B 部分是保底奖金，干完 1996 年这一年，即可获得 100 万美元奖金。此外，还拿到 20 万美元的一次性签约奖金。

阿梅里奥博士的股权激励则分为两部分：股票期权和绩效股份。100 万期权将在五年内归属。绩效股份的归属条件则是制定三年战略计划和盈利模式并执行，在 1996 财年第四季度产出结果；制定与公司战略相一致的组织模式并实施。

在这样的高管薪酬模式下，即使苹果公司 1996 年亏损达到 8.16 亿美元，当年阿梅里奥实际获得现金支付的仍有 298.5 万美元（固定工资＋目标奖金＋保底奖金＋签约奖金），其中固定工资、保底奖金和签约奖金"旱涝保收"，高达 200 万美元左右，这样高额的现金薪酬与公司糟糕的业绩形成了强烈的反差！

随着乔布斯在 1997 年的回归，苹果薪酬委员会进行了改组，主席由小埃德加·伍拉德担任，伍拉德曾任杜邦公司董事长。

在苹果新的薪酬委员会指导下，高管薪酬计划指导原则发生了根本性变化：将公司业绩、个人业绩和股东价值增长作为高管薪酬水平的决定因素，而不是仅仅强调高管薪酬的吸引力和外部竞争性。

薪酬委员会强调以股权为基础的高管薪酬，作为公司高管薪酬计划的基石，主要是期权形式，而非之前大量的现金薪酬。

1997 年，乔布斯作为董事拿了 3 万份期权。1998 年担任代理 CEO 后，他只拿了 1 美元现金年薪，奖金一分钱没拿。

1996年苹果高管薪酬激励模式		1997年苹果高管薪酬激励模式	
• 指导原则：激励高管在竞争激烈的市场中力争并取得卓越业绩；吸引高素质的关键管理人员；以有竞争力的薪酬水平奖励		• 指导原则：将公司业绩、个人业绩和股东价值增长作为高管薪酬水平的决定因素	
• 薪酬结构：高管薪酬由基本工资、奖金和股权奖励，相当大的现金薪酬		• 薪酬结构：以股权为基础的高管薪酬，而不是大量的现金薪酬	
基本工资	99万美元	基本工资	0美元
奖金	目标奖金：99万美元 保底奖金：100万美元 签约奖金：20万美元	奖金	0美元
股权激励	绩效股权：383万美元 期权：100万份	股权激励	期权：3万份
阿梅里奥博士		斯蒂夫·乔布斯	

图 9.1　乔布斯重返苹果前后的高管薪酬模式变化

资料来源：苹果公司 1997—1998 年股东大会委托声明书——高管薪酬报告

不仅乔布斯自己的奖金是 0 美元,他手下高管在 1998 年也大多数是 0 美元奖金。CFO 弗雷德·安德森的年度奖金甚至从 1996 年的 127.5 万美元变成 0 美元奖金。

作为一定补偿,他的基本工资有所上涨,但涨幅远远小于奖金的降低额;股权激励则大幅上升,从 1996 年的 40 万份股权期权增加到 1997 年的 85 万份期权和 4 万美元限制性股票。

表 9.1 苹果公司核心高管 1996—1997 财年整体薪酬实际发放表

职位	时间	姓名	高管整体薪酬及关键组成要素		
			基本工资	奖金	股权激励
CEO	1997	乔布斯(代理 CEO)	0 美元	0 美元	3 万份期权
	1996	吉尔伯特·阿梅里奥	65.5 万美元*	233 万美元*	价值 383 万美元的限制性股票,100 万份期权
执行副总裁、CFO	1997	弗雷德·安德森	52 万美元	0 美元	85 万份期权,4 万美元限制性股票
	1996		25 万美元	127.5 万美元	40 万份期权

资料来源:苹果公司 1997—1998 年股东大会委托声明书——高管薪酬报告

　*注:(1)苹果公司财年截止日为 9 月 27 日。阿梅里奥在 1996 年 2 月担任 CEO,按实际工作时间支付基本工资。

　　(2)根据阿梅里奥签订的聘用协议条款规定,包括 1996 财年签约奖金、A 部分和 B 部分奖金。

在发生质变的薪酬激励模式下,苹果高管把注意力放在苹果长期伟大和"护城河"的建设上,而非达成短期业绩目标,强化对长期成功的"饥饿感",从生存的困境中逐步突围而出。

苹果发展历史上另一个开创性人物——蒂姆·库克入职第一年的薪资单是这样:基本工资 22.4 万美元、奖金 50 万美元,另外有 70 万股期权。

> 付薪给谁固然重要，但如何支付同样重要。
>
> 乔布斯回归苹果后，对高管薪酬模式做了翻天覆地的变革：他只拿1美元年薪，没有一分钱奖金。手下高管也大多数是0美元奖金。绝大多数的薪酬由股权支付，而非之前的现金薪酬。这样的薪酬结构下，苹果高管将注意力放在长期伟大的建设上，而非达成短期业绩目标，确保对长期成功的饥渴，而非对短期奖金的"贪婪"。

1997年12月，为了激发员工"再次奋斗"的勇气，苹果薪酬委员会审查了员工尚未行使的期权。当时员工手上期权的行权价已经大大高于市场股价，实际上变成了"一张废纸"。为了解决这个问题，薪酬委员会向董事会推荐股票期权交换计划。根据交换计划，苹果所有员工以1∶1的方式将其所有行权价高于市价的期权交换为行使价为13.6875美元的新股票期权（该价格为苹果在1997年12月19日的普通股股价），以及新的四年归属时间表。

此后，苹果公司一直保持着独特的高管薪酬激励模式。苹果薪酬委员会的目标就是使高管薪酬与公司业绩表现保持一致，吸引、留住和奖励对公司长期成功做出贡献的高管和员工。

同时，对于苹果董事的激励机制也发生了重大变化。

1997年，苹果结束了向董事支付现金津贴和费用的传统做法，实施了董事股票期权计划，预留40万份股票期权用于激励董事。新董事加入董事会后，将获得3万份期权；担任董事4年后，董事每年将获授1万份期权。这样将董事利益与公司的长期价值高度关联，董事不再盯着眼前的"五斗米"，而是更长期地思考苹果的长远发展。

> 苹果公司董事的薪酬模式也结束了支付现金津贴和费用的传统做法，实施董事股票期权计划。董事利益也与公司的长期价值增长捆绑在一起，而非盯着眼前的"五斗米"。

经过 5 年的奋起直追，苹果公司在 2002 年的营收达到了 57.4 亿美元，利润从 2001 年的亏损变成盈利 6500 万美元。

2003 年 3 月，除了以董事身份获得的期权，乔布斯自愿取消了所有未行使的期权。同时，董事会授予乔布斯 500 万股苹果限制性股票，这些限制性股票在授予日的第三年完全归属。

2005 年苹果业绩实现大跨越，营收相比 2002 年上涨 1.4 倍，达到 139 亿美元，净利润达到 13.4 亿美元。乔布斯在 2003 年获授的限制性股票在 2005 财年末的市值（以每股 53.20 美元计算）为 5.32 亿美元。

> 乔布斯回归之后的苹果高管薪酬模式与股东长期利益和公司经营目标相一致，奖励优秀业绩，长期保留具有创业精神和创新精神的顶尖人才，是公司的目标和理念。

2006 年，苹果革命性产品 iPhone 大卖，营收猛涨到 193 亿美元，净利润达到 19.9 亿美元，再次回到行业的顶尖位置。

苹果的高管薪酬策略随之进化到一个新高度：吸引和保留执行其业务战略、实现其业务目标所需的顶尖创业和创新领导人才。

这是苹果与其他传统公司非常不同的地方，通过吸引顶尖创新人才来激发公司的创新力和组织活力，打造公司的"长期护城河"。

苹果公司继续强调薪酬结构的简单——"这是通过简单的薪酬方案实现

的,该方案依赖于股权薪酬并限制现金薪酬和津贴",并说明公司不提供长期奖金计划。

此时乔布斯每年仍仅拿 1 美元的基本工资,没有奖金。高管绝大部分薪酬都以股权支付。

苹果公司确定高管的具体薪酬有 2 个原则:

第 1 个原则:每位高管都必须表现出卓越的个人绩效,才能继续留在高管团队中。业绩不佳的高管应从高管团队中退出,并相应调整其薪酬,或从公司开除。

第 2 个原则:每位被任命的高管,必须作为团队一员为公司整体成功做出贡献,而不是只专注于高管职责范围内的特定目标。

苹果薪酬委员会定期审视同行公司的薪酬做法,以确定具有合理竞争力的总薪酬水平,但不会设定特定的基准,例如将薪酬目标定为"高于中位数"或股权薪酬"75 分位"。薪酬委员会认为,过度依赖薪酬对标可能导致薪酬与高管提供的价值贡献大小无关,避免做"薪酬比较数据"的奴隶。

苹果认为,在推动高管执行战略和吸引顶尖创新领导人才方面,现金薪酬不如长期股权激励有效。因此,苹果高管的总现金薪酬低于同行公司现金薪酬水平的 25 分位。

同时,苹果公司的高管薪酬计划还强调促进和保持高管团队的稳定性。向 CEO 以外的高管授予的 RSU(限制性股票单位)奖励,每两年授予一次(特殊情况除外,例如奖励新员工或晋升)。50% 在两年内归属,剩余的 50% 将在四年内再次归属。这种激励方式旨在提供强大的人才保留效果,并与股东的长期利益保持一致。为了防止股权激励对股东权益稀释过多,苹果将新股权奖励的年度平均授予总体额度限制为不超过已发行股份的 2.5%。

苹果公司高管薪酬计划与绩效直接挂钩,包括乔布斯在内的所有高管,不再享有传统大公司的高管特殊薪酬安排,包括遣散费安排、"黄金降落伞"、补充高管退休福利等。

2011 年,对苹果来说,是一个充满悲伤的年份——灵魂人物乔布斯随风而逝。

但乔布斯的离去并未改变苹果公司的高管薪酬基本策略:目标依旧是吸引、激励和留住一支才华横溢、富有创业精神和创造力的高管团队。他们为公司在充满活力和竞争激烈的市场中取得成功发挥领导作用。公司力求以奖励业绩并符合股东长期利益的方式实现这一目标。

在被任命为 CEO 那一刻,库克的基本工资仅上涨了 10 万美元:从 80 万美元上涨到 90 万美元。但他获得的股权激励在授予时公允价值高达 5233 万美元:苹果董事会授予库克 100 万份限制性股票单位作为晋升和留任奖励。50%在授予日期后 5 年归属,剩下的 50%将在授予日后 10 年归属,这以库克在归属期内继续服务公司为前提。如果把时间拉长到 10 年之后,按照 2021 年 12 月 31 日苹果收盘价 177.12 美元/股测算,库克晋升 CEO 获得的股权激励账面价值达到惊人的 31.9 亿美元,平均每年 3.19 亿美元。

白驹过隙,转眼 10 年已过。2021 年苹果的营收达到了 3658 亿美元,净利润超过 946 亿美元,市值最高突破 3 万亿美元。但苹果的薪酬激励核心原则没有发生根本变化,仅在表达说法上略有改变。下面是苹果公司高管薪酬最新的 3 条指导原则:

第一条:以团队为基础的激励模式。我们采用基于团队的方法来对指定高管支付薪酬,将内部薪酬公平作为主要考虑因素。

第二条:业绩期望。我们建立了清晰、量化的财务目标和价值驱动的绩效预期,重点关注苹果公司的整体成功和影响。

第三条:重视长期股权激励。通过显著增强高管薪酬中的长期股权激励部分,强调长期公司绩效、加强人才的长期保留,确保高管利益与股东利益度的长期一致性。

表 9.2　苹果公司核心高管在 2022 财年整体薪酬实际发放表

职位	姓名	2022 财年高管整体薪酬及关键组成要素					
		基本工资	奖金	股权激励	非股权性激励计划	总薪酬*	股权激励占比
CEO	蒂姆·库克	300 万美元	0 美元	8299 万美元	1200 万美元	9942 万美元	83.5%
高级副总裁,CFO	卢卡·麦斯奇	100 万美元	0 美元	2213 万美元	400 万美元	2715 万美元	81.5%
高级副总裁	凯特·阿达姆斯	100 万美元	0 美元	2213 万美元	400 万美元	2715 万美元	81.5%

资料来源:苹果公司 2023 年度股东大会委托声明书——高管薪酬报告

从苹果公司最新 2022 年度的核心高管薪酬来看,虽然高管的基本工资有大幅增加,但这部分"旱涝保收"的固定薪酬仅占总薪酬的 3%～4%。增加一部分非股权性激励薪酬(占总薪酬的 12%～15%),但股权激励仍占据高管总薪酬的绝大部分——超过 80%。

CEO 库克的薪酬模式在 2023 年发生了一点小变化,这年他获得的股权激励目标价值为 4000 万美元(RSU),基于时间的 RSU 占比从 50% 降低到 25%,基于绩效的 RSU 占比从 50% 增加到 75%,促使 CEO 的股权激励与绩效捆绑更紧密。与之对应的绩效指标采用了相对 TSR(Total Shareholder Return,相对股东总回报水平),对照标的是标准普尔 500 指数。这样有更加平衡的绩效视角,可以挤掉"搭市场便车"的水分。"尽管标准普尔 500 指数作为参照比较粗,它仍然是一个客观而有意义的指标,可以根据其他大公司的业绩来评估我们的业绩,并使我们高管利益与创造股东长期价值相一致",苹果薪酬委员会说道。

苹果高管薪酬模式与乔布斯推动质变的方向保持一致：极少现金薪酬，更多股权激励，与公司长期绩效挂钩，确保高管利益与公司长期价值增长捆绑在一起，保留乔布斯的变革初心，努力创造行业领先绩效。

什么是正确的高管付薪？

高管团队是能否实现公司持续有质量生存和高质量增长的领导力量。同时，高管薪酬要努力解决高管与股东之间的代理权问题。

高管薪酬与普通员工薪酬最大的差异点在于：高管既要交付短期经营成果，确保短期生存，更要对公司持续高质量增长和长期成功负责，因此需要更长周期的激励模式，而非仅仅局限于短周期的激励。

高管薪酬策略需要反映出公司对长期成功的定义和要求，形成对高管的长期激励和约束。常规的高管薪酬一般由 4 个部分组成，包括基本工资、年度奖金、长期激励（长期现金激励或股权激励）和高管福利等。

在如何正确地支付高管上，需回答以下几个问题：

- 我们付钱给高管的核心目的是什么？遵循哪些指导原则？
- 我们将使用哪些薪酬工具？什么样的薪酬结构能让高管聚焦公司长期价值增长，而非仅仅短期经营结果？
- 我们要支付多少钱？是薪酬总额有竞争力还是每个薪酬要素都要有竞争力？
- 我们希望吸引、激励和保留什么样的人才？
- 有多少薪酬与公司绩效挂钩？应该使用哪些绩效指标才能更好地衡量长期成功？
- 什么时候进行支付？用现金支付还是用股权支付？

● 如何规避高管为追求短期经营成果而不负责任地承担过大风险？

● 哪些人是高管？

最后一个问题往往很容易回答，高管一般指 CEO 和那些对公司经营增长非常重要的 CXO 们。其他几个问题则不太好回答，需要深思熟虑。

从新旧翘楚高管薪酬模式的长期研究可以发现，正确的高管薪酬支付模式对公司高质量的战略增长起到非常关键的驱动和牵引作用。

在确定高管薪酬模式之前，选对人是前提。人选得不好，再好的高管薪酬模式也将失去价值。在找到具备第六级领导者核心特征的高管之后，高管薪酬理念和原则就变得非常重要，需要对传统高管薪酬模式进行迭代和创新。正确的高管薪酬支付模式有以下关键特征：

维度	正确的高管薪酬支付模式	"偏离正确"的高管薪酬支付模式
目的	● 首先强调将高管利益与股东长期利益捆绑，有力支持公司的长期成功，推动公司有质量的生存和持续高质量的战略增长 ● 其次再是吸引、激励和保留行业领先人才	● 单纯强调吸引、保留和激励人才，达成公司绩效目标；没有强调与公司长期成功、股东长期利益和战略增长紧密挂钩
薪酬结构	● 薪酬构成简单，主要是基本工资和股权激励，很少甚至没有与短期财务指标挂钩的年度奖金 ● 现金支付占比很少，主要是股权支付，股权激励占比至少超过40%，高的超过90%	● 薪酬结构构成复杂，五花八门，有丰富多样的高管特殊福利、短期激励、养老金项目等；且现金支付占比较高甚至很高，股权支付占比较低或者没有
薪酬水平	● 总体薪酬水平要非常有竞争力 ● 固定薪酬和现金支付薪酬水平定位很低，基本在市场25分位左右，甚至以下 ● 股权激励水平非常高，具备想象力	● 与绩效无关联的薪酬（固定薪酬和福利）非常有竞争力，现金支付薪酬水平极有竞争力 ● 股权激励水平缺乏强大竞争力，价值较低，没有想象力
目标获取的人才	● 具有创业精神和创新能力、促成公司战略增长的行业顶尖人才	● 人才标准"泛泛而谈"

（续表）

维度	正确的高管薪酬支付模式	"偏离正确"的高管薪酬支付模式
与绩效挂钩的薪酬	• 80%以上的薪酬与公司绩效挂钩，特别是与长期绩效和公司战略增长挂钩	• 与绩效挂钩部分较少，低于50%
激励对应的绩效指标	• 与战略增长和股东长期利益紧密关联的绩效指标（财务和非财务类的指标，长、短期指标组合、体现创新要求的指标）挂钩 • 设置相对TSR（股东总体回报）指标，避免搭便车，鼓励创造行业领先	• 主要与单纯的财务指标挂钩 • 股权激励兑现只与任职时间有关；或者只与财务结果性指标挂钩，与战略和创新无关 • 没有设置相对TSR指标，存在"搭便车"和"中彩票"现象
支付时间	• 除了基本工资年度支付之外，大部分都是3年甚至10年的长期支付	• 大部分支付是年度支付
高管持股要求	• 对于不同层级的高管，要求最低持股要求（例如，CEO一般为基本工资的6—12倍）	• 没有最低持股要求
薪酬追回政策	• 有相应的高管薪酬追回政策	• 没有高管薪酬追回政策
"黄金降落伞"计划	• 没有"黄金降落伞"计划设置，没有巨额遣散费	• 有丰厚的雇佣协议和"黄金降落伞"计划

设计不当、错误的高管薪酬模式会很有可能将好人变成"坏人"。

传统高管薪酬机制的一个误区在于过度强调薪酬的外部竞争性，而且薪酬每一部分都要有竞争力，包括基本工资薪酬、短期奖金、长期激励（长期现金激励和股权激励）等。由于过于强调薪酬的竞争性，容易出现现金支付薪酬过高、股权激励比例缩水的情况。此外，激励主要与销售、利润、投资回报率等短期财务指标挂钩在一起，很少与战略增长、创新联系在一起。

收益来源决定脑袋的思考方向。在高现金、重短期的高管薪酬模式下，高管会选择更多聚焦于短期财务成果的达成，关注短期cash out（套现），努力取悦上级以及华尔街，保住自己位置，甚至不惜让公司承担巨大风险，而非以公司增长的质量和长期成功作为主要着眼点，最终可能将公司推向生存的困境。

就底层逻辑而言，正确的高管薪酬模式就是为公司长期价值增长和质量贡献付薪，而非仅仅基于职位价值和市场竞争力付薪。要设计和实施正确的高管薪酬模式，需要在高管薪酬结构上做简化，在固定薪酬和高管特别福利上做减法，在股权激励力度上做加法，在绩效指标上做优化，促使高管聚焦公司高质量的战略增长和长期成功。

下面我们先看看新兴翘楚公司在高管薪酬支付上的具体策略和做法。

结构简单，低固定工资+ 高股权激励：
与公司长期价值增长紧密捆绑

仔细研究网飞、亚马逊、特斯拉等新兴翘楚公司的高管薪酬模式，就会发现一个很有意思的共同特点，与乔布斯回归后推动的薪酬变革高度一致，就是结构简单：低基本工资＋高股权激励，没有太多繁复的薪酬组成部分和形式多样的高管福利。结构简单，让高管更能聚焦重点——促进公司持续生存和长期价值创造与增长，而不会被各种短期利益所困扰。

网飞：简单聚焦、吸引顶尖人才，将高管薪酬与股东长期利益捆绑

在过去 25 年里创造增长奇迹的网飞公司，将高管薪酬与股东长期利益捆绑在一起，努力保持创业精神。而股东长期利益的表现就是公司持续有质量的生存和高质量的增长。

与在传统顶级公司董事会任职、拿着大把现金津贴的董事有非常大的不同，网飞董事没有任何现金津贴，只能报销参会的合理费用。外部董事获得的报酬都是以股权形式支付。2000 年加入网飞董事会后，曾担任米高梅电影公

司执行副总裁和副董事长的罗伯特·皮萨诺先生获得 3.3 万股期权，没有董事现金津贴。2001 年 9 月，他获得了另外的 3.3 万股期权。

> 网飞高管的付薪哲学，不同阶段有不同的侧重点，但核心没有变化：就是基于股权薪酬将高管和股东长期利益联系起来，认可个人绩效贡献和公司整体业绩表现，保持创业精神。

2002 年上市时，网飞的高管薪酬旨在吸引和留住将为网飞长期成功做出贡献的高管，奖励实现长期战略目标的高管。

网飞的付薪哲学有关键两点：

第一，现金薪酬与其他对标公司相比具有竞争力，以有效激励和保留公司高管，为实现网飞的特定目标提供强有力的动力来源。

第二，将股票期权作为一种长期激励手段，把高管利益与股东利益紧密联系，激励高管与公司保持长期合作关系，同时奖励个人的业绩，最终反映在公司的股价增长中。

网飞高管薪酬结构和乔布斯回归苹果后的薪酬结构非常类似——简单，甚至比苹果公司的更简单，只有 2 个部分组成，一个是基本工资，另一个是以股票期权为主的股权激励，没有现金的绩效奖金，这样在保障高管基本生活水准的同时，更关注公司的长期成功，而非仅仅关注短期业绩目标的达成。

2002 年上市后，网飞高管基本工资略微上涨了一点，没有大幅上涨，更大的激励来自大量授予股权激励。2002—2003 年时，公司高管团队的薪酬保持得依旧非常简单。

表 9.3　网飞公司核心高管 2002—2003 财年整体薪酬实际发放表

职位	姓名	年度	2002—2003 财年高管整体薪酬及关键组成要素		
			基本工资	奖金	股权激励
CEO	里德·哈斯廷斯	2003	24.46 万美元	0 美元	9.14 万份期权
		2002	22.98 万美元	0 美元	20 万份期权
CFO	巴里·麦卡锡	2003	25 万美元	0 美元	5 万份期权
		2002	22.3 万美元	0 美元	20.53 万份期权
运营副总裁	托马斯·狄龙	2003	35.62 万美元	0 美元	1.71 万份期权
		2002	22.3 万美元	0 美元	16.2 万份期权

资料来源:网飞公司 2004 年度股东大会委托声明书——高管薪酬报告

在福利上,网飞高管享有的是公司员工统一的医疗和牙科福利和 401k 计划,没有大公司高管那样享有高人一等的丰厚福利安排。

2004 年,在上市 2 年之后,网飞营收增长到 5 亿美元,首次实现扭亏为盈。网飞薪酬委员会将高管薪酬理念升级——

网飞的高管薪酬计划旨在随着时间的推移,最大化股东价值。网飞坚信,高管薪酬应与公司绩效的不断改善提高和股东价值的增加直接相关。

基于以上宗旨的前提,网飞薪酬委员会采用了 3 条薪酬决策准则:

第一、提供有竞争力的总薪酬方案,使公司能够吸引和留住关键管理人才;

第二、使所有薪酬计划与公司的年度和长期业务战略目标保持一致;

第三、提供与公司绩效直接相关的可变薪酬,并将高管人员报酬与股东回报联系起来。

高管薪酬激励的组成仍然保持简单:基本工资和股票期权。

上市 5 年之后的 2007 年,网飞实现了非常迅猛的发展,营收从刚上市的 1.5 亿美元上升到 12 亿美元,增长了 7 倍,净利润达到了 7000 万美元。员工从 495 人增加到 2670 人。

此时，网飞面临的优秀人才竞争更加激烈。网飞的高管薪酬策略应时而变，提出要为所有关键职位（包括高管）提供极具竞争力的薪酬方案。薪酬要以人才市场价格和个人绩效为指引，而不是仅仅以年资或公司整体绩效为指导。尽管如此，个人薪酬仍主要通过公司授予的股票期权与公司价值长期增长紧密挂钩。

> 网飞坚信，高管薪酬应与公司绩效的不断改善提高和股东价值增长直接相关。
>
> 薪酬要以人才的市场价格和个人绩效为指引，而不是仅仅以年资或公司整体绩效为指导。要吸引和留住员工，公司还必须提供有挑战性的工作环境，保持高绩效文化。

网飞认为，要吸引和留住优秀员工，还必须提供具有挑战性的工作环境。为此，公司努力保持高绩效文化。网飞列出 9 项绩效价值，包括判断、生产率、创造力、智慧、诚实、沟通、无私、靠谱、热情，公司根据绩效价值评估高管团队和员工的绩效。创造力是一个关键的绩效价值。

为了能抢到市场顶尖人才，网飞在确定公司高管总薪酬水平时，从以下 3 个角度思考：

第一，公司愿意为保留该人而支付多少钱；

第二，公司想要替换该人时，需要支付多少费用；

第三，个人可以在就业市场上要求的薪酬。

这样网飞能更好根据特定职位需求、职责、高管个人业绩表现和独特资格，来调整薪酬决定。但这一切都是要以公司绩效提升和创造增量价值为前提。

从 2008 年到 2022 年，网飞一直保持着简单的薪酬结构。尽管在从 2015 年到 2017 年里，网飞出于税收抵免考虑，增加了奖金。但从 2018 年开始，网飞再次恢复到之前简单的薪酬结构——不再提供绩效奖金,只有 2 个关键组成部分:现金薪酬和股票期权。

2023 年,薪酬委员会认为网飞经营的行业充满活力、人才市场竞争激烈。网飞需要依靠高管来执行公司的战略和举措,取得长期成功,再次强调网飞薪酬哲学在于吸引全球最优秀的人才:

"我们的目标是为我们的所有关键职位提供极具竞争力的薪酬方案,包括我们的指定高管。为了吸引和留住顶尖人才,我们认为我们必须提供极具竞争力的薪酬方案。因此,我们的薪酬做法也根据特定职位的具体需求和责任,以及员工个人的表现和独特资质进行了调整,而不是根据资历进行调整。"

网飞的高管薪酬策略是要用人才市场的最高工资支付薪酬:"我们的目标是以员工所在个人市场的顶级水平支付所有员工的工资。我们相信这有助于我们吸引和留住全球最有才华的员工。"

网飞高管薪酬模式有一个特别之处:员工可根据个人薪酬偏好定制个人现金薪酬和股票期权组合,从而提供更具吸引力的薪酬方案。但是这些选择是提前确定的,并且是不可撤销的。

表 9.4　网飞核心高管 2022 财年整体薪酬实际发放表

职位	姓名	2022 财年高管整体薪酬及关键组成要素				
		基本工资	奖金	股权激励（期权）	总薪酬	股权激励占比
联席 CEO、总裁、董事长	里德·哈斯廷斯	65 万美元	0 美元	4941 万美元	5107 万美元	96.7%
联席 CEO、首席内容官	泰德·萨兰多斯	2000 万美元	0 美元	2851 万美元	5030 万美元	56.7%
首席运营官兼任首席产品官	格雷格·彼得斯	1600 万美元	0 美元	1151 万美元	2813 万美元	40.9%

资料来源:网飞 2023 年度股东大会委托声明书——高管薪酬报告

从 2022 年度网飞高管薪酬构成来看，大部分高管，特别是创始人兼联席 CEO 哈斯廷斯的大部分薪酬是股权激励（以期权形式，占总薪酬的 96.7％）。

这种主要以股权为基础、简单明了、与公司长期价值增长高度相关的高管薪酬激励模式，促使网飞高管团队更聚焦于公司长期利益，推动网飞创新力的不断提升和业绩的持续增长。

但如果有一天高管薪酬违背以股权为基础的薪酬原则时，高管现金薪酬特别是 CEO 或者联席 CEO 变得越来越多时，就是特别需要警觉的时候。

在 2023 年的股东大会上，为了回应股东对高管过度现金支付的担忧，网飞薪酬委员会对 2023 年的高管薪酬计划进行了修改：重点内容之一就是执行董事会主席和联合首席执行官的总体薪酬中，股票期权必须达到最低 50％ 的分配比例。而且股票期权的有效期为 10 年，鼓励高管更长久地关注公司长期成功。而且期权还设置了一个特别安排——只有当网飞股价升值 40％ 以上，这些期权才有真正的行权价值。

网飞薪酬委员会认为目前的高管薪酬激励模式与公司长期成功紧密关联。"我们的长期成功取决于我们持续创新的能力……我们突破了行业的界限，我们不相信成功可以用任何特定的孤立绩效指标来衡量。我们的股价必须结合长期的财务、战略和运营成就才能有意义地升值，为我们的高管带来价值。目前的项目设计激励了创造力和创新成就的精神，而这些是网飞长期成功的基础。"

亚马逊：追求简单，反对高管薪酬与短期业绩指标连接

1997 年亚马逊上市之时，正是美国互联网公司狂欢之日。杰夫·贝索斯提出公司薪酬激励旨在吸引和留住优秀员工，鼓励和奖励实现企业目标，力求使员工的财务利益与长期股东价值保持一致。贝索斯在 1997 年给股东的第一封信中强调了亚马逊的信念，即衡量公司成功的根本标准是长期创造的股东价值。在那封信中，贝佐斯将亚马逊以股权激励为基础的薪酬计划确定为基本管

理方法之一。

亚马逊的高管薪酬结构一直保持简单:主要是基本工资＋股权激励。高管基本工资并不高,即使成功上市后,亚马逊高管的基本工资也没什么提高。1998 年大多数高管的基本工资水平明显低于行业竞争对手,包括贝佐斯在内,但较低的基本工资与大额股票期权授予相结合。而贝佐斯由于拥有亚马逊的大量公司股权,因此他不要求再额外授予股权激励。

至于奖金,亚马逊常规情况下都没有,仅在特殊情况下才向高管支付。例如 1997 年,亚马逊在聘请几位高管时支付了签约奖金,鼓励他们加入公司并补偿搬迁费用。

亚马逊董事会认为,公司通过提供低基本工资、重大股票薪酬奖励,以及某些情况下的现金奖励的策略,最有效地将高管薪酬与公司长期整体业绩联系起来。根据亚马逊的薪酬理念,股票薪酬是优先考虑项。

表9.5　亚马逊核心高管1997—1998 财年整体薪酬实际发放表

| 职位 | 姓名 | 年度 | 1997—1998 财年高管整体薪酬及关键组成要素 | | | |
			基本工资	奖金	股权激励	其他薪酬
创始人、CEO	杰佛瑞·贝佐斯	1998	8.18 万美元	0 美元	0 美元	0 美元
		1997	7.92 万美元	0 美元	0 美元	0 美元
副总裁,首席信息官	理查德·达泽尔	1998	20.1 万美元	0 美元	0 美元	0 美元
		1997	9.29 万美元	15 万美元	75 万份期权	2.4 万美元
高级副总裁-产品发展	约翰·里舍	1998	10.5 万美元	5 万美元	60 万份期权	0 美元
		1997	8.2 万美元	1.4 万美元	90 万份期权	0 美元

资料来源:亚马逊 1999 年度股东大会委托声明书——高管薪酬报告

"我们认为向员工提供基于股票的薪酬会产生积极的、以顾客为中心的员工,他们认同并且像股东一样行事,因为他们就是股东。"

这套"低基本工资＋高股权激励"的高管激励模式一直伴随着亚马逊成长而不变,只是股权激励工具发生过变化。

2000年互联网泡沫破灭之后,由于大量股票期权"潜水"(行权价高于市场价)而变成废纸,亚马逊的长期激励工具发生了变化。与苹果相似,2002年11月,亚马逊将之前的股票期权变成了限制性股票单位(RSU)。通过长期归属的限制性股票单位,亚马逊鼓励高管专注发展和追求为顾客提供价值的服务举措,从整体上思考亚马逊的长期价值增长。

亚马逊的董事薪酬模式同样采用股权支付方式,而非现金支付,也不会每年都支付,旨在让董事利益与公司长期价值增长一致。

时间之窗前进到2019年,此时亚马逊的营收已经从1997年上市时的1.64亿美元增长到2800亿美元,员工人数从614人发展到79.8万人。虽然规模发生巨变,已经从"婴儿期"到了"壮年期",但亚马逊的薪酬理念依旧保持创业时"第一天"(Day One)精神。

亚马逊薪酬理念的四个基本原则保持不变:

第一,亚马逊的薪酬计划旨在基于股价表现,提供高于行业平均水平的薪酬,来吸引和留住最优秀的员工。

"我们认为我们公司的最佳绩效指标是长期的股价表现。因此,当我们设定高管的目标薪酬时,我们假设股票价格每年固定增长,这样如果我们的股票价格持平或下跌,我们的高管薪酬将受到负面影响,并且如果股票表现超出股票价格的初始股价假设,则受到有利影响。"

第二,亚马逊的薪酬计划提供强有力的长期激励措施,使员工利益与股东利益保持一致。

第三,亚马逊的薪酬计划强调绩效和潜力,以促进公司的长期成功,并将公司长期成功作为薪酬增加的基础,而不是仅仅奖励服务的长度。

第四,亚马逊的薪酬计划强化并反映了公司核心价值观,包括顾客痴迷、创新、行动力、像股东一样行事、长期思考,高薪招聘和节俭经营。

> 衡量公司成功的一个基本标准是长期创造的股东价值。根据亚马逊的薪酬理念，股票薪酬是优先考虑项。尽管亚马逊已成长为巨型企业，但仍保持创业时的初心。

2023 年，安德鲁·雅西接班担任 CEO。而亚马逊高管薪酬理念的初心经过 26 年还在持续坚守和传承。亚马逊的高管薪酬理念旗帜鲜明地提出哪些"该做"，哪些"不该做"。

亚马逊高管薪酬实践

做什么？	不做什么？
✓ 主要通过多年授予的股权来激励高管，使高管和股东长期利益保持一致	✗ 终止雇佣或退休后，没有遣散费（"降落伞"）或股权加速归属计划
✓ 评估长期归属的股权奖励潜在年度价值，聚焦可实现的薪酬	✗ 没有"意外之财"或超额的股权奖励支出
✓ 对于定期授予的股权激励，前提假设是股价每年持续上涨。如果公司的股价持平或下跌，薪酬将受到负面影响	✗ 没有年度奖金或年度奖励
✓ 提供有限的附加福利，包括安全安排	✗ 没有高管补充退休金计划或其他非常规的递延薪酬计划
✓ 通过广泛的股东参与，征求有关公司高管薪酬的反馈	✗ 不调整股权奖励的支付或归属条件

亚马逊的高管薪酬模式与很多传统公司不同，做到了与个人绩效价值贡献、股东长期利益、公司高质量的价值增长紧密挂钩，降低高管福利，拿掉"降落伞"。

其中最特别的一点是，亚马逊没有将高管现金薪酬或股权激励与一个或几个绩效目标挂钩。因为亚马逊认为，要想未来长期成功，公司必须拥有一种不懈追求发明并专注于建立股东价值的文化，不仅考虑当前一年，而且是在五年、十年甚至二十年后，亚马逊必须鼓励实验和长期思考。如果选择了短期绩效指标，可能引发高管以牺牲长期增长和不断创新为代价，专注于短期回报。

表 9.6　亚马逊核心高管 2021—2022 财年整体薪酬实际发放表

职位	姓名	年度	基本工资	奖金	股权激励（RSU）	所有其他薪酬	总薪酬*	股权激励占比
创始人、执行董事长	杰佛瑞·贝佐斯	2022	8.18万美元	0美元	0美元	160万美元	168万美元	—
		2021						
总裁兼CEO	安德鲁·雅西	2022	31.7万美元	0美元	0美元	98万美元	130万美元	—
		2021	17.5万美元	0美元	2.1亿美元	59万美元	2.1亿美元	99.53%
高级副总裁、CFO	布赖恩·奥尔萨夫斯基	2022	31.4万美元	0美元	1786万美元	0.6万美元	1818万美元	98.2%
		2021	16万美元	0美元	—	0.3万美元	16.3万美元	—

资料来源：亚马逊 2023 年度股东大会委托声明书——高管薪酬报告

从亚马逊核心高管 2021—2022 年度的整体薪酬表可以看出,创始人贝索斯一直拿着很低的现金薪酬。其他高管的总体薪酬中,没有年度现金奖金,股权激励占据极大比例。

CEO 安德鲁·雅西的基本工资只有 17.5 万美元,奖金为 0 美元,2021 年晋升 CEO 时获得 2.12 亿美元的巨额股权激励,股权激励占总薪酬比高达 99.53％。其他核心高管的股权激励占总薪酬之比也都在 90％以上。核心高管也不是每年都获得股权激励。这种股权激励极度优先的薪酬结构,让亚马逊高管始终关注公司价值增长,而非短期业绩指标。

为了防范可能的风险,亚马逊设置了高管薪酬追回政策。如果现任或前任高管从事欺诈或有故意导致公司财务报表变更的不当行为,公司有权追回股权激励和现金奖励,防止高管团队为了追求短期收益而不择手段,毁损公司长期利益。

在过去的 26 年里,亚马逊聚焦长期生存和成功的高管薪酬模式吸引激励了众多富有创业精神、才华横溢的顶尖人才,持续发明创新,推动了亚马逊公司持续的高质量增长。

微软:伟大战略转型的动力之源

微软的高管薪酬模式在萨蒂亚·纳德拉接任前后发生了重大变化。

与亚马逊股权激励不与绩效目标挂钩不同,纳德拉的股权激励计划则与微软战略转型的目标紧密关联,成为促进微软转型的重大动力。

在萨蒂亚·纳德拉接任 CEO 之前,微软强调通过简单的薪酬结构提供高管薪酬,旨在吸引、激励和保留推动微软取得成功和行业领导地位的关键高管,奖励绩效,但不鼓励不适当冒险。

那时微软高管薪酬主要是 4 个部分,基本工资、现金支付的年度奖金、股权激励和福利。基本工资只占总体薪酬很小的一部分。其中,高管每年获得基于绩效的现金奖励,目标现金奖励范围为基本工资的 100％至 275％。在股权激励上,除了 CEO 鲍尔默(公司创始人之一,已持有大量公司股权)之外,每位高管都会享有股权激励。但此时股权激励大多与时间关联,与绩效未形成紧密关联。在股权激励占总薪酬的比例上,与行业对标公司平均 60% 相比,微软高管的股权激励要更高些,超过 70% 以上。

2014 年纳德拉担任 CEO 后,此时微软薪酬委员会经过深思熟虑,做了一个特别设计:此前担任微软 CEO 的比尔·盖茨和鲍尔默,都拥有大量公司股权,因此无需额外股权激励,总体薪酬远远低于对标公司的 CEO。对于首位不持有大量公司股权的 CEO 纳德拉,**微软董事会特别设置增加了长期绩效股票奖励(Long-term performance stock award),以支持微软的重大战略转型和领导层转变,为股东创造可持续的长期价值。**

表 9.7 微软核心高管 2014 财年整体薪酬实际发放表

职位	姓名	2014 财年整体薪酬及关键组成要素				
		基本工资	奖金	股权激励	总薪酬*	股权激励占比
CEO	萨蒂亚·纳德拉	92 万美元	360 万美元	7978 万美元	8431 万美元	94.6%
前任 CEO	史蒂文·鲍尔默	44 万美元	0 美元	3.6 万美元	48.4 万美元	—
CFO	艾米·胡德	60 万美元	158 万美元	826 万美元	1046 万美元	79%

资料来源:微软 2015 年股东大会委托声明书——高管薪酬报告

在纳德拉 2014 年实际获授的 7978 万美元股权激励中,主要有 2 个部分,一个就是因晋升为 CEO 而获得的长期绩效股票奖励,有效期 7 年,授予日公允价值为 5918 万美元,但 5 年之后才能解锁归属,每年解锁 1/3,在此期间他必须担任微软 CEO。还有一个价值 1350 万美元的股权激励,是纳德拉之前作为执行副总裁获得的一次性特别保留股票奖励,确保微软领导团队在 CEO 更替期间和公司业务转型期间的连续性。

> 2014 年微软 CEO 纳德拉的薪酬方案旨在激励 CEO 成功实施业务战略转型，为股东创造可持续的长期价值。从此开始，微软努力在转变传统的薪酬做法，将高管薪酬计划与战略转型——微软商业模式进化和长期目标紧密关联。

此外，纳德拉作为 CEO 的基本工资定为 120 万美元，年度目标奖金（现金支付）相当于其年度基本工资的 300％。

从 2014 年 CEO 激励方案开始，微软董事会努力转变传统的高管薪酬做法，提高与战略转型指标相关的薪酬占比，为纳德拉设计的长期绩效股票奖励方案约定：如果纳德拉成功实施微软的业务转型，同时在长期发展中实现超出标准普尔 500 指数成分股公司平均水平的强劲表现（TSR 超过 60 分位），将获得巨大股权激励。

2016 年，微软薪酬委员会为高管优化了与微软商业模式进化和长期目标相一致的举措，越来越强化激励与绩效的关联，主要有 2 大变化：

一是，年度总目标薪酬的 90％以上，会因绩效而变化。

二是，以前年度总目标薪酬中 70％是基于时间的股票激励。2016 年后，股权激励价值的一半是对应特定财务/战略绩效目标的绩效股票，另一半是以时间为基础的股票奖励。

2015 年微软高管薪酬结构	2016 年微软高管薪酬结构
• 年度基本工资 9％ • 年度现金奖励 18％ • 基于时间的股票奖励 73％	• 年度基本工资 9％ • 年度现金奖励 18％ • 基于业绩的股票奖励 36.5％；基于时间的股票奖励 36.5％

2018 年，微软优化业绩股票奖励对应的业绩指标，不停留在传统财务指标上，而是聚焦战略转型增长和顾客满意度的关键业务要求，这是微软长期成功的关键驱动，包括 6 个方面：

- 商业云业务收入（34％权重）
- 商业云订购用户（33％权重）
- Windows 10 的月度活跃设备数（11％权重）
- 消费者售后变现毛利率（11％权重）
- 领英（6％权重）
- Surface 毛利率（5％权重）。

可以看到，与微软云端业务增长相关的业绩指标权重合计达 67％，与传统业务——windows 相关的只有 11％，这样确保纳德拉的股权薪酬与微软向云端业务的战略转型成功紧密关联。与顾客相关的业绩指标权重合计达到 44％；财务指标（毛利率）合计只有 16％。

随着战略转型的不断推进，微软薪酬委员会每年基于战略路线图，持续强化高管薪酬与公司战略目标及股东长期利益之间的高度一致性；提供具有竞争力的整体薪酬，大力吸引、保留推动业务发展和培养未来领导者的关键高管。

在纳德拉担任 7 年 CEO 之后，2021 年微软薪酬委员会对 CEO 薪酬构成做了新调整，强化与公司绩效的关联：

- 大部分薪酬来自股权激励，在 CEO 股权激励中，以业绩为基础的部分从 50％提高到 70％；
- 没有承诺确保的奖金，只有与业绩紧密挂钩的年度现金激励计划，财务指标的权重从 50％提高到 70％。

微软要求 CEO 必须持有价值相当于 15 倍基本工资的股权，按照 250 万美元计算，纳德拉必须保持价值 3750 万美元的微软股票。同时，微软薪酬委员会对所有高管绩效奖励股票的业绩条件做了修改：如果微软的相对 TSR 低于标准普尔500指数的40分位,则减少所有高管绩效奖励股票的授予。

表9.8 微软核心高管2022财年整体薪酬实际发放表

职位	姓名	2022财年整体薪酬及关键组成要素					
		基本工资	奖金	股权激励	非股权激励计划	总薪酬*	股权激励占比
董事长、CEO	萨蒂亚·纳德拉	250万美元	0美元	4227万美元	1007万美元	5495万美元	66.2%
CFO	艾米·胡德	100万美元	0美元	2168万美元	358万美元	2632万美元	76%
执行副总裁、首席商务官	贾德森·阿尔特霍夫	96万美元	0美元	1442万美元	341万美元	1885万美元	72.3%

资料来源:微软2023财年股东大会委托声明书——高管薪酬报告

这种与战略转型和公司长期价值增长高度关联的高管薪酬模式,有力推动了纳德拉为首的高管团队"成长心态",持续专注引入技术创新来提高客户的生产力,推动战略落地和"刷新"。

2023财年,在成功取得战略转型和强劲增长之后,微软薪酬委员会声明微软的高管薪酬逻辑——"我们的高管薪酬计划旨在实现公司长期战略目标和股东利益之间紧密一致,同时为高管提供有竞争力的总薪酬机会,以吸引、保留推动业务发展和培养下一代领导者的关键高管。"从这财年开始,纳德拉获得的股权激励100%将是绩效股票奖励,绩效目标根据最新战略重点相应调整。

2023财年,微软再次创造了历史性的财务业绩:营收2119亿美元,相比2014年的868亿美元增长超过1.4倍;净利润达到723亿美元,相比2014年的220亿美元增长3倍多。令人惊叹的是,微软云业务收入增长至1116亿美元,占总体营收之比达到52.6%。在纳德拉的带领下,微软突破原有模式和成功路径,通过不懈创新实现高质量的增长,增强产品和服务之间的协同效应,推动了公司的伟大战略转型。

特斯拉马斯克:1 美元工资、0 美元奖金、3 次巨额股权激励与公司战略增长重大里程碑紧密关联

2003 年,特斯拉带着改变世界的愿望而生。2012 年登陆纳斯达克之际,为了实现伟大目标,特斯拉的高管薪酬策略做了以下声明:

"我们设计并计划在必要时修改薪酬福利计划和理念,以吸引、保留和激励有才干、资历深厚和忠诚的高管,这些高管与我们有着共同的理念和愿望,致力于实现这些目标。"

特斯拉认为,针对高管的薪酬激励措施应促进公司的成功,并激励高管团队追求公司目标,最重要的是,高管的薪酬结构应奖励清晰、易于衡量的绩效目标,促使高管的激励措施与公司长期目标和股东长期利益保持一致。

> 特斯拉认为,高管薪酬措施应促进公司的成功,并激励高管团队追求公司目标。同时,高管薪酬应奖励清晰、易于衡量的绩效目标,促使高管的激励措施与公司长期目标和股东长期利益保持一致。

特斯拉的高管薪酬计划反映了创业起源,非常简单,只有基本工资和股票期权。现金薪酬非常低,主要激励来自大量的股票期权,没有针对任何执行官的现金奖励计划。

即使在 2012 年特斯拉上市后,CEO 埃隆·马斯克每年基本工资拿的还是加利福尼亚规定的最低工资,只有 3.3 万美元。但实际上马斯克每年仅接受 1 美元的工资。

特斯拉的薪酬委员会制定 CEO 薪酬时,既适当奖励 CEO 以前和当下的贡献,又要激励 CEO 继续为未来的长期成功做出重大贡献。薪酬委员会认为,

薪酬激励应与明确、可衡量的绩效目标联系在一起,以使 CEO 的行为最符合股东长期利益。

从 2009 年起,特斯拉对马斯克采取了一种非常创新的股权激励方式。与常规股权激励兑现对应的财务指标不同,马斯克的股权激励与特斯拉从 1 到 2、从 2 到 3、从 3 到 N 的战略增长路径紧密相关。先奋斗,有结果,再拿到,2009 年到 2018 年前后有 3 次巨额股权激励。

	2004年,马斯克入主特斯拉	2008年,马斯克任CEO	2008年,Roadster发布	2010年6月,纳斯达克上市★	2012年,Model S发布	2013年一季度首次盈利	2015年,Model X发布	2017年,Model 3交付	2020年,首批国产Model 3在上海交付	2021年10月,市值超过1万亿美元

	2009 第一次股权激励	2012 第二次股权激励	2018 第三次股权激励
激励额度	2009年12月,董事会批准授予马斯克约335.6万股期权激励,行权价6.63美元/股,额度占授予时特斯拉总股本4%	2012年,董事会批准授予马斯克527.5万股期权的绩效奖励,行权价6.31.17美元/股,额度占授予时特斯拉总股本5%	2018年,董事会批准授予马斯克2026.4万股股票期权的绩效奖励,行权价350美元/股,额度占授予时特斯拉总股本12%
业绩条件	归属完全基于实现以下运营绩效目标的前提,且马斯克需在职担任CEO: ·成功完成Model S型工程原型(Alpha)后,归属1/4 ·成功完成Model S验证原型(测试版)归属1/4 ·第一辆Model S生产车辆完成后,归属1/4 ·第1万辆Model S生产车辆完成后,归属最后的1/4	由10个相等的归属部分组成,每个部分都要求满足运营和市值绩效目标的组合: ·实现与Model X或Model 3开发、车辆总产量或毛利率目标相关的特定运营里程碑 ·特斯拉的市值从授予时特斯拉的市值32亿美元持续增加40亿美元(共10个40亿美元市值里程碑)	由12个独立的归属部分组成,每一个都在董事会认证后授予: ·市值里程碑:从1000亿美元开始,之后增加500亿美元,最高6500亿美元 ·运营&营运能力里程碑:满足8个关注收入的运营里程碑或8个关注盈利能力的运营里程碑中的任何一个 ·全部行权需达成全部市值指标和16项运营指标中的12个
兑现	·4个里程碑全部实现,成功全部归属	·成功离职9个部分,获得了价值29亿美元的股票期权奖励 ·公司市值从32亿美元上涨至超过600亿美元,五年内上涨12倍	·截至2022年6月,马斯克共实现11个运营和12个市值里程碑。其中11个运营及11个市值里程碑已获得董事会认证

图9.2 特斯拉马斯克股权激励的演进过程

2009 年 12 月 4 日,围绕 Model S 的成功启动和商业化,特斯拉薪酬委员会授予马斯克 335.6 万股期权,额度高达总股本的 4%,行权价是每股 6.63 美元。

与常规的股权激励不同,这些期权的行权条件既不取决于时间,也不取决于常见的营收和利润增长指标,而是完全取决于能否达成 Model S 的关键运营里程碑目标,达成一个,立马兑现一个:

- 第 1 个里程碑目标：成功完成 Model S 型工程原型（Alpha）后，归属 1/4 的期权；

- 第 2 个里程碑目标：成功完成 Model S 验证原型（测试版）后，归属 1/4 的期权；

- 第 3 个里程碑目标：第 1 辆 Model S 生产车辆完成后，归属 1/4 的期权；

- 第 4 个里程碑目标，第 1 万辆 Model S 生产车辆完成后，归属最后 1/4 的期权。

如果马斯克在授予后 4 周年之前未达到上述任何里程碑，将失去期权行权的权利。

> 与常规的股权激励模式很不一样，马斯克的股权激励链接的绩效目标既非财务指标（如营收或利润增长、投资回报率），也非基于时间，而是与公司战略增长的关键运营里程碑直接挂钩，达成一个，兑现一个。
>
> 同时，马斯克也没有与短期财务目标关联的现金型绩效奖金。在这种创新的激励模式下，马斯克的薪酬与公司战略增长目标和股东长期利益完全一致。

在授予马斯克巨额期权之后，在 2010 年第二季度，特斯拉董事会同时也向管理团队的一些关键成员授予了股票期权，股票期权所对应的绩效里程碑与马斯克完全一致。

第 1 个里程碑在 2010 年 12 月完成，第 2 个里程碑在 2011 年 10 月完成，后面第 3、第 4 个里程碑也先后实现。马斯克成功归属了第一批授予的所有期权，获得了巨大收益。

表 9.9　特斯拉核心高管 2009—2010 财年整体薪酬实际发放表

职位	姓名	2009 财年整体薪酬及关键组成要素				
		基本工资	奖金	股权激励	总薪酬*	股权激励占比
CEO、产品架构师、董事长	埃隆·马斯克	3.3 万美元	0 美元	2389 万美元期权	2413 万美元	99%
CFO	迪帕克·阿胡贾	28.7 万美元	0 美元	22.5 万美元期权	67 万美元	34%
CTO	杰弗里·斯特劳贝尔	19.3 万美元	0 美元	54 万美元期权	73 万美元	74%

资料来源:特斯拉 2011 年度股东大会委托声明书——高管薪酬报告

从特斯拉核心高管 2009—2010 年整体薪酬表可以看出,所有核心高管几乎都采取了低基本工资、高股权激励的模式,大多没有现金奖金。股权激励归属对应的关键里程碑与马斯克的一致,这样整个高管团队紧紧捆绑在一起,为达成 Model S 的成功而共同奋斗。

2012 年,为了激励 Model S 计划之后的持续长期成功,特斯拉董事会又批准授予马斯克第二次股权激励,这次比第一次力度更大、挑战也更大——527.5 万股期权(约占总股本 5%)的绩效奖励,行权价为 31.17 美元/股,有效期为 10 年。

第二次股权激励授予与第一次略有不同,包括 10 个相等的归属部分。每一个都要求公司同时实现运营里程碑和 40 亿美元的市值显著增长,而非常见的年度销售收入/利润目标/ROE 达成。第 10 个里程碑对应的目标是 432 亿美元市值和 30 万辆的汽车总产量。如果任何部分到期后仍未归属,将被没收。如果马斯克因故或其他原因被终止担任公司 CEO,也将丧失未归属的期权。

马斯克的第二次巨额股权激励最终成功归属 9 个部分。他获得了价值 29

亿美元的股票期权奖励。与此对应,公司市值从 32 亿美元上涨至超过 600 亿美元,五年内上涨 12 倍,实现了公司利益和高管利益增长的一致性。

2017 年初,在 2012 年 CEO 股权激励即将完成历史使命时,特斯拉董事会开始讨论如何激励马斯克带领公司完成下一阶段发展。2018 年 1 月,经过 6 个多月仔细分析和制定,董事会授予马斯克 2018 年度 CEO 股权激励,这是第三次对马斯克的巨额股权激励,也是最刺激的一次。

在确定运营里程碑时,特斯拉董事会没有简单拍脑袋,而是仔细考虑了多种因素,包括特斯拉的战略增长路径和内部增长计划,以及其他类似公司的历史增长业绩轨迹,精心设定。

最终,2018 年特斯拉 CEO 股权激励包括 10 年期股票期权,总额度为 1.0132 亿份(2020 年 8 月 1 股拆成 5 股后),平均分配给 12 个独立部分,每一个都在满足市值和运营里程碑的组合实现后,由董事会认证后授予。实现一个组合里程碑(一个市值指标和一个运营指标同时达成)发放一次,每次激励额度相当于 1% 的股本,共计 12% 的股份激励额度,行权价为 70 美元/股(分拆后行权价),授予时共价值 22.8 亿美元。

市值目标是从 1000 亿美元起步,每增加 500 亿为一个里程碑,最高 6500 亿美元。运营里程碑包括销售收入和 EBITDA(税息折旧及摊销前利润)两项指标,收入从 200 亿美元开始,最高为 1750 亿美元。EBITDA 指标从 15 亿美元起步,最高 140 亿美元。全部行权须达成全部市值指标和 16 项运营指标中的 12 个。

除了对于马斯克作为 CEO 的巨额股权激励之外,特斯拉还设置了一个非常有特色的股权激励政策,就是对公司内部有发明专利的人员授予专门奖励(股权或现金支付),马斯克和 CTO 斯特劳贝尔都曾获得这样的奖励。

例如,2013 年时,马斯克由于发明专利,额外获得价值 1.06 万美元的限制性股票和 2.6 万美元的期权激励。而 CTO 在 2012—2014 年期间因为发明专利，获得了总计价值 25.58 万美元的激励，其中以股权支付超过 24 万美元。

表 9.10　特斯拉核心高管 2012—2014 财年因发明专利获得的奖励

职位	姓名	年度	2012—2014 财年期间核心高管因发明专利获得的奖励	
			现金支付	股权支付
CEO	马斯克	2012	0.6 万美元	—
		2013	—	1.1 万美元限制性股票，2.6 万美元期权
CTO	杰弗里·斯特劳贝尔	2012	—	3.3 万美元股票
		2013	1.05 万美元	4.58 万美元股票奖励、16.2 万美元期权
		2014	0.45 万美元	—

资料来源：特斯拉 2015 年度股东大会委托声明书——高管薪酬报告

2023 年，此时特斯拉已经从 2010 年上市时营收 1.2 亿美元，成长为营收 968 亿美元、利润约 150 亿美元的新能源汽车的领先公司之一。

即使变成了新能源汽车的头部公司，但特斯拉的高管薪酬理念不变，并与长期使命紧密关联——"我们的使命是加快世界向可持续能源的过渡。这是一项长期使命，我们的薪酬计划反映了这一点，以及我们的创业起源——因为它们主要包括工资或工资和股权奖励。"

特斯拉的高管薪酬促使高管利益与公司长期成功保持一致。

　　即使变成了头部公司，但特斯拉的薪酬理念坚守不变，薪酬激励计划依旧保持简单，反映创业起源。高管薪酬目的还是吸引、留住和激励有共同理念和为实现这些目标而努力的有才华、高素质和忠诚的高管。

　　特斯拉认为，对高管人员的薪酬激励应促进公司的成功，并激励高管追求企业目标。

特斯拉的高管薪酬结构依旧保持简单，一直保持着创业之初的薪酬模式——低基本工资、0 奖金、高额股权激励。马斯克甚至后面连 1 美元工资也没有接受。

关于 2018 年 CEO 马斯克的股权激励还有一段后话：截至 2023 年 6 月，马斯克共实现 12 个运营和 12 个市值里程碑。马斯克获得的股权激励创造了惊人的收益。但从特斯拉公司来看，总体股东财富增长更大，从 2009 年到 2023 年，特斯拉的公司市值实现了极其迅猛的爆发增长，最近 5 年的增长更是惊人，从 500 亿左右的市值最高冲到了 1.4 万亿市值。

反观福特公司，仍基本保留传统的高管薪酬模式。

2012 年，在特斯拉授予马斯克第二次巨额股权激励之时，福特支付给 CEO 的薪酬仍是四平八稳、没有太多特色。福特的高管薪酬主要由 5 个部分组成：基本工资、激励性奖金、股权激励（绩效单元和期权）、高管福利、退休计划。

表 9.11 福特汽车 CEO 与特斯拉 CEO 在 2012 财年薪酬发放比较

职位	姓名	2012 年度总薪酬及关键组成要素					
		基本工资	奖金	股权激励	非股权激励计划	总薪酬	股权激励占比
福特总裁兼任 CEO	艾伦·穆拉利	200 万美元	133 万美元	682 万美元 RSU，750 万美元期权	263 万美元	2096 万美元	68.3%
特斯拉 CEO	埃隆·马斯克	3.3 万美元	0.6 万美元*（专利奖）	7811 万美元期权*	0 美元	7815 万美元	99.94%

资料来源：福特汽车与特斯拉 2013 年度股东大会委托声明书——高管薪酬报告

＊注：马斯克在 2012 年获得的 7811 万美元期权是其第二次巨额股权激励授予，在 2013—2017 年都没有新的股权授予。

福特的薪酬委员会强调"按绩效付薪是福特薪酬理念的基础。我们奖励为商业成功做出贡献的个人。我们的薪酬和福利总额将与每个国家的领先公司竞争。"

福特高管薪酬前三大指导原则分别是：按绩效付薪、竞争性和可支付性。福特的高管薪酬结构比特斯拉复杂很多，现金薪酬水平更是远远超出，但这并不能带来超越行业的高绩效。

福特高管股权激励挂钩的绩效指标则包括以下内容：

- 企业税前利润（35％权重）；

- 公司汽车业务的运营现金流（35％权重）；

- 企业成本效益表现（10％权重）；

- 所有业务部门市场份额表现的加权平均值（10％）；

- 所有业务单元质量绩效的加权平均值（10％）。

这些指标主要是短期财务类和运营类指标，没有体现对战略增长目标和运营重大里程碑的要求，也没有对发明创造的专项奖励，这样只能促使福特高管们聚焦短期指标，难以形成对业务发展的长期思考。

缺少强大创新动力内因的高管薪酬模式，福特业绩表现自然也很难有突破性的增长，只能是平淡无奇。

特斯拉从 2003 年创立，到 2020 年超过 1 万亿美元市值，用了 17 年时间，亚马逊用了 24 年，谷歌用了 21 年。与传统的短期目标绩效奖金显著不同，特斯拉这种与战略增长里程碑挂钩的高管薪酬模式，可以称之为"战略增长分享型模式"。

尽管出现有小股东声称马斯克 550 亿美元的薪酬过高，并向法院起诉。但从创造的巨大公司价值来看，给予马斯克高激励并不为过，因为大多是从增量中分享的收益，而非是从存量获取的收益，最糟糕的高管薪酬激励模式莫过于公司业绩原地踏步甚至退步，但高管薪酬居高不下。对马斯克的股权激励模式，本质上是一种增量分享型的激励模式，它既成为公司高质量战略增长的巨大动力来源，也让马斯克分享到了巨大增量价值，实现了股东高管的双赢。

2024 年 6 月 14 日，特斯拉举行 2024 年股东大会。表决结果宣布：埃隆·

马斯克 560 亿美元薪酬方案获得多数股东支持。这验证了大多数股东对此创新型激励方案的正面态度。

项目越繁杂、现金越多，可能对长期成功破坏力越大

"一个设计不当的薪酬策略，可能会通过吸引错误的人、激励他们以错误的理由做错事来摧毁公司。"摩根大通的 CEO 杰米·戴蒙感慨地说。

相比新兴翘楚，一些传统翘楚企业对于高管薪酬几个关键问题的回答显著不同：偏向现金激励和短期业绩目标达成，高管福利各种名目花样很多，纷繁复杂。

高薪未必带来高绩效，薪酬项目多未必创造价值就多。特别是现金固定薪酬过高、与公司长期业绩关联度低、薪酬项目纷繁复杂、过度看重薪酬竞争性而忽视支撑战略增长，是不当高管薪酬的关键问题。

设计不当的高管薪酬模式促使高管走偏了方向，更关注短期利益，不做长远思考，喜欢走捷径，不愿长期投入做创新、不愿做正确但难的事情，甚至为了短期规模增长而牺牲高质量的持续增长，对公司长期成功造成巨大破坏力。

通用电气伊梅尔特：复杂的结构，高额的现金薪酬，更关注短期业绩

通用电气的高管薪酬模式是传统的工业化时代美国大公司高管薪酬惯例。

在韦尔奇时代，通用电气薪酬委员会认为，为了股东的最佳利益，高管薪酬应使公司能继续吸引、留住和激励最高水平的管理人才。

2000 年，韦尔奇在即将退休的那一年，基本工资达到 400 万美元，奖金高达 1270 万美元，另外还有价值 4872 万美元的限制性股票单位和 300 万份期权。COO 伊梅尔特的基本工资是 100 万美元，奖金 250 万美元。在接任通用

电气 CEO 后,伊梅尔特立刻获得价值 1500 万美元的限制性股票单位,以及 55
万份期权。

2001 年,通用电气薪酬委员会对伊梅尔特任职 CEO 第一年的业绩表现很
满意,决定给伊梅尔特涨工资——工资和奖金涨了 1 倍,高达 625 万美元,其中
更多增长体现在基本工资上。同时又授予伊梅尔特 120 万份股票期权,50% 在
三年内行使,另外 50% 在五年内行使。

表 9.12　通用电气核心高管 2000—2001 财年整体薪酬实际发放表

职位	姓名	年度	2000—2001 财年整体薪酬及关键组成要素		
			工资	奖金	股权激励
前任董事长兼 CEO	杰克·韦尔奇	2001	337.5 万美元	1270 万美元	—
		2000	400 万美元	1270 万美元	4872 万美元 RSU,300 万份期权
新任董事长兼 CEO	杰佛瑞·伊梅尔特	2001	275 万美元	350 万美元	120 万份股票期权
		2000	100 万美元	250 万美元	1500 万美元 RSU,55 万份期权
高级副总裁(财务)	丹尼斯·达默曼	2001	190 万美元	420 万美元	101.25 万份股票期权
		2000	173.3 万美元	350 万美元	1309 万美元 RSU,55 万份期权

资料来源:通用电气 2002 年股东大会委托声明书——高管薪酬报告

2001 年到 2006 年,通用电气的高管薪酬模式更多延续韦尔奇时代的做
法。但从 **2007 年开始,通用电气薪酬委员会对高管薪酬中的长期绩效奖励部
分进行了调整,变化看起来很小但实质偏差巨大,细微得没有多少人关注,却使
得高管薪酬模式的性质发生了变化:**

1994 年起,通用电气每三年向公司高管颁发一次长期绩效奖励。这些奖
励与特定财务指标达成相关,以股票或者现金形式结算。伊梅尔特在 2000 年
获得的长期绩效奖励,在 2002 年以股票方式兑现。

而从 2007 年开始，通用电气薪酬委员会转而认为以现金支付这些奖励，可以更好平衡长期薪酬机会的现金和权益部分，并且是激励这些绩效目标达成的绝佳方式。

但这样做的后果是导致在通用电气高管薪酬中现金支付的比例越来越高，股权支付的比例越来越少。

其中，长期绩效奖励对应的 4 个绩效指标包括：

- 每股收益平均增长率

- 营收平均增长率

- 总资本的累计回报

- 经营活动产生的累计现金流量

尽管薪酬委员会号称这些指标是公司财务和运营成功的关键指标，也是股东价值的关键驱动因素。但深入观察就会发现，这些绩效指标更多是强调短期赚钱，缺乏对战略增长和业务创新的推动。

在伊梅尔特担任 CEO 长达 15 年之后，通用电气的高管薪酬变味变得越来越厉害：股权激励所占比例越来越少，2015 年 CEO 伊梅尔特的股权激励占总薪酬只有 28%，2014 年更仅有 17%，现金薪酬则占据非常大的比例。

同时高管福利——养老金价值和递延薪酬占据相当高的比例，CEO 在 2014 年的养老金账户价值变化和递延薪酬甚至大大超过股权激励。除此之外，通用电气高管还享有养老保险、退休储蓄计划、私人飞机使用、车辆租赁等一系列复杂的高管福利。

非常可笑的一个发现在于：2015 年伊梅尔特持有的通用电气总股权权益数量（包括普通股、RSU、股票增值权等）只有 477 万股，占总股本比重仅仅为 0.053%，相比 2009 年时 0.065% 都下降不少。更不可想象的是，他甚至比高级副总裁兼 CFO 伯因斯坦（享有的总权益股权数量为 489.9 万股）还少，与 2001 年杰克·韦尔奇持有的 2237 万股（占当时总股本比重为 0.23%）更是云泥之别。

表 9.13　通用电气核心高管 2014—2015 财年整体薪酬发放表

职位	姓名	年度	2014—2015 财年整体薪酬及关键组成要素					
			工资	奖金	股权激励	非股权性激励计划	养老金价值变化及递延薪酬	整体薪酬	股权激励占比
董事长兼 CEO	杰佛瑞·伊梅尔特	2015	380 万美元	540 万美元	624 万美元 RSU，296 万美元期权	761 万美元	634 万美元	3297 万美元	28%
		2014	370 万美元	540 万美元	377 万美元 RSU，257 万美元期权	248 万美元	1857 万美元	3725 万美元	17%
高级副总裁兼 CFO	杰夫·伯因斯坦	2015	160 万美元	250 万美元	275 万美元 RSU，109 万美元期权	335 万美元	182 万美元	1326 万美元	29%
		2014	145 万美元	240 万美元	259 万美元 RSU，289 万美元期权	108 万美元	566 万美元	1625 万美元	34%

资料来源：通用电气 2016 年度股东大会委托声明书——高管薪酬报告

另一个让人震惊的地方在于，2015 年通用电气营收下降 22%，亏损高达 61 亿美元，但伊梅尔特仍能拿到如此高薪，与公司业绩明显脱节！即使啥都不干，他也能拿到 380 万美元的固定工资，还可享受价值 634 万美元的养老金。

再对照看一看同期（2015 年）丹纳赫 CEO 托马斯·乔伊斯的薪酬：基本薪酬 100 万美元，股权激励 652 万美元，养老金项目价值变化仅有 4300 美元，总薪酬为 1056 万美元。乔伊斯的股权激励占总薪酬之比为 61.7%，大大高于伊梅尔特的水准。这年丹纳赫净利润为 33.6 亿美元，同比增长 29%。乔伊斯的薪酬与公司业绩之间基本呈现强相关，而非伊梅尔特的业绩弱相关。

> 过高的现金薪酬，过低的股权激励占比，过于复杂的高管薪酬福利结构，很难让高管聚焦于促进公司的长期价值增长，反而促使高管更关注短期财务指标的达成。同时也更容易让高管和董事千方百计保住自己的位置，更趋保守，而非承担必要风险推动创新。

给什么样的钱，干什么样的活。

在这种与短期利益紧密关联、股权激励占比很低的高管薪酬模式中，指望 CEO 关注公司长期高质量的增长是不现实的。

在伊梅尔特时代，设计不当的高管薪酬模式促使 CEO 和高管团队更关注短期赚快钱，通过并购做大规模，保住自己的位置，很少关注长期发展和创新。尽管公司为高管支付了非常高额的现金薪酬，但公司的竞争能力越来越弱，走向衰落。

在确定高管薪酬策略时，很多公司往往会把薪酬的外部竞争性放在首位，注重整体薪酬水平高，反而忽视了公司有质量的生存和价值长期增长，容易导致高管对个人利益的过度关注，难以推动真正的创新进化。

受到内部人控制的公司，更容易为平庸业绩的高管付出高昂但错误的薪酬。索尼在斯金格时代的高管薪酬模式就深刻地体现了这一点。

索尼的斯金格时代：业绩很差，高额固定薪酬照拿不误

"明明业绩很差，领导居然还有数亿日元的报酬？"

开发了第一代随身听、曾任索尼副社长大曾根幸三在 2016 年接受《索尼衰落真相调查》采访说道，"在斯金格经营的时代，报酬变成数亿（日元）的时候，就不懂了。这是我个人的想法，如果他能给索尼带来好的业绩，那么拿几亿报酬那也是无可厚非的。但是又没有把索尼的业绩做好，拿这么高报酬那就是怪事了。业绩那么差而这些高层居然还拿那么高的报酬，普通的社员当然是会失去干劲的。"

让大曾根感到很愤怒的是，斯金格为了那种高管报酬体系而设计了一套管理体系，通过索尼薪酬委员会把"他的朋友们"集合起来，利用正当理由提高自己的报酬。然后高管报酬就一下子变成数亿日元级别了。"我倒是希望他们能把业绩提高上去后才那么做"，大曾根说道。

2010 年时，索尼高管薪酬策略有 2 个基本指导原则：

一是吸引和留住足够的企业高管人才，这些人才具备在全球市场中脱颖而出的必要能力；

二是提供有效的激励措施以改善短、中、长期的业务成果。

这个薪酬策略是把激励性放在第一位，第二位才是为绩效付薪。

索尼高管薪酬由 4 个部分组成：固定报酬、与业绩挂钩的奖金、与股价挂钩的薪酬、虚拟限制性股票计划。业绩奖金在基本固定薪酬的 0% 至 200% 的范围内波动。2006 财年索尼引入的虚拟限制性股票计划，更多扮演离职退休金的角色，而非股权激励。索尼高管在任职期间，每年获得薪酬委员会确定的积分；离开公司时，激励金额按索尼普通股价格乘以积分计算，但这钱要用来购买索尼股票。

从索尼 2010 年的业绩表现和高管薪酬的极度脱节来看，大曾根的愤怒并不为过。

表 9.14　索尼 2010 财年公司业绩与高管薪酬对照表

2010 财年索尼公司业绩表现	2010 财年索尼高管薪酬
• 营收 72140 亿日元（约 776 亿美元），相比 2009 年同比下降 6.7% • 亏损 408 亿日元（约 4.4 亿美元），相比 2009 年亏损 989 亿日元（约 9.8 亿美元）有所降低	• 基本工资：8 位高管的薪酬总包为 6.5 亿日元（约为 699.4 万美元，人均 87.4 万美元） • 业绩奖金：8 位高管的奖金包为 3.24 亿日元（约为 348.6 万美元，人均 43.6 万美元） • 股权激励：价值 5.78 亿日元（约为 622 万美元，人均 77 万美元）的股票期权 • 退休津贴（包括虚拟限制性股票）：1 人享有 0.47 亿日元（约为 50.6 万美元）

资料来源：索尼 2010 财年年报

索尼公司高管固定的基本工资非常丰厚，几乎是业绩奖金的两倍，也超过股权激励价值，这意味着大部分现金薪酬与公司业绩并无关联。即使经营出现亏损，股价下跌，也不影响索尼高管拿高薪。同时，股票期权是一种选择权，行权之前无需高管支付现金，几乎无成本。

人是利益驱动的，这种设计错误的薪酬模式无疑促使索尼高管更关注保住自己的位置，而非公司生存和价值长期增长。高工资拿得很爽，也不用为公司糟糕的业绩担责。

表 9.15　索尼公司核心高管 2010 财年整体薪酬实际发放表

职位	姓名	2010 财年整体薪酬及关键组成要素			
		工资	奖金	股权激励*	退休津贴（含虚拟限制性股票）
索尼董事长、CEO 兼总裁，索尼美国董事长兼 CEO	霍华德·斯金格	3.08 亿日元（331 万美元）	1 亿日元（108 万美元）	50 万股期权，授予价值约 4.06 亿日元（437 万美元）	—

（续表）

职位	姓名	2010 财年整体薪酬及关键组成要素			
		工资	奖金	股权激励*	退休津贴（含虚拟限制性股票）
索尼副董事长	中八良治	0.83 亿日元（89 万美元）	0.65 亿日元（70 万美元）	8 万股期权，授予价值约 0.65 亿日元（70 万美元）	—
索尼前执行副总裁兼 CFO（至 2010 年 6 月）	根田信行	0.49 亿日元（53 万美元）	0.41 亿日元（44 万美元）	3 万股期权，授予价值约 0.24 亿日元（26 万美元）	0.47 亿日元（51 万美元）

资料来源：索尼 2010 财年年报

注：美元兑日元汇率按照 2010 年平均汇率 92.93 测算

CEO 斯金格的总薪酬中，固定工资是业绩奖金的 3 倍，占总薪酬（包括股权激励）高达 38%，这意味着斯金格接近 40% 的薪酬收入与公司业绩和股东价值并无关系。业绩再烂，斯金格也不用发愁，也能拿到 1 亿日元的奖金。同时，还能享受索尼美国子公司提供的单独养老金计划保障。

此时的索尼薪酬委员会由 3 人组成，由外部董事安田龙司担任薪酬委员会主席，他是一所日本大学的战略研究科教授，并没有深厚的企业经营经验，很容易被 CEO 所影响和控制。

如果对照此时苹果公司业绩和高管薪酬，就会发现巨大的差异，两者有天壤之别。

2010 年苹果公司销售收入 652 亿美元，比索尼略低一点；净利润达到 140 亿美元，相比索尼亏损约 4 亿美元的经营业绩好太多。

苹果 CEO 乔布斯在 2010 年是 1 美元基本工资，0 美元奖金。COO 库克拿了 80 万美元基本工资，奖金按规则也是 0 美元，当年 500 万美元奖金属于特殊奖金（在乔布斯患病期间掌管生意），现金薪酬占总薪酬之比只有 11%，股权

◀—— 2010财年索尼业绩与高管薪酬 ——▶　　　　◀—— 2010财年苹果业绩与高管薪酬 ——▶

- 公司业绩：营收7.2万亿日元（约776亿美元）；亏损408亿日元（约4.4亿美元）

- 高管薪酬：
  - 索尼董事长兼CEO斯金格的总薪酬中，固定工资为331万，美元占总薪酬（包括股权激励）高达38%，与公司业绩和股东价值并无关系，现金薪酬占总薪酬比则高达50%。同时，享受索尼美国子公司提供的单独养老金计划保障
  - 总法律顾问妮可·塞利格曼现金薪酬也很高，固定工资154万美元，奖金43万美元

- 持股比例：
  - 索尼董事和公司执行官（19人）实际拥有的索尼普通股份总数仅为发行总股本的0.01%

- 公司业绩：营收652亿美元；净利润140亿美元

- 高管薪酬：
  - 苹果CEO乔布斯在2010年是1美元基本工资，0美元奖金
  - COO库克拿了80万美元基本工资，奖金按规则也是0美元，只是当年有500万美元奖金属于特殊奖金（在乔布斯生病期间掌管生意），现金薪酬占总薪酬之比只有11%，股权激励占总薪酬比为81%

- 持股比例：
  - 苹果董事和公司执行官持有股权达到总股本的0.67%（乔布斯持有0.6%苹果公司股权）

图9.3　索尼高管薪酬与苹果公司高管薪酬比较(2010年)

激励占总薪酬比为81%。而斯金格现金薪酬占比则高达50%。

另一个数据也值得关注，截至2010年12月17日，苹果董事和公司执行官持有股权达到总股本的0.67%左右（其中乔布斯持有0.6%的苹果公司股权，通过信托持有，当时市场估值为13亿美元）。

反观索尼，截至2010年5月31日，索尼董事和公司执行官（19人）实际拥有的索尼普通股份总数仅为发行总股本的0.01%。可想而知，在这样低的持股比例下，怎能指望索尼高管真正从股东角度来思考公司价值的长期增长？

> 在斯金格时代，索尼公司高管的薪酬与公司业绩和价值表现背道而驰，业绩很烂，但现金高薪照拿不误。与苹果公司低固定工资、0美元奖金、高股权激励的高管薪酬模式形成了鲜明的对比。

2011年，索尼的业绩进一步恶化，亏损从408亿日元（约4.4亿美元）扩大到 2613 亿日元(约 30.5 亿美元)。但索尼的高管薪酬并没有减少多少,斯金格拿到的基本工资仍有 2.95 亿日元(约 344 万美元),奖金有 5000 万日元(约 58 万美元),与公司业绩继续背道而驰。最终在巨大的业绩压力之下,斯金格只得离开索尼,拿了不少钱,但留下了一个烂摊子。

在高固定现金薪酬,与公司绩效和股东价值增长严重脱钩的高管薪酬模式下,索尼高管很难对长期成功有"饥饿感",更别说推动持续创新,而是更注重保住自己的位置,最大可能攫取短期个人利益,股东价值也只会不断毁损,走向没落。

常青树的秘密:超越利润之上,注重长期增长和创新贡献

并非所有的传统翘楚公司都只关注短期绩效。

在过往 20 年中持续增长、跑赢大盘的强生公司在高管薪酬模式上,有其独到之处,非常值得借鉴,这可能也是它保持基业长青背后的秘诀之一。

强生高管薪酬计划目标是使公司能够吸引、留住和激励业务成功所需的高素质高管。但强生的核心秘密在于:强调 CEO 和高管的主要职责不仅仅是短期增长,而是确保公司的长期健康和发展。同时,强生薪酬委员会对 CEO 的业绩评估并不局限于财务指标,同时包括非财务业绩,并强调强生信条(Credo)。

在财务业绩方面,强生薪酬委员会强调对业务长期成功至关重要的相关因素,不仅包括常规的销售增长、每股收益增长、经营现金流的增加,更有新产品销售占比和股东价值的增长。

新产品销售占比是强生非常独特的指标,这是它与其他传统公司区分的一个关键指标。

新产品销售占比,通过审视过去五年推出的新产品销售额占总销售额比重

来评估。股东价值增长的衡量标准则是五年内股票价格的上涨加上股息回报。

强生评估高管业绩的时间跨度也较长,通常为五年。

为了更关注公司长期价值增长,强生曾为高管提供额外薪酬授予(CEC-Certificate of Extra Compensation),旨在为高管创造高于平均水平的长期薪酬机会。CEC的价值是根据强生公司净资产值50%和盈利能力值50%组成的公式,以此对应公司的价值增长。相比股票市价,CEC价值由业绩驱动,并非由股价短期波动或者市场情绪导致的,每季度支付一次股息。

表9.16　强生前3名核心高管2000财年整体薪酬发放表

职位	姓名	2000财年整体薪酬及关键组成要素			
		工资	奖金	CEC计划支付股息	股权激励
董事长兼CEO	R. S. 拉尔森	143.5万美元	155万美元	165万美元	150万份股票期权
高级副董事长	R. N. 威尔逊	98万美元	105万美元	142万美元	50万份股票期权
副董事长	W. C. 威尔登	71万美元	68万美元	30万美元	24万份股票期权

资料来源:强生2001年股东大会委托声明书——高管薪酬报告

2005年时,强生薪酬委员明确强调高管薪酬旨在实现吸引、培养和留住全球商业领袖的目标,这些商业领袖推动实现长期股东价值最大化的财务和战略增长目标。强生高管薪酬计划制定了5条指导原则:

第一,**信条价值观**——薪酬的所有组成部分,都应促进基于强生信条所体现价值观的行为和决策。

第二,**薪酬竞争力**——与对标同行公司相比,薪酬的所有组成部分都应具有竞争力,以便继续吸引、保留和激励高绩效管理人才。

第三,**按绩效付薪**——薪酬的所有组成部分都应与高管个人的绩效、其特定业务部门/职能以及公司整体的绩效挂钩。

第四,**对短期和长期绩效负责**——年度绩效奖金和长期奖励应奖励短期和长期的财务和战略业务成果的适当平衡,**重点是长期管理业务**。

第五,**与股东利益保持一致**——长期激励措施应使决策与公司股东的利益保持一致。

在评估高管对公司业绩的贡献时,强生委员会不仅看结果,还考虑如何实现——是否与信条中体现的价值观一致,以及高管决策的长期影响如何。

同时,为了在吸引和留住关键高管上建立竞争优势,强调长期管理业务的原则和承诺,强生将高管总薪酬定位在对标同行的 50—75 分位之间,而长期激励目标提升到 75 分位。

18 年之后,到了 2023 年,强生高管薪酬计划目的保持不变,仍是吸引、培养和保留推动公司财务和战略增长目标、建立长期股东价值的全球商业领袖,强调长期股东价值增长,强调对短期和长期绩效负责,强调与股东利益保持一致。

强生的高管薪酬模式注重促使 CEO 和执行官们长期管理业务,关注创新和持续健康发展。更多以股权激励支付,而非现金薪酬支付,从而确保了高管利益与公司价值长期增长和创新紧密关联,促进了强生的持续长盛不衰。

值得关注的是,强生高管薪酬方案的指导原则和排序发生了小的变化。一方面特别强调了对风险的管控,减少高管做出过高风险商业决策的可能性,避免牺牲长期价值来最大化短期结果。另一方面将"按绩效付薪"的原则放到了第一位,而薪酬的竞争力放在了最后一条。

强生最新的高管薪酬指导原则如下:

1. 按绩效付薪：年度奖励和长期激励与绩效紧密挂钩，包括公司绩效、个人所在的业务部门或职能绩效以及个人绩效。

2. 对短期和长期绩效负责：构建基于绩效的薪酬结构，以奖励长短期的财务和战略业务成果的适当平衡，重点是管理业务以实现长期成果。

3. 与股东利益保持一致：构建基于绩效的薪酬，确保高管利益与股东长期利益一致。

4. 薪酬竞争力：强生将高管薪酬实践与适当的对标同行公司进行比较，确保继续吸引、保留和激励高绩效高管。

强生薪酬委员会特别强调说，"我们的高管薪酬计划强调长期价值，这有助于减少我们的高管做出风险过高的商业决策的可能性，这些决策可能会以牺牲长期价值为代价，最大限度地提高短期业绩。"

强生高管股权激励的构成也发生了变化，其中 60% 的股权激励与长期业绩相关，采取业绩股票单位，30% 采用期权，10% 采取限制性股票。业绩股票单位对应的绩效指标中，50% 是每股收益，另外 50% 则是相对 TSR（股东总体回报与行业对标公司的比较）。

表 9.17　强生核心高管 2022 财年整体薪酬实际发放表

职位	姓名	2022 财年整体薪酬及关键组成要素					
		基本工资	股权激励	非股权性激励	养老金价值变动	总薪酬*	股权激励占比
董事长兼任 CEO	杰奎因·杜瓦托	149 万美元	594 万美元股票奖励，232 万美元期权	307 万美元	0 美元	1310 万美元	63%
执行副总裁、CFO	约瑟夫·沃克	100.8 万美元	471.8 万美元股票奖励，184 万美元期权	118 万美元	0 美元	882 万美元	74.3%

（续表）

职位	姓名	2022 财年整体薪酬及关键组成要素					
		基本工资	股权激励	非股权性激励	养老金价值变动	总薪酬*	股权激励占比
执行副总裁,全球制药董事长	詹妮弗·陶伯特	100.8 万美元	476 万美元股票奖励,186 万美元期权	109 万美元	0 美元	878 万美元	75.4%

资料来源:强生 2023 年股东大会委托声明书——高管薪酬报告

从强生的高管薪酬构成来看,2022 年高管股权激励占总体薪酬的比例超过 60%,CEO 杜瓦托的股权激励占比为 63%,远远高于 2015 年通用电气 CEO 伊梅尔特股权激励占比(28%)。CEO 的年度现金激励占总薪酬之比仅有23%,高管基本工资也处于市场较低水平。这促使强生的 CEO 和高管团队更关注公司价值的长期增长,而非短期业绩表现。

"我们的高管薪酬计划经过精心设计,旨在使激励措施与股东成果相一致,董事会将继续审查坚持这一结构,坚定不移地专注于推动管理层在不损害长期价值的情况下优先考虑强劲增长。"强生董事会首席董事安妮·马尔卡希说。

相比通用电气和索尼的高管薪酬模式,强生这种鼓励长期发展思考和创新的高管薪酬,更能有力地促进高管利益与公司长期价值增长高度关联,保证了公司持续的战略增长。

思考与启示

2008 年全球金融危机爆发,许多金融公司面临巨额亏损甚至破产困境,但高管的高额奖金照发不误,华尔街高风险、高收益的激进薪酬模式成为众矢之的。有人认为，金融危机产生的原因之一就在于华尔街的高管薪酬模式鼓励银行家追求高风险的短期收益。这几年来，我国一些上市公司高管薪酬之高也令人瞠目，达到数千万甚至数亿之巨，有些高管薪酬与公司业绩表现不对等，甚至负相关，变成公众关注焦点。

高薪未必都能带来公司的持续高质量增长，有时为了短期业绩目标，反而助长高管的过度冒险行为，但没有让高管为公司糟糕的业绩担责。当公司走向衰落甚至破产时，人们发现当初拿到巨额薪酬的高管早已成功套现，留下一个"烂摊子"给股东。

如何将高管薪酬与公司长期价值增长紧密关联，防止高管"无功享高禄"，减少代理成本，成为急需解决的治理难题。

另一方面，如何促使组织保持创业精神和创新活力。企业成熟后的自然走向就是组织逐步懈怠、流程规则僵化、技术创新乏力、缺乏远见和组织活力。为了避免组织衰退，就需要保持贝索斯所说的"第一天"初心，需要像华为所说的持续"熵减"，增强组织活力。正确的高管薪酬模式要能有效激发高管的创业精神和"饥饿感"，持续创新进化。

在传统的高管薪酬策略中存在一个误区，就是基于企业在生命周期不同阶段，采取如下差异化的高管薪酬策略：

薪酬工具	生命周期阶段			
	初始期	成长期	成熟期	衰退期
基本工资	低	有竞争力	有竞争力/高	高
年度奖金	低	有竞争力/高	有竞争力	低
长期激励（现金和股权）	高	有竞争力/高	有竞争力	低
高管福利/津贴	低	低	有竞争力	高

对于初始期和成长期，上述高管薪酬策略较为恰当。但是上述的成熟期和

衰退期高管薪酬策略却可能导致组织逐步失去活力。

当成熟期高管的固定收入很高、年度奖金有竞争力，长期激励只有相当竞争力时，高管无疑将更关注短期财务结果产出，保守而非创新。因为有创新，必定有失败的风险，很有可能对当前利润产生负面影响。但长此以往，企业缺少创新、组织缺乏活力，就会逐步向衰落。

对于衰退期的公司，高工资、高福利、低股权激励的高管薪酬模式，将进一步促使高管采取保守策略，很难主动创造增长的第二曲线。

在纳德拉接任 CEO 之时，微软已呈现出从成熟走向衰退的迹象：在领先多年之后，曾经的创新被官僚主义所取代，团队协作被内部政治所取代。如果没有给予纳德拉充分的战略转型股权激励，只是增加一点固定工资和大量福利，很难激发管理团队对战略转型的巨大斗志，重塑企业文化，清除创新障碍，实现微软真正转型和复兴。

为了激发活力、促使持续增长，即使组织发展到一定规模进入成熟阶段后，也要敢于打破传统模式，像亚马逊、网飞、苹果、强生那样，继续保持低基本工资、高股权激励的简单薪酬结构，将股权激励绩效指标与高质量的战略增长紧密关联，将高管利益与公司长期生存和价值增长紧密关联，从顶端激发组织高层的活力。

中国很多优秀企业经历 20 多年的快速发展，已进入了成熟阶段。不可避免的是，创业精神和创新活力出现一定程度的减退。人工智能、大模型、大数据带来巨大冲击，产品和企业的生命周期正在被无情地缩短。企业面临的竞争越来越激烈，不确定性越来越高，行业利润率逐年下滑，有些企业甚至处于亏损状态。

与此同时，在 2006 年起我国《上市公司股权激励管理办法（试行）》推出后，越来越多的企业实施股权激励，高管薪酬激励模式已有了长足进步。但一些企业高管薪酬还是存在固定薪酬多、浮动薪酬少；现金薪酬占比高，股权激励占比低的情况。

常规高管薪酬模式中，基本工资、年度奖金、长期激励之间能达到 30%：40%：30% 左右比例已经不错。外部董事也是以现金固定薪酬为主，基本没有股权激励。同时，高管高薪与公司长期业绩相关性不高的现象普遍存在。这些在一定程度上助长了高管和董事会的短期主义和惯性保守思维。

为了持续激发高管团队的活力，中国企业需要对高管薪酬模式进行深度思考和反思。问题不在于薪酬水平高低，而在于高管薪酬对有质量生存和高质量战略增长的牵引力度。"付给谁很重要，但更重要的是怎么付、付多少"。

我们可以问自己以下几个问题：

1. 现有的高管薪酬模式能否有力支持甚至牵引公司的长期成功？

2. 现有的高管薪酬结构是否简单明晰，让高管聚焦于公司高质量的战略增长、扩大"长期护城河"，而非以牺牲长期成功为代价、过于追求短期财务结果？

3. 现有的高管薪酬是否对具备远见力、富有创业创新精神的顶尖人才形成有力的吸引？

4. 现有的高管薪酬模式能否鼓励组织的持续创新？

5. 与股权激励兑现对应的业绩指标是否与战略增长里程碑有紧密关联？先奋斗再得到？还是先得到再奋斗？

6. 现有的高管薪酬模式能否减少"无功受禄搭便车"的情形，创造行业领先水平？

7. 现有的高管薪酬模式能否防控高管为了短期利益而过度冒险的行为？

在加速变化的 AI 时代，能否激发组织活力、鼓励人才加速创新、创造 AI 驱动的组织是决定企业生存发展的关键推手之一。平庸无奇、过于关注职位价值和薪酬比较数据、"抄作业"型的高管薪酬模式，注定无法促进企业有质量的生存和高质量的战略增长。

　　在中国 GDP 增速有所放缓、外部不确定性大的当前时代,企业发展和投资逻辑已发生根本变化。从之前"追风口"和规模增长的逻辑,变成追求安全和盈利增长逻辑。我们的生存增长模式也需要随之而变。

　　在找到正确的人后,中国优秀企业需要主动变革和优化高管薪酬模式,从传统的"目标绩效奖金博弈制",逐步转变成"战略增长分享制";价值分配大力向增量价值创造者、创新者倾斜,消除"旱涝保收"的思想,激发创业精神和组织活力,推动持续坚韧增长。

主要参考文献

［1］［美］彼得·德鲁克,创新与企业家精神—北京:机械出版社

［2］［美］熊彼得,经济发展理论:财富创新的秘密—北京:中国商业出版社

［3］［美］拉姆·查兰,贝佐斯的数字帝国:亚马逊如何实现指数级增长—北京:机械工业出版社

［4］［美］A. G.雷富礼,拉姆·查兰,游戏颠覆者:宝洁 CEO 首度揭示品牌王国缔造的奥秘—北京:机械出版社

［5］［美］理查德·鲁梅尔特,好战略,坏战略—北京:中信出版社

［6］曾鸣,略胜一筹:中国企业持续增长的战略突破—北京:机械出版社

［7］林采宜,告别速度:中国经济增长下一个 10 年增长动力何在?—北京:机械出版社

［8］［美］克莱顿·克里斯坦森,［美］艾佛萨·奥热莫,［美］凯伦·迪伦,繁荣的悖论—北京:中信出版社

［9］［美］艾丽斯·施罗德,滚雪球:巴菲特和他的财富人生—北京:中信出版社

［10］［美］帕特·多尔西,巴菲特的护城河—广州:广东经济出版社

［11］［美］迈克尔·莫里茨,重返小王国:乔布斯改变世界—北京:中信出版社

［12］［美］利恩德·卡尼,蒂姆·库克传——苹果公司的反思与商业的未来—北京:中信出版社

［13］［美］布拉德·斯通,一网打尽:贝佐斯与亚马逊时代—北京:中信出版社

［14］［日］柳井正,经营者养成日志—北京:机械出版社

［15］［美］吉娜·基廷,网飞传奇(Netflix:最火美剧《纸牌屋》幕后推手)—北京:中信出版社

［16］［美］里德·哈斯廷斯,［美］艾琳·迈耶,不拘一格:网飞的自由与责任工作法—北京:中信出版社

［17］［美］施密特,［美］罗森伯格,［美］伊格尔,重新定义公司:谷歌是如何运营的—北京:中信出版社

［18］［美］理查德·勃兰特,谷歌小子—北京:中信出版社

［19］［美］小比尔·马里奥特,凯蒂·安·布朗,毫无保留:一句承诺成就万豪传奇—杭州:浙江人民出版社

［20］［加］戴夫·贾沃斯基,微软风云:见证软件帝国的成长、迷茫与创新—杭州:浙江大学出版社

［21］［美］罗伯特·艾格,［美］乔尔·洛弗尔,一生的旅程:迪士尼自述批量打造超级 IP 的经营哲学—上海:文汇出版社

［22］［美］山姆・沃尔顿,［美］约翰・休伊,富甲美国——沃尔玛创始人山姆・沃尔顿自传—南京:江苏凤凰文艺出版社

［23］［美］帕特里夏・克瑞沙弗莉,杰米・戴蒙的金融帝国—北京:中国人民大学出版社

［24］［美］彼得・格罗斯曼,美国运通:强大金融帝国的创造者—上海:上海远东出版社

［25］孙立科,任正非传—杭州:浙江人民出版社

［26］程东升,刘丽丽,华为三十年—贵州:贵州人民出版社

［27］［美］波特・埃里斯曼,阿里传:这是阿里巴巴的世界—北京:中信出版社

［28］吴晓波,腾讯传 1998—2016—杭州:浙江大学出版社

［29］［美］萨提亚・纳德拉,刷新:重新发现商业与未来—北京:中信出版社

［30］［新西兰］哈米什・麦肯齐,特斯拉传:实现不可能—北京:中信出版社

［31］［美］阿什利・万斯,硅谷钢铁侠　埃隆・马斯克的冒险人生—北京:中信出版社

［32］［美］卡莉・菲奥里娜,勇敢抉择:卡莉・菲奥里娜自传—北京:中信出版社

［33］［美］大卫・帕克,惠普方略——比尔・休利特和我的创业之路—北京:华夏出版社

［34］［美］迪伊・霍克,隐形 VISA 面向未来的混序组织—上海:上海远东出版社

［35］鲁晓红,花旗银行的旗手桑迪・威尔—长春:吉林出版社

［36］［日］柳井正,一胜九败:优衣库全球热卖的秘密—北京:中信出版社

［37］［日］立石泰则,死于技术:索尼衰亡启示—北京:中信出版社

［38］［美］霍华德・舒尔茨,乔安・戈登,一路向前—北京:中信出版社

［39］［美］杰克・韦尔奇,商业的本质—北京:中信出版社

［40］［美］彼得・科汉,领航波音—北京:中信出版社

［41］［美］特恩・格里芬,硅谷创业课—北京:中国人民大学出版社

［42］［日］三谷宏治,商业模式全史—南京:江苏凤凰文艺出版社

［44］［美］罗森维,光环效应:何以追求卓越,基业如何长青—北京:北京师范大学出版社

［43］［美］德内拉・美多斯,系统之美:决策者的系统思考—杭州:浙江人民出版社

［45］［美］布赖斯・霍夫曼,打胜仗的策略—天津:天津科学技术出版社

［46］［中］王周伟,风险管理—北京:机械工业出版社

［47］［美］詹姆斯・C.柯林斯,杰里・波勒斯,基业长青—北京:中信出版社

［48］［美］詹姆斯・C.柯林斯,从优秀到卓越—北京:中信出版社

后记

坚持的力量

写这本书,最初源自自己的好奇心和愿力。

在过往 20 多年的企业管理和管理咨询经历中,见证和经历了很多企业的起起落落。见过一度辉煌企业的快速下坠,见过名不见经传企业的崛起,见过迷茫彷徨,也见过峰回路转、穿越难关。见过一些管理理念的热度流行,之后或被证明、或被证伪,但真正长久行之有效的为之甚少。

也许学过一点哲学的缘故,常常不由自主地思考和追问事情背后的本质和规律:为何有些公司能真正穿越周期、长久不衰? 为何有些伟大的公司最终成为昨日黄花? 为何有些公司能从一颗小小的种子变成参天大树? 高质量生存和增长背后的底层逻辑是什么? 在未来不确定性更高、AI 加速颠覆、挑战更多的大变局时代,中国企业如何能实现持续有质量的生存和高质量的增长?

很多问题,其实没有最终的完美答案,只有不断的探索。

不容否认,吉姆·柯林斯的《基业长青》是一本非常伟大的书,曾经影响了一大批的企业家和经理人,让人开阔眼界,汲取营养。我本人也从中有很多启发。但时间和实践往往是所有理念的最佳检验器。最近的 20 年里,《基业长青》提出的一些理念和准则在时间考验中出现更多的偏差,这其实非常正常。柯林斯自己没有做更新,世界上也没有其他人对此做一个完整深入的复盘。

中国高层领导提出了经济要实现高质量发展,这是非常睿智和前瞻性的国家战略思路。但对于中国企业来说,什么是高质量增长? 如何实现高质量增长？在实现高质量增长之前，如何先能活下来，而且活得有质量？

自中国改革开放以来，中国长期处于高速增长阶段，还没有真正经历过增长减速和下行的长周期。过往的增长成功路径，可能是未来高质量发展的最大阻碍。过往工业时代的管理理念和方法，对未来 AI 时代的增长很可能是个误导。未来实现高质量生存增长的真正路径在哪里？没有现成的答案，需要探索。

5 年之前，好奇心和愿力让我下定决心放弃平稳的工作，专心写作这本书。开始之时，我比较乐观，预计半年就能写完。但真正开始之后，发现这是一个非常艰难的挑战。因为我期望写的不是一本吸引眼球的口水书，而是要有充分数据和事实支持、10 年后仍被认为有些价值的书；不仅是一个时点的截面，而要有足够长的时间跨度；不仅看表面的财务和市值结果和 CEO 的言论，更要深入探究总结深层次的经营增长本质和规律；不仅是案例的简单堆积，更要有底层的深度思考和对中国企业的启示；不仅有"大道"的解读，也有可作为实际操作参考的"术"，不仅是对过往理念的"破"，更是一种新形式上的"立"。

虽然路途艰难，但既然选择，就唯有坚持向前。

只要能在前人的基础上有点进步，只要能对中国企业在不确定环境中的生存增长有一点借鉴，这份坚持就有了一点点价值。

在写书的过程中，我不仅在思考企业经营增长的本质，也在思考投资增长的底层逻辑，最后发现这两者很多"大道相通"，共同目标就是促进公司长期价值的持续增长。

好的企业家，往往具有优秀的产业投资思维，因为企业增长的背后就是对业务增长和人才发展的精准判断和投资。好的长期投资者，往往对企业经营增长的本质有深刻洞察，因为长期投资成功的背后就是企业持续的生存和增长成功。

因此，本书试图将经营和投资结合在一起来写，不仅有经营管理的理念探究，也引入了巴菲特的一些非常深刻的投资观点。很奇妙的是，巴菲特的一些观点，往往能更好地解读经营增长和竞争获胜背后的底层逻辑，给企业的持续高质量生存增长提供非常有益的参考。

经过五年多的坚持，在上海三联书店的帮助下，这本书即将付梓。它只是一个阶段性的复盘和思考，肯定是不完美，但坚持终于有了小小结果，等待着未来的时间考验和迭代。

我想把这本书献给我的妻子和家人们，他们的支持和陪伴让我在坚持中充满力量。

感谢吴胜涛先生，他在我成长之路上给了很多帮助。在和他探讨本书框架思路时，他给予很多支持。

感谢干春晖教授，作为中国经济转型与产业升级研究领域的领军人之一，他在宏观大局上帮我开拓了眼界。

感谢倪云华先生，他是一个优秀多产的财经作家和管理实践者，在如何写书上给我这个新手很多指点和帮助。

感谢好兄弟孙一宁先生，他在美国积极帮助搜集相关资料，对我的新观点给予热情反馈。

感谢上海三联书店给了本书最好的支持，出版社给了我很多非常好的专业建议，提升了书的质量。

感谢我的很多企业家朋友们，在一次次的思想碰撞和实践中，给予我许许多多、非常有价值的感悟和启发。

感谢在我成长发展路上给予我很多帮助的良师益友们，包括王大威先生、苗德荃先生、陆忠亮先生、李放先生、李向峰先生等等，每次交流都让我收获多多。

随着 AI 时代的加速到来，未来面临更多的不确定性和挑战，同时也蕴含着更多的机遇,看到有一句话说得非常好,"人生路上有风有雨是常态,风雨无阻是心态,风雨兼程是状态"。

最后祝愿我们中国的更多企业能够穿越周期,突破原有的增长模式和惯性,实现更坚韧、更高质量的持续生存和增长,发展成为具有核心竞争力的行业一流乃至国际一流的企业!

图书在版编目(CIP)数据

生存有质 增长有道:突破《基业长青》,发掘大
变局下企业坚韧增长八大法则/刘洁著. —上海:上海
三联书店,2025.4. -- ISBN 978 - 7 - 5426 - 8731 - 9

Ⅰ.F271

中国国家版本馆 CIP 数据核字第 2024UX9078 号

生存有质 增长有道
——突破《基业长青》,发掘大变局下企业坚韧增长八大法则

著　　者 / 刘　洁

责任编辑 / 姚望星
装帧设计 / 徐　徐
监　　制 / 姚　军
责任校对 / 王凌霄

出版发行 / 上海三联书店
　　　　　(200041)中国上海市静安区威海路 755 号 30 楼
邮　　箱 / sdxsanlian@sina.com
联系电话 / 编辑部:021 - 22895517
　　　　　发行部:021 - 22895559
印　　刷 / 上海颛辉印刷厂有限公司

版　　次 / 2025 年 4 月第 1 版
印　　次 / 2025 年 4 月第 1 次印刷
开　　本 / 710mm×1000mm 1/16
字　　数 / 310 千字
印　　张 / 23.25
书　　号 / ISBN 978 - 7 - 5426 - 8731 - 9/F・938
定　　价 / 88.00 元

敬启读者,如发现本书有印装质量问题,请与印刷厂联系 021 - 56152633